36

Coleção
LEIS ESPECIAIS
para **concursos**

Dicas para realização de provas com questões de concursos
e jurisprudência do STF e STJ inseridas artigo por artigo

Coordenação:
LEONARDO GARCIA

TOMBAMENTO

Decreto-Lei n. 25/1937

36

Coleção
LEIS ESPECIAIS
para concursos
Dicas para realização de provas com questões de concursos e jurisprudência do STF e STJ inseridas artigo por artigo

Coordenação:
LEONARDO GARCIA

RODRIGO LEITE

TOMBAMENTO

Decreto-Lei n. 25/1937

2ª
edição
revista, atualizada
e ampliada

2018

EDITORA
*jus*PODIVM
www.editorajuspodivm.com.br

EDITORA
*Jus*PODIVM
www.editorajuspodivm.com.br

Rua Mato Grosso, 164, Ed. Marfina, 1º Andar – Pituba, CEP: 41830-151 – Salvador – Bahia
Tel: (71) 3045.9051
• Contato: https://www.editorajuspodivm.com.br/sac

Copyright: Edições *Jus*PODIVM

Conselho Editorial: Eduardo Viana Portela Neves, Dirley da Cunha Jr., Leonardo Garcia, Fredie Didier Jr., José Henrique Mouta, José Marcelo Vigliar, Marcos Ehrhardt Júnior, Nestor Távora, Robério Nunes Filho, Roberval Rocha Ferreira Filho, Rodolfo Pamplona Filho, Rodrigo Reis Mazzei e Rogério Sanches Cunha.

Capa: Ana Caquetti

Diagramação: Cendi Coelho *(cendicoelho@gmail.com)*

ISBN: 978-85-442-2184-6

Todos os direitos desta edição reservados à Edições *Jus*PODIVM.

É terminantemente proibida a reprodução total ou parcial desta obra, por qualquer meio ou processo, sem a expressa autorização do autor e da Edições *Jus*PODIVM. A violação dos direitos autorais caracteriza crime descrito na legislação em vigor, sem prejuízo das sanções civis cabíveis.

Para o meu irmão Miguel Josino Neto.

Agradecimentos

A Deus, por guiar meus caminhos. *"Se eu quiser falar com Deus, tenho que ficar a sós, tenho que apagar a luz, tenho que calar a voz, tenho que encontrar a paz, tenho que folgar os nós..."* (Gilberto Gil – Se eu quiser falar com Deus).

Aos meus pais, Sebastião Leite e Juranice Josino, tombados no livro do amor, por tudo o que fizeram e fazem por mim. E pelo muito que me ensinam. *"Gostaria de agradecer, espero um dia retribuir, coração do meu céu, por favor, seja feliz!"* (Dead Fish – Tango).

Aos meus filhos Miguel e Rafael, tombados nos livros da alegria, da felicidade e do afeto, por cada abraço, por cada sorriso, por cada descoberta, por cada olhar de ternura, que me fazem crescer como pessoa e ter forças para continuar. *"Hold me close, cause I need you to guide me to safety..."* (Snow Patrol – Signal Fire).

À Ana Beatriz, tombada nos livros do amor, da compreensão, da paciência e do carinho. *"Meu coração pulou, você chegou, me deixou assim: com os pés fora do chão. Pensei: que bom, parece, enfim, acordei..."* (Tunai – Frisson).

Aos meus irmãos Miguel, Régia, Sebastião, Daniel e aos meus sobrinhos: Pedro Henrique, Marília, Nathália, Fernanda, Marina, Letícia, todos tombados nos livros da gratidão e da cumplicidade. *"Eu escrevo e te conto o que eu vi e me mostro de lá pra você, guarde um sonho bom pra mim..."* (Los Hermanos – Primeiro Andar).

Aos amigos, irmãos que escolhi na vida, todos devidamente tombados no livro da amizade e do companheirismo, sobretudo a André Torres, Caio Diniz, Daniela Torquato, Eduardo Bulhões, Guilherme Vanin, Igo Vilar, Juliana Katherine, Marcelo Alencar, Marcus Bennett, Vanessa Pereira e Wallace Costa. *"You'll never be lonely/You'll never*

be lonely ever again/You'll never be lonely/You'll never be lonely again."
(Coldplay – Don Quixote, Spanish Rain).

À minha família em Recife: Mozart, Beatriz, Rodrigo, Fernanda, Laura, Maynard, Angelina, Luciana e Valdir. *"Toda vez que eu volto, tô partindo e no sentido exato é por saudade..."* (Lume de Estrelas – Oswaldo Montenegro).

Ao estimado Leonardo de Medeiros Garcia, coordenador da Coleção Leis Especiais para Concursos, pela gentileza, pelas sugestões, pela paciência e por ter confiado no meu trabalho.

Ao amigo Ricardo Didier, diretor da Editora Juspodivm, pela confiança depositada e pela força de sempre.

Aos amigos do Monobloco, todos tombados no livro do incentivo: Darwin Lima, Gustavo Henrique, Felipe Menezes, Marcelo Maranhão, Rafael Araújo, Rodrigo Carvalho e Thiago Murilo. *"Eles já sabiam, mas deixaram a sina guiar a sorte."* (O Rappa – Monstro Invisível).

*"(...) A noite fria me ensinou a amar mais o meu dia
e pela dor eu descobri o poder da alegria
e a certeza de que tenho coisas novas
coisas novas pra dizer
A minha história é talvez
é talvez igual a tua, jovem que desceu do norte
que no sul viveu na rua
e que ficou desnorteado, como é comum no seu tempo
e que ficou desapontado, como é comum no seu tempo
e que ficou apaixonado e violento como, como você
Eu sou como você. Eu sou como você..."*
(Belchior – Fotografia 3X4)

*"(...) Eu que já não sou assim
Muito de ganhar
Junto às mãos ao meu redor
Faço o melhor que sou capaz
Só pra viver em paz."*
(Los Hermanos – O Vencedor)

Proposta da Coleção
Leis Especiais para Concursos

A coleção *Leis Especiais para Concursos* tem como objetivo preparar os candidatos para os principais certames do país.

Pela experiência adquirida ao longo dos anos, dando aulas nos principais cursos preparatórios do país, percebi que a grande maioria dos candidatos apenas leem as leis especiais, deixando os manuais para as matérias mais cobradas, como constitucional, administrativo, processo civil, civil, etc.. Isso ocorre pela falta de tempo do candidato ou porque falta no mercado livros específicos (para concursos) em relação a tais leis.

Nesse sentido, a Coleção Leis Especiais para Concursos tem a intenção de suprir uma lacuna no mercado, preparando os candidatos para questões relacionadas às leis específicas, que vêm sendo cada vez mais contempladas nos editais.

Em vez de somente ler a lei seca, o candidato terá dicas específicas de concursos em cada artigo (ou capítulo ou título da lei), questões de concursos mostrando o que os examinadores estão exigindo sobre cada tema e, sobretudo, os posicionamentos do STF, STJ e TST (principalmente aqueles publicados nos informativos de jurisprudência). As instituições que organizam os principais concursos, como o CESPE, utilizam os informativos e notícias (publicados na página virtual de cada tribunal) para elaborar as questões de concursos. Por isso, a necessidade de se conhecer (e bem!) a jurisprudência dos tribunais superiores.

Assim, o que se pretende com a presente coleção é preparar o leitor, de modo rápido, prático e objetivo, para enfrentar as questões de prova envolvendo as leis específicas.

Boa sorte!

Leonardo Garcia
(Coordenador da coleção)
leonardo@leonardogarcia.com.br
leomgarcia@yahoo.com.br
www.leonardogarcia.com.br

Nota do autor à 2ª edição

A humanidade possui o dever e a necessidade de resgatar e proteger seus bens dotados de relevante valor histórico, cultural, artístico e arquitetônico. Com efeito, a construção do futuro não pode ser totalmente desgarrada dos acontecimentos e realizações importantes do passado. E a compreensão do presente é feita, inevitavelmente, pelo que foi produzido até então. Por isso, as grandes obras do homem devem merecer tratamento especial por parte do Poder Público e da sociedade para que a memória e os feitos permaneçam e sejam bem conservados.

O tombamento é um dos mecanismos utilizados pela Administração Pública para preservar o patrimônio cultural, histórico e paisagístico. Trata-se de importante ferramenta, prevista constitucionalmente (art. 216, § 1º, Constituição da República de 1988), para conservar, proteger, inscrever, catalogar e inventariar bens impregnados de relevância para o país.

O presente livro, seguindo a linha editorial da Coleção Leis Especiais para Concursos, pretende repassar, de maneira objetiva, clara, didática e atualizada, os pontos importantes do Decreto-Lei n. 25, de 30 de novembro de 1937, que acabou de completar 80 (oitenta) anos e é o principal diploma regulatório do Tombamento no Brasil.

Com esse intuito, realizamos comentários e pesquisamos os acórdãos do Supremo Tribunal Federal (STF) e do Superior Tribunal de Justiça (STJ) acerca do assunto. Além disso, coletamos diversas questões sobre o tema, elaboradas pelas principais bancas examinadoras do país (Cespe/Cebraspe, ESAF, FCC, FGV e Vunesp, por exemplo).

Ficamos sempre abertos a críticas, sugestões e recomendações. O livro será construído com a participação dos leitores. Espero que gostem da leitura.

Natal/RN, 27 de fevereiro de 2018.

Rodrigo Leite
rodrigocrleite@hotmail.com
@rodrigocrleite

Sumário

Abreviaturas 17

**Decreto-Lei nº 25,
de 30 de novembro de 1937**

CAPÍTULO I – DO PATRIMÔNIO HISTÓRICO E ARTÍSTICO NACIONAL 19

CAPÍTULO II – DO TOMBAMENTO 120

CAPÍTULO III – DOS EFEITOS DO TOMBAMENTO 138

CAPÍTULO IV – DO DIREITO DE PREFERÊNCIA 180

CAPÍTULO V – DISPOSIÇÕES GERAIS 186

ANEXO I
Artigos mais cobrados em concursos 189

ANEXO II
Decisões mais importantes do STJ
e do STF sobre tombamento 191

ANEXO III
Legislação relacionada ao tema
(Constituição Federal e legislação esparsa) 195

Referências Bibliográficas 205

Abreviaturas

ADI – Ação direta de inconstitucionalidade

Art. – Artigo

CC – Conflito de competência

CC/02 – Código Civil de 2002

CESPE – Centro de Seleção e de Promoção de Eventos da Universidade de Brasília

CF/88 – Constituição Federal de 1988

CR/88 – Constituição da República de 1988

Des. – Desembargador

DJ – Diário da Justiça

DJe – Diário da Justiça eletrônico

DL – Decreto-Lei

EC – Emenda constitucional

ESAF – Escola de Administração Fazendária

FCC – Fundação Carlos Chagas

FGV – Fundação Getúlio Vargas

FMP – Fundação Escola Superior do Ministério Público

FUJB – Fundação Universitária José Bonifácio

FUNDATEC – Fundação Universidade Empresa de Tecnologia e Ciências

IBPC – Instituto Brasileiro do Patrimônio Cultural

IESES – Instituto de Estudos Superiores do Extremo Sul

IPHAN – Instituto do Patrimônio Histórico e Artístico Nacional

LINDB – Lei de Introdução às Normas do Direito Brasileiro

Min. – Ministro

OAB – Ordem dos Advogados do Brasil

PNC – Plano Nacional de Cultura

PUC – Pontifícia Universidade Católica

Rel. – Relator

RE – Recurso Extraordinário

REsp – Recurso Especial

RHC – Recurso ordinário em habeas corpus

RMS – Recurso ordinário em mandado de segurança

SPHAN – Serviço do Patrimônio Histórico e Artístico Nacional

STJ – Superior Tribunal de Justiça

STF – Supremo Tribunal Federal

TCU – Tribunal de Contas da União

TJRN – Tribunal de Justiça do Rio Grande do Norte

TRF – Tribunal Regional Federal

Vunesp – Fundação para o vestibular da Universidade Estadual Paulista

Decreto-Lei nº 25,
de 30 de novembro de 1937

Organiza a proteção do **patrimônio histórico** e **artístico** nacional.

O Presidente da República dos Estados Unidos do Brasil, usando da atribuição que lhe confere o art. 180 da Constituição,

DECRETA:

CAPÍTULO I
DO PATRIMÔNIO HISTÓRICO E ARTÍSTICO NACIONAL

Art. 1º Constitui o **patrimônio histórico** e **artístico nacional** o conjunto dos **bens móveis e imóveis existentes no país** e cuja conservação seja de interesse público, quer por sua vinculação a **fatos memoráveis** da **história do Brasil**, quer por seu excepcional **valor arqueológico** ou **etnográfico**, **bibliográfico** ou **artístico**.

§ 1º Os **bens** a que se **refere** o presente **artigo** só serão **considerados** parte integrante do **patrimônio histórico** o **artístico nacional, depois** de **inscritos** separada ou agrupadamente num dos quatro **Livros do Tombo**, de que trata o art. 4º desta lei.

§ 2º **Equiparam-se** aos **bens** a que se refere o presente artigo e são **também sujeitos a tombamento** os **monumentos naturais, bem como** os **sítios e paisagens** que **importe conservar** e **proteger** pela feição notável com que tenham sido dotados pela natureza ou agenciados pela indústria humana.

1. **Breve histórico do instituto e ementa do Decreto-Lei n. 25/1937:**[1] antes de tudo, é preciso anotar que o Decreto-Lei n. 25, de 30 de novembro de 1937, é o principal texto legislativo disciplinador do Tombamento.

---

1. O Manual de Redação da Presidência da República e o portal da Subchefia de Assuntos Jurídicos da Casa Civil (www.planalto.gov.br/legislacao) utilizam a expressão "Decreto-Lei" (Lei em maiúsculo) em vez de "Decreto-lei" (lei em minúsculo). Por isso, no decorrer do texto adotamos essa formatação.

Trata-se de diploma bastante antigo e que, por isso, faz remissão ao art. 180 da então Constituição de 1937, de 10 de novembro de 1937, que conferia ao Presidente da República o poder de expedir decretos-leis sobre todas as matérias da competência legislativa da União, enquanto o Parlamento Nacional não estivesse reunido. A Constituição da República de 1988, todavia, não trouxe o Decreto-Lei entre as espécies normativas previstas em seu art. 59. É certo que art. 84, VI, da CR/88 autoriza o Presidente a dispor, mediante decreto, sobre organização e funcionamento da administração federal, quando não implicar aumento de despesa nem criação ou extinção de órgãos públicos, e sobre extinção de funções ou cargos públicos, quando vagos. Contudo, o decreto previsto no art. 84, VI, CF/88 não se confunde com o Decreto-Lei. O DL n. 25/37 é tido como "Lei Geral do Tombamento", sendo ainda hoje o principal diploma legislativo sobre a matéria. Segundo Edmir Netto de Araújo[2], o DL n. 25/37, "embora baixado sob aquela Carta Constitucional outorgada de 1937, vem sendo recepcionado pelas Constituições que desde então se promulgaram." Ao julgar o AgRg na ACO 1966/AM, Rel. Min. Luiz Fux, julgado em 17/11/2017, DJe 27/11/2017, o Supremo Tribunal Federal asseverou que o DL n. 25/1937 foi recepcionado pela Constituição Federal. De acordo com Edésio Fernandes e Betânia Alfonsin[3]:

"O Decreto-Lei n. 25, que introduziu o instituto do tombamento no Brasil, foi promulgado em 30.11.1937, poucos dias após o golpe de Estado que redundou na Ditadura de Vargas durante o período do Estado Novo. É preciso compreender, no entanto, que a promulgação dessa lei dava continuidade a um movimento que se iniciara ainda no período democrático, com a criação do Serviço do Patrimônio Histórico e Artístico Nacional (SPHAN) em janeiro de 1937. A própria estrutura do SPHAN seria posteriormente regulamentada na legislação de tombamento. A criação do então SPHAN (atual IPHAN) foi fortemente influenciada pela intelectualidade brasileira da época, bem como por artistas vinculados ao movimento modernista, revelando entre outros fatores uma preocupação crescente com a proteção do patrimônio cultural em mãos de proprietários privados.

Em termos jurídicos, a aprovação do Decreto-Lei n. 25, de 1937, propondo a organização do que se chama hoje de patrimônio cultural e criando o instituto do tombamento, foi a primeira forma de materialização legislativa do princípio constitucional da função social da propriedade, que já havia sido reconhecido anteriormente pela Constituição Federal de 1934."

2. *Curso de Direito Administrativo*. São Paulo: Saraiva, 2007, p. 1063.
3. *Revisitando o Instituto do Tombamento*. Belo Horizonte: Fórum, 2010, p. 15.

Recentemente, *em 30 de novembro de 2017, o DL n. 25/1937 completou 80 (oitenta) anos*. Ainda hoje, passado tanto tempo, o diploma é o principal marco regulatório do instituto do tombamento no Brasil. A única alteração legislativa pela qual o decreto passou ocorreu com o advento do Código de Processo Civil de 2015, Lei n. 13.105, de 16/03/2015. Sobre a importância do DL n. 25/1937, Marcos Paulo de Souza Miranda[4] registrou:

> Cumprindo a vontade constitucional, o Estado Novo editou, com apenas 20 dias de sua existência, o seu 25º decreto-lei, no dia 30 de novembro de 1937, organizando a proteção do patrimônio histórico e artístico nacional. O texto do decreto era praticamente uma cópia do projeto de Mário de Andrade já aprovado na Câmara e no Senado. Com a sua edição, o sistema jurídico brasileiro obteve um instrumento legal para a proteção do patrimônio cultural, batizado popularmente como "Lei do Tombamento".
>
> A norma, com recém-completados 80 anos de vigência, é uma das mais duradouras leis de preservação da história do país, tendo suplantado suas homólogas, como o Código Florestal (Decreto 23.793/1934, revogado em 1965) e o Código de Caça e Pesca (Decreto 23.672/1934, revogado em 1943).
>
> Apesar de o produto final da lei de proteção ao patrimônio cultural ter se materializado em um ato típico do autoritarismo (decreto-lei), ele passou por todo o procedimento democrático que antecede a sanção e promulgação dos projetos de leis, e o seu conteúdo espelhava o resultado de trabalhos aprofundados e sérios de intelectuais e políticos comprometidos com a defesa da cultura brasileira.
>
> (...)
>
> Passadas oito décadas de sua vigência, o Decreto-Lei 25/37 pode ser considerado como um dos mais estáveis e importantes diplomas normativos brasileiros voltados à preservação do interesse coletivo, e sua ancianidade não compromete seu alcance e efetividade, pois seus conceitos, regramentos e finalidades são claros, permanecendo atuais.
>
> O alargado período de vigência da Lei do Tombamento permitiu a formação de posicionamentos doutrinários amadurecidos, conquanto não unânimes, sobre seu alcance, além de ter propiciado uma farta produção jurisprudencial que merece ser conhecida e analisada.

---

4. *Lei do Tombamento completa 80 anos, mas continua atual.* Disponível em www.conjur.com.br/2017-dez-09/ambiente-juridico-lei-tombamento-completa-80-anos-continua-atual. Acesso em 02 de janeiro de 2018.

De fato, apesar de ser um diploma legislativo bastante antigo, o DL n. 25/1937 traça de modo satisfatório o regramento do tombamento, estipulando sua abrangência, suas fases, seu modo de concretização, seus efeitos e seu procedimento.

→ **Aplicação em concurso:**

- **(Arquiteto – Assembleia Legislativa/MS – FCC – 2016 – desmembrada)** O tombamento é o mais antigo instrumento de proteção em utilização pelo Iphan, tendo sido instituído em 1937.

Assertiva correta.

Vejamos a seguir como as Constituições Brasileiras disciplinaram a proteção ao patrimônio cultural em seus textos:

1.1 Tratamento constitucional e proteção ao patrimônio cultural: breve histórico

1.1.1 Constituição de 1934, art. 148: previu que caberia à União, aos Estados e aos Municípios favorecer e animar o desenvolvimento das ciências, das artes, das letras e da cultura em geral, proteger os objetos de interesse histórico e o patrimônio artístico do País, bem como prestar assistência ao trabalhador intelectual.

1.1.2 Constituição de 1937, art. 134: estipulou que os monumentos históricos, artísticos e naturais, assim como as paisagens ou os locais particularmente dotados pela natureza, gozavam da proteção e dos cuidados especiais da Nação, dos Estados e dos Municípios. Os atentados contra eles cometidos seriam equiparados aos cometidos contra o patrimônio nacional.

1.1.3 Constituição de 1946, art. 175: as obras, monumentos e documentos de valor histórico e artístico, bem como os monumentos naturais, as paisagens e os locais dotados de particular beleza ficavam sob a proteção do Poder Público, previa o Texto Constitucional.

1.1.4 Constituição de 1967, art. 172, parágrafo único e Constituição de 1969 (Emenda Constitucional n. 01/69), art. 180, parágrafo único: previa que o amparo à cultura seria dever do Estado. Estipulou ainda que ficavam sob a proteção especial do Poder Público os documentos, as obras e os locais de valor histórico ou artístico, os monumentos e as paisagens naturais notáveis, bem como as jazidas arqueológicas.

1.1.5 Constituição de 1988: prevê o tombamento no art. 216, § 1º, dispositivo com o seguinte teor: o Poder Público, com a colaboração da comunidade, promoverá e protegerá o patrimônio cultural brasileiro, por meio de inventários, registros, vigilância, tombamento e desapropriação, e de outras formas de acautelamento e preservação.

▶ **OBSERVAÇÃO:** as Constituições de 1824 e 1891 não trouxeram nenhum dispositivo acerca da proteção ao patrimônio histórico e cultural do país.

1.2 Meio ambiente cultural: didaticamente, costuma-se dividir o meio ambiente em natural, cultural, artificial e do trabalho. A Constituição de 1988 trata especificamente do meio ambiente cultural nos arts. 215 e 216 (Título VIII, Capítulo III, Seção II). De acordo com Terence Dorneles Trennepohl[5], "não somente a natureza *stricto sensu* está protegida pela legislação, mas também o patrimônio cultural brasileiro, como os elementos referentes à formação dos grupos nacionais de expressão, criações artísticas, tecnológicas, obras, objetos, documentos, edificações em sentido amplo, conjuntos urbanos, paisagísticos, arqueológicos, ecológicos e científicos." O tombamento é um dos instrumentos que o Poder Público dispõe para realizar a conservação do patrimônio cultural do país (CR/88, art. 216, § 1º). A expressão patrimônio cultural tem sido utilizada pela doutrina para se referir ao conjunto de bens e interesses que exprimem a integração do homem com o meio ambiente (tanto natural como o artificial), como aqueles de valor artístico, estético, histórico, turístico, paisagístico ou arqueológico, nesse rol incluídos os valores até mesmo imateriais referentes à identidade, à ação e à memória dos diferentes grupos formadores da sociedade brasileira.[6]

Segundo o art. 216 da Constituição Federal de 1988, constituem patrimônio cultural brasileiro os bens de *natureza material e imaterial*, tomados *individualmente ou em conjunto*, portadores de referência à identidade, à ação, à memória dos diferentes grupos formadores da sociedade brasileira, nos quais se incluem:

a) as formas de expressão;

b) os modos de criar, fazer e viver;

c) as criações científicas, artísticas e tecnológicas;

d) as obras, objetos, documentos, edificações e demais espaços destinados às manifestações artístico-culturais;

---

5. *Manual de Direito Ambiental*. São Paulo: Saraiva, 2010, p. 35.
6. MAZZILLI, Hugo Nigro. *A Defesa dos Interesses Difusos em Juízo*. São Paulo: Saraiva, 2012, p. 191.

e) os conjuntos urbanos e sítios de valor histórico, paisagístico, artístico, arqueológico, paleontológico, ecológico e científico.

Mais recentemente, duas Emendas Constitucionais deram realce à importância da cultura para a identidade brasileira, a Emenda Constitucional n. 48, de 10 de agosto de 2005, acrescentou o § 3º ao art. 215 da Constituição Federal, instituindo o Plano Nacional de Cultura. A Emenda n. 71, de 29 de novembro de 2012, por sua vez, acrescentou o art. 216-A ao Texto Constitucional para instituir o Sistema Nacional de Cultura.

Importante destacar ainda que para o Pleno do Supremo Tribunal Federal, ao apreciar o AgRg na ACO 1966/AM, Rel. Min. Luiz Fux, julgado em 17/11/2017, DJe 27/11/2017:

"A previsão constitucional de proteção do patrimônio cultural brasileiro possui relevante importância no direcionamento de criação de políticas públicas e mecanismo infraconstitucionais de sua concretização. Entretanto, na linha do que assenta Paulo Affonso Leme Machado, 'o fato de existir na Constituição da República um conjunto de normas sobre o patrimônio cultural não garante, por si só, sua sustentabilidade', já que 'na implementação do conceito de patrimônio cultural há duas partes, uma estática e outra dinâmica", de modo que 'a criação de uma legislação do patrimônio cultural irá propiciar formas de sua conservação e os tipos de gestão desse patrimônio" (MACHADO, Paulo Affonso Leme. *Direito Ambiental Brasileiro*. São Paulo: Malheiros, 2015, p. 1.100).

É nesse sentido que a ordem constitucional recepcionou o Decreto-Lei nº 25/1937, que ao organizar a proteção do patrimônio histórico e artístico nacional, estabeleceu disciplina própria ao instrumento do tombamento, como meio de proteção de diversas dimensões do patrimônio cultural brasileiro, tais como o tombo arqueológico, etnográfico e paisagístico (para as coisas pertencentes às categorias de arte arqueológica, etnográfica, ameríndia e popular); o tombo histórico (para as coisas de interesse histórico e as obras de arte histórica); o tombo das belas artes (para as coisas de arte erudita, nacional ou estrangeira); e o tombo das artes aplicadas (para as obras que se incluírem na categoria das artes aplicadas, nacionais ou estrangeiras).

▶ **Conclusões importantes do AgRg na ACO 1966/AM, julgado em 17/11/2017 pelo Plenário do STF:**

1) A proteção jurídica do patrimônio cultural brasileiro é tema expressamente previsto no Texto Constitucional no art. 216 e representa *direito fundamental de terceira geração*;

Decreto-Lei nº 25, de 30 de novembro de 1937 | Art. 1º

2) A ordem constitucional vigente recepcionou o *Decreto-Lei nº 25/1937*, que, ao organizar a proteção do patrimônio histórico e artístico nacional, estabeleceu disciplina própria e específica ao instituto do tombamento, como meio de proteção de diversas dimensões do patrimônio cultural brasileiro.

3) O tombamento possui regramento procedimental próprio, previsto no Decreto-Lei n. 25/1937, de modo que a Lei n. 9.784/1999 (Lei do Processo Administrativo Federal) somente tem aplicação subsidiária aos processos de tombamento.

▶ **STJ:**

MEIO AMBIENTE. PATRIMÔNIO CULTURAL. DESTRUIÇÃO DE DUNAS EM SÍTIOS ARQUEOLÓGICOS. RESPONSABILIDADE CIVIL. INDENIZAÇÃO. O autor da destruição de dunas que encobriam sítios arqueológicos deve indenizar pelos prejuízos causados ao meio ambiente, especificamente ao meio ambiente natural (dunas) e ao meio ambiente cultural (jazidas arqueológicas com cerâmica indígena da Fase Vieira). Recurso conhecido em parte e provido. (REsp 115.599/RS, Rel. Min. Ruy Rosado de Aguiar, Quarta Turma, julgado em 27/06/2002, DJ 02/09/2002, p. 192).

1.3 A Emenda Constitucional n. 48, de 10 de agosto de 2005, e a instituição do Plano Nacional de Cultura: a EC n. 48/2005 instituiu o Plano Nacional de Cultura (PNC), de duração plurianual, visando ao desenvolvimento cultural do País e à integração das ações do poder público, de modo a promover a defesa e valorização do patrimônio cultural brasileiro; a produção, a promoção e a difusão de bens culturais; a formação de pessoal qualificado para a gestão da cultura em suas múltiplas dimensões; a democratização do acesso aos bens de cultura e a valorização da diversidade étnica e regional – art. 215, § 3º, CF/88. A Lei n. 12.343, de 02 de dezembro de 2010, regulamentou o Plano Nacional de Cultura, cujos objetivos estão disciplinados no art. 2º do diploma, entre os quais se destacam: a) reconhecer e valorizar a diversidade cultural, étnica e regional brasileira; b) proteger e promover o patrimônio histórico e artístico, material e imaterial; c) valorizar e difundir as criações artísticas e os bens culturais; d) promover o direito à memória por meio dos museus, arquivos e coleções; e) universalizar o acesso à arte e à cultura; f) estimular a presença da arte e da cultura no ambiente educacional; g) estimular a sustentabilidade socioambiental; h) desenvolver a economia da cultura, o mercado interno, o consumo cultural e a exportação de bens, serviços e conteúdos culturais; i) consolidar processos de consulta e participação da sociedade na formulação das políticas culturais; j) ampliar a presença e o intercâmbio da cultura brasileira no mundo contemporâneo.

1.4 Tombamento e proteção ao patrimônio natural: segundo o § 2º do art. 1º do DL n. 25/37, equiparam-se aos bens a que se refere o artigo (bens que constituem o patrimônio histórico e artístico nacional) e são também sujeitos a tombamento os monumentos naturais, bem como os sítios e paisagens que importe conservar e proteger pela feição notável com que tenham sido dotados pela natureza ou agenciados pela indústria humana. O tombamento protege também, segundo o dispositivo, o patrimônio natural (monumentos naturais, sítios e paisagens com feição notável). Esse é um aspecto que representa celeuma na doutrina. Afinal, o tombamento só deve incidir sobre criações humanas ou pode recair também sobre bens naturais? Entendo que a proteção aos bens relevantes e com distinção para uma determinada sociedade deve ser a mais ampla possível, de maneira a abranger construções humanas e também bens naturais dotados de valor, relevância e importância para o Poder Público e a sociedade. Assim, não apenas construções do homem, frutos de sua atividade inventiva, criativa e intelectual, mas também monumentos naturais merecem especial proteção social e podem ser protegidas por meio do tombamento. Sobre o assunto, transcrevo passagem de interessante artigo escrito por Marcos Paulo Miranda intitulado *"Árvores podem ser protegidas como patrimônio cultural"*[7]. Diz ele:

> "Não raras vezes o senso comum compreende o patrimônio cultural brasileiro como um estrito conjunto de casarões coloniais, igrejas barrocas, estátuas, ruínas e outras obras produto da realização humana que, ao longo dos tempos, alcançaram o reconhecimento como símbolos identitários da nação, seja por sua antiguidade, beleza, qualidade artística ou raridade.
>
> Entretanto, para além das produções humanas, o patrimônio cultural pode abranger bens naturais que, pela sua inter-relação com os homens, reúnem caracteres distintivos que os destacam como elementos de relevo para uma determinada comunidade. Nesse sentido, cachoeiras, serras e rios podem constituir elementos paisagísticos, geográficos, turísticos ou afetivos de destaque, o que justifica a sua proteção nos termos do artigo 216 da CF/1988.

---

7. Árvores podem ser protegidas como patrimônio cultural. Disponível em https://www.conjur.com.br/2017-set-30/ambiente-juridico-arvores-podem-protegidas-patrimonio-cultural. Acesso em 02 de novembro de 2017.

Nessa toada, de igual sorte, as árvores podem ser protegidas como patrimônio cultural quando detentoras de atributos como a beleza, antiguidade, raridade ou vinculação com fatos históricos, por exemplo.

Sabe-se que desde os primórdios da humanidade é cotidiana e íntima a relação entre árvores e homens, seja em razão da produção de frutos utilizados como alimento; do fornecimento de matéria-prima para confecção de instrumentos como canoas, arcos e flechas; das propriedades medicinais da seiva, casca e folhas; e da produção de matéria essencial ao fogo. Talvez em razão disso seja comum em pinturas rupestres pré-históricas a presença de representações da "cena da árvore", em que antropomorfos aparecem interagindo, com aparente viés ritualístico, com tal espécie vegetal (fitomorfo).

Tamanha a importância das árvores para a nossa sociedade que são muitos os lugares que foram batizados com expressões relativas à sua existência. Para além do nome do nosso próprio país (que faz alusão ao 'pau cor de brasa', ou pau-brasil), temos o do estado do Amapá (apocinácea de porte grande, cientificamente denominada *Parahancornia amapa*) e ainda de inúmeras cidades, a exemplo de Jequitibá, Curitiba, Indaiá, Macaúbas, Pinheiral, Congonhas e Cedro.

(...)

Quanto aos critérios para mensuração do valor cultural de uma árvore, conquanto não haja regras matemáticas para tanto, uma vez que a seleção depende de elementos subjetivos, alguns estudos técnicos já propõem balizas para tal valoração.

Mas como proteger juridicamente uma árvore detentora de valor cultural e evitar o seu corte ou mutilação?

Um dos instrumentos clássicos passíveis de utilização é o tombamento, disciplinado pelo DL 25/37, que consiste em um procedimento administrativo capaz de conferir ao bem protegido a condição de imodificabilidade de sua essência (artigo 17) e a vedação de alterações negativas em seu entorno (artigo 18).

Nesse sentido, em Minas Gerais, por exemplo, foi tombada pelo município de Conselheiro Lafaiete a árvore situada no sítio histórico da Varginha do Lourenço, às margens da Estrada Real, onde ficou exposta uma das pernas do corpo esquartejado do mártir Tiradentes, em 1792. Também em Minas, na cidade de São Bento Abade, foi tombada a figueira onde foi despelado vivo, no ano de 1802, João Garcia Leal, o que deu ensejo a uma das mais atrozes perseguições de vingança já ocorridas no país, envolvendo o bando do temido Januário Garcia Leal, que passou a ser conhecido como Sete Orelhas."

→ **Aplicação em concurso:**

- **(Procurador do Estado do Acre – FMP Concursos – 2017 – desmembrada)** Bens naturais, para cuja criação não houve qualquer interferência humana, não podem ser considerados patrimônio cultural.
Assertiva incorreta.

- **(Magistratura do Mato Grosso – FMP Concursos – 2014 – desmembrada)** Mesmo sendo expressão do meio ambiente natural, uma paisagem notável pode ser objeto de tombamento.
Assertiva correta.

- **(Procurador do Distrito Federal – Cespe – 2013)** São sujeitos ao tombamento apenas os bens culturais, ou seja, os que sejam produto da atividade do ser humano ou revelem a combinação da ação do ser humano com a natureza.
Assertiva incorreta.

2. **Conceito de tombamento:** o tombamento é uma *restrição parcial* e *não supressiva* do Estado na propriedade e que tem por objetivo preservar, catalogar, acautelar e proteger, especialmente, o patrimônio cultural brasileiro, assim considerados os bens de natureza material, públicos ou privados, móveis ou imóveis, de importante valor histórico, paisagístico ou artístico, e cuja conservação seja de interesse da sociedade.

2.1 Definição doutrinária do instituto:

2.1.1) Adriana Zandonade: trata-se de instrumento da ação administrativa do Estado destinado a proteger bens revestidos de valor cultural.

2.1.2) Celso Antônio Bandeira de Mello: é a intervenção administrativa na propriedade pela qual o Poder Público assujeita determinados bens à sua perene conservação para preservação dos valores culturais ou paisagísticos neles encarnados.

2.1.3) Dirley da Cunha Júnior: o tombamento consiste em uma restrição estatal da propriedade privada, que se destina especialmente à proteção do patrimônio histórico e artístico nacional, assim considerado o conjunto dos bens móveis e imóveis existentes no país e cuja conservação seja de interesse público, quer por sua vinculação a fatos memoráveis da história do Brasil, quer por seu excepcional valor arqueológico ou etnográfico, bibliográfico ou artístico.

2.1.4) Édis Milaré: tombamento é um procedimento administrativo complexo, de qualquer das esferas do Poder Público, por via do qual se

Decreto-Lei n° 25, de 30 de novembro de 1937 — Art. 1°

declara ou reconhece valor cultural a bens que, por suas características especiais, passam a ser preservados no interesse de toda a coletividade.

2.1.5) Fernanda Marinela: é uma forma de intervenção na propriedade que restringe a liberdade do proprietário, atingindo com isso o seu caráter absoluto, instituído com o objetivo principal de conservação.

2.1.6) Hely Lopes Meirelles: tombamento é a declaração pelo Poder Público do valor histórico, artístico, paisagístico, turístico, cultural ou científico de coisas ou locais que, por essa razão, devam ser preservados, de acordo com a inscrição em livro próprio.

2.1.7) José dos Santos Carvalho Filho: tombamento é a forma de intervenção na propriedade pela qual o Poder Público procura proteger o patrimônio cultural brasileiro.

2.1.8) Lúcia Valle Figueiredo: tombamento, de maneira singela, é o ato administrativo constitutivo por meio do qual a Administração Pública, ao reconhecer, à luz de manifestações técnicas, que determinado bem se enquadra nos pressupostos constitucionais e legais e, no confronto do caso concreto com os valores resguardados pela Constituição, verifica a necessidade de conservá-lo e determina sua preservação, com a consequente inclusão no Livro do Tombo.

2.1.9) Marçal Justen Filho: o tombamento consiste no dever de manutenção da identidade de coisa móvel ou imóvel determinada, cuja conservação seja de interesse da coletividade, imposto por ato administrativo unilateral de cunho singular.

2.1.10) Maria Sylvia Zanella Di Pietro: tombamento é a forma de intervenção do Estado na propriedade privada, que tem por objetivo a proteção do patrimônio histórico e artístico nacional, assim considerado, pela legislação ordinária, o conjunto dos bens móveis e imóveis existentes no país cuja conservação seja de interesse público, quer por sua vinculação a fatos memoráveis da história do Brasil, quer por seu excepcional valor arqueológico ou etnográfico, bibliográfico ou artístico.

2.1.11) Odete Medauar: tombamento designa o ato administrativo pelo qual se declara o valor histórico, artístico, paisagístico, arqueológico, cultural, arquitetônico de bens que, por isso, devem ser preservados, conforme as características indicadas no livro próprio.

2.1.12) Paulo Affonso Leme Machado: é uma forma de implementar a função social da propriedade, protegendo e conservando o patrimônio privado ou público, através da ação dos poderes públicos, tendo em vista seus aspectos históricos, artísticos, naturais, paisagísticos e outros relacionados à cultura, para a fruição das presentes e futuras gerações.

2.1.13) Rafael Carvalho Rezende Oliveira: tombamento é a intervenção restritiva que tem por objetivo proteger o patrimônio cultural brasileiro.

2.1.14) Rafael Maffini: o tombamento consiste numa forma de intervenção estatal da propriedade alheia, de natureza restritiva e não supressiva, porquanto não extingue a propriedade alheia. Em termos gerais, o tombamento consiste numa providência da Administração Pública que tem por objeto instituir limitações ao exercício do direito de propriedade em nome de sua função social, com vistas à preservação de bens móveis ou imóveis que possuam, meritoriamente, alguma relação com o patrimônio histórico e cultural.

▶ **STJ:**

"(...) Hely Lopes Meirelles define o tombamento como 'a declaração pelo Poder Público do valor histórico, artístico, paisagístico, turístico, cultural ou científico de coisas ou locais que, por essa razão, devam ser preservados, de acordo com a inscrição em livro próprio' (p. 547).

In casu, o egrégio Tribunal de Justiça do Estado de Minas Gerais, ao julgar a apelação interposta pela recorrente, negou-lhe provimento ao fundamento de que 'resulta do processo administrativo instaurado com o escopo de se proceder ao tombamento do bem imóvel em questão que também existente o motivo de fato, assim, o valor cultural do bem, configurado no estudo técnico que se encontra relatados às fls. 61/156-TJ, dispondo sobre a conveniência do tombamento de vários conjuntos urbanos de Belo Horizonte, entre eles o da Avenida Carandaí, região em que se encontra o imóvel tombado em exame. Ressalte-se que a conclusão do aludido estudo em momento algum foi ilidida satisfatoriamente pela apelante' (fl. 355). **Do exame do artigo 1º do Decreto-Lei n. 25/37, conclui-se que, para que um bem seja tombado, deve restar demonstrado seu valor histórico ou artístico nacional.** Ocorre, porém, que o termo 'valor cultural', utilizado pelo Tribunal *a quo*, abrange o conceito de valor histórico mencionado na lei. Adotar entendimento diverso do esposado pela Corte *a quo*, no sentido de que o laudo juntado aos autos pelo Município de Belo Horizonte logrou demonstrar o valor cultural do bem tombado e que o objetivo do tombamento seria o de promover a proteção do patrimônio histórico-cultural local, demandaria o reexame de aspectos fático-probatórios, o que é vedado nesta instância especial, nos termos da Súmula 07/STJ. Recurso especial improvido." (REsp 436.253/MG, Rel. Min. Franciulli Netto, Segunda Turma, julgado em 08/06/2004, DJ 20/09/2004, p. 229).

Decreto-Lei nº 25, de 30 de novembro de 1937 — Art. 1º

TOMBAMENTO – VALOR HISTÓRICO E ARTÍSTICO – MANDADO DE SEGURANÇA – IMPOSSIBILIDADE. Para se constatar se os imóveis têm ou não valor histórico e artístico, é necessária a produção de provas, que só poderá ser realizada no procedimento próprio, ordinário ou desapropriação, e não na via estreita do mandado de segurança. Recurso improvido. (REsp 147.949/MG, Rel. Min. Garcia Vieira, Primeira Turma, julgado em 19/02/1998, DJ 20/04/1998, p. 35).

→ **Aplicação em concurso:**

- **(Procuradoria do Município de São Paulo – FCC – 2004)** Tombamento é
A) procedimento administrativo por meio do qual o Poder Público sujeita alguns bens a restrições, cuja conservação seja de interesse público.
B) instrumento utilizado pela Administração Pública em situação excepcional de emergência e em prejuízo da propriedade particular, para conservação de bens imóveis.
C) ato administrativo por meio do qual a Administração Pública ocupa temporariamente o imóvel, para conservação que atenda ao interesse público, assegurado ao proprietário indenização pertinente.
D) procedimento administrativo de desapropriação de bem imóvel para fim de preservação, em virtude de seu excepcional valor cultural, arqueológico ou artístico.
E) direito real de gozo, de natureza pública, instituído pelo Poder Público sobre imóvel particular, em virtude de seu excepcional valor cultural, arqueológico ou artístico.
Letra A

- **(87º Concurso de ingresso na carreira do Ministério Público de São Paulo – Prova escrita – 2010)** O que é tombamento?

- **(Procuradoria do Estado de São Paulo – Vunesp – 2005)** Tombamento é
A) a restrição parcial ao direito de propriedade privada que não retira do particular o exercício dos direitos inerentes ao domínio.
B) a intervenção do Estado na propriedade privada que causa restrição integral e permanente ao direito de propriedade, para preservação de bens integrantes do patrimônio histórico e artístico nacional.
C) o ato administrativo discricionário que habilita a Administração Pública a adentrar imóvel particular ameaçado de ruína.
D) o procedimento administrativo de caráter vinculado, autoexecutório, por meio do qual a Administração Pública utiliza-se de propriedade particular no caso de perigo público iminente.

Art. 1º TOMBAMENTO – Rodrigo Leite

E) o direito real de gozo, instituído por lei, sobre imóvel de propriedade alheia, por entidade pública ou por seus delegados, em favor de um serviço público ou de um bem afetado a fim de utilidade pública.

Letra A

- **(Procurador do Município de Poá/SP – Vunesp – 2014 – desmembrada)** O tombamento é uma restrição, parcial ou total, do direito de propriedade particular.

Assertiva incorreta.

- **(Cartorário de Rondônia – IESES – 2012 – desmembrada)** O Tombamento é ato administrativo de intervenção do Estado na propriedade, com o objetivo de preservar o patrimônio histórico, cultural, artístico, científico, paisagístico ou turístico.

Assertiva correta.

3. **Finalidade do tombamento:** de acordo com José dos Santos Carvalho Filho[8], "quando o Estado intervém na propriedade privada para proteger o patrimônio cultural, pretende preservar a memória nacional. É o aspecto histórico de um país, como por todos reconhecido, que faz parte da própria cultura do povo e representa a fonte sociológica de identificação dos vários fenômenos sociais, políticos e econômicos existentes na atualidade." Objetiva-se com o tombamento a preservação e a manutenção da identidade dos bens e do acervo que detém relevância histórico-cultural. O objetivo do tombamento é a proteção do patrimônio histórico e artístico nacional, cabendo ao IPHAN a sua manutenção e vigilância[9]. Para o Supremo Tribunal Federal, o objetivo fundamental do tombamento é conferir proteção concreta e eficaz ao patrimônio cultural, objeto de tutela expressa do art. 216 da CRFB/88. Para a Corte, foi nesse sentido que a ordem constitucional recepcionou o Decreto-Lei nº 25/1937, que ao organizar a proteção do patrimônio histórico e artístico nacional, estabeleceu disciplina própria ao instrumento do tombamento, como meio de proteção de diversas dimensões do patrimônio cultural brasileiro, tais como o tombo arqueológico, etnográfico e paisagístico (para as coisas pertencentes às categorias de arte arqueológica, etnográfica, ameríndia e popular); o tombo histórico (para as coisas de interesse histórico e as obras de arte histórica); o tombo das belas artes (para as coisas de arte erudita, nacional ou estrangeira); e o tombo das artes aplicadas (para as obras que se incluírem na categoria das artes aplicadas, nacionais ou

---

8. *Ob. cit.*, p. 868.
9. *Vide* CC 106.413/SP, Rel. Min. Arnaldo Esteves Lima, Terceira Seção, julgado em 14/10/2009, DJe 09/11/2009.

estrangeiras). Segundo o STF na importante ACO 1966 AgRg/AM, julgado em 17/11/2017, DJe 27/11/2017, processo de relatoria do Ministro Luiz Fux, a Constituição de 1988 representou um marco evolutivo em termos de reconhecimento e proteção jurídica do patrimônio cultural brasileiro, pois se reconheceu de modo expresso na Constituição, a necessidade de tutelar e salvaguardar o patrimônio histórico-cultural, enquanto direito fundamental de terceira geração, isto é, de titularidade difusa, não individualizado, mas pertencente a uma coletividade. O tombamento, para o Supremo Tribunal Federal, é uma das ferramentas contempladas no Texto Constitucional para proteção do patrimônio histórico-cultural, em meio a esse novo estado de consciência e democracia cultural que reflete na busca da própria identidade de um povo. O tombamento é, desse modo, um processo administrativo em que se reconhece, por meio do Poder Público competente para tanto, que determinado bem possui um valor histórico, artístico, paisagístico, turístico, cultural ou científico, merecendo, portanto, especial tutela estatal. Assim, finalizado o processo de tombamento, o bem é inscrito no Livro dos Tombos e passam a pender sobre ele algumas restrições ao exercício dos direitos de uso e de propriedade, com vistas ao seu resguardo e à manutenção do interesse público que sobre ele recai – vide ACO 1966 AgRg/AM, Rel. Min. Luiz Fux, julgado em 17/11/2017, DJe 27/11/2017.

4. **Natureza jurídica:** a natureza jurídica do tombamento é tema controvertido na doutrina. *Destacam-se 4 (quatro) posições.* Para Diogenes Gasparini, Lúcia Valle Figueiredo, Maria Coeli Simões Pires e Ruy Cirne Lima o tombamento é uma modalidade de servidão administrativa. Segundo Maria Sylvia Zanella Di Pietro[10], Marçal Justen Filho[11], Dirley da Cunha Júnior e outros autores que compõem a corrente majoritária na doutrina, com a qual nos filiamos, o tombamento é uma modalidade autônoma de restrição do Estado na propriedade. Para Antonio A. Queiroz Telles[12], José Cretella Júnior e Themistocles Brandão Cavalcanti, por outro lado, o tombamento aloja-se melhor no âmbito das limitações administrativas, pois importa incisivamente na fixação de restrições ao direito de propriedade. Diogo de Figueiredo Moreira Neto e Hely Lopes Meirelles consideram que o bem tombado passa a integrar o patrimônio histórico e artístico da Nação, como bens de interesse da coletividade, sujeitos ao domínio eminente do Estado. O STJ, no deslinde do REsp 33.599/PE[13], DJ 07/11/1994

---

10. *Direito Administrativo*. São Paulo: Atlas, 2010, p. 147.
11. *Curso de Direito Administrativo*. São Paulo: RT, 2014, p. 619.
12. *Tombamento e seu regime jurídico*. São Paulo: Revista dos Tribunais, 1992, p. 42.
13. ADMINISTRATIVO. TOMBAMENTO. SÍTIO HISTÓRICO. LIMITAÇÕES ADMINISTRATIVAS.
    1. Evidencia-se dos autos a existência de uma coletividade assentada urbanisticamente

considerou que o tombamento não seria uma limitação administrativa. No REsp 220.983/SP[14], DJ 25/09/2000, considerou o tombamento como uma espécie de servidão administrativa. Cremos que o tombamento não é modalidade de limitação administrativa, pois esta última é limitação genérica ao direito de propriedade, enquanto que o tombamento é ato específico que individualiza um bem. Pensamos também que o tombamento não é servidão administrativa, pois não implica na formação de "coisa dominante". A restrição decorrente do tombamento não é imposta em benefício de coisa afetada, como ocorre na servidão.

NATUREZA JURÍDICA DO TOMBAMENTO	
Correntes	Doutrinadores que a defendem
Modalidade de servidão administrativa	• Diogenes Gasparini • Lúcia Valle Figueiredo • Maria Coeli Simões Pires • Ruy Cirne Lima
Modalidade autônoma de restrição do Estado na propriedade (posição majoritária)	• Celso Antônio Bandeira de Mello • Dirley da Cunha Júnior • Édis Milaré • Edmir Netto de Araújo • Frederico Di Trindade Amado • José dos Santos Carvalho Filho • Maria Sylvia Zanella Di Pietro • Marçal Justen Filho • Raquel Melo Urbano de Carvalho

nos montes Guararapes, antes mesmo ou independentemente de seu tombamento, determinando o respeito às situações existentes pelas limitações administrativas ao direito de propriedade. 2. A tolerância da Administração Pública, no tocante à existência de centenas de construções e vias públicas naquele sítio, é incompatível com a pretensão de demolir edificação de prédio direcionada para as encostas do morro, já totalmente tomado por casebres. 3. Recurso especial não conhecido. (REsp 33599/PE, Rel. Min. José de Jesus Filho, Segunda Turma, julgado em 17/10/1994, DJ 07/11/1994, p. 30015).

14. "(...) o ato administrativo de tombamento de bem imóvel, com o fim de preservar a sua expressão cultural e ambiental, esvazia-se, economicamente, de modo total, transforma-se, por si só, de simples servidão administrativa em desapropriação, pelo que a indenização deve corresponder ao valor que o imóvel tem no mercado. Em tal caso, o Poder Público adquire o domínio sobre o bem. Imóvel situado na Av. Paulista, São Paulo..." (REsp 220983/SP, Rel. Min. José Delgado, Primeira Turma, julgado em 15/08/2000, DJ 25/09/2000, p. 72).

NATUREZA JURÍDICA DO TOMBAMENTO	
Correntes	Doutrinadores que a defendem
Modalidade de limitação administrativa	• Antonio A. Queiroz Telles • José Cretella Júnior • Themistocles Brandão Cavalcanti
Domínio eminente do Estado	• Diogo de Figueiredo Moreira Neto • Hely Lopes Meirelles

▶ **OBSERVAÇÃO:** Paulo Affonso Leme Machado[15] detalha os diversos posicionamentos doutrinários acerca da natureza jurídica do tombamento. O autor registra que Maria Sylvia Zanella Di Pietro era defensora da tese que considerava o tombamento como espécie de servidão administrativa. De fato, a autora registra que alterou seu entendimento acerca do assunto, ao anotar: "preferimos, por isso, considerar o tombamento categoria própria, que não se enquadra nem como simples limitação administrativa, nem como servidão. Nesse ponto, evoluímos um pouco em relação ao entendimento adotado na tese 'Servidão Administrativa' (1978:27)."[16]

▶ **IMPORTANTE:** Celso Antônio Bandeira de Mello (2015, p. 935) também defendia que o tombamento era uma espécie de servidão administrativa. Nas edições mais recentes do seu livro, todavia, o autor considera que o tombamento é uma modalidade autônoma de restrição do Estado na propriedade. Segundo ele, até a 26ª edição do seu livro, "exprimimos o entendimento de que o tombamento era modalidade de servidão administrativa. Estávamos errados. Convenceu-nos disso a argumentação da administrativista Adriana Zandonade, em tese de doutoramento que estava sob nossa orientação. Distinguem-se os institutos do tombamento e da servidão em que: a) a servidão *é um direito real sobre coisa alheia* ao passo que o tombamento também pode afetar um bem próprio e ser satisfeito mesmo quando o bem de terceiro é expropriado, sem que com isto se extingam os gravames inerentes ao tombamento, não vigorando o princípio de que *nemini res sua servit*; b) a servidão não impõe ao titular do bem tombado o dever de agir, pois não se lhe exige um *facere*, mas tão só um *pati*, ao passo que o tombamento constitui o titular do bem no dever de conservá-lo em bom estado, no que se incluem todas as realizações de reformas para tanto necessárias; c) demais disto, as servidões só oneram bens imóveis e o tombamento tanto pode se referir a bens imóveis quanto a bens móveis, como quadros, estatuetas, joias e outros objetos de interesse cultural."

---

15. *Ação civil pública (ambiente, consumidor, patrimônio cultural) e tombamento*. São Paulo: Revista dos Tribunais, 1987, p. 68-71.
16. *Direito Administrativo*. São Paulo: Atlas, 2010, p. 147.

→ **Aplicação em concurso:**

- **(Promotor de Minas Gerais – 2010 – desmembrada)** Apesar de a doutrina divergir sobre a natureza jurídica do bem tombado, a legislação brasileira optou claramente pela intitulada domínio eminente do Estado.

A assertiva foi considerada incorreta.

4.1 Tombamento: ato discricionário ou vinculado? A doutrina também dissente quanto à classificação do tombamento em ato discricionário ou vinculado. Para Maria Sylvia Zanella Di Pietro[17], o tombamento é ato discricionário, posição com a qual concordamos. Segundo a autora, "colocamo-nos entre os que consideram o tombamento um ato discricionário. Há quem entenda que, colocando, a Constituição, os bens do patrimônio histórico e artístico nacional sob a proteção do poder público, a autoridade competente para determinar o tombamento (inscrição no Livro do tombo) não pode deixar de fazê-lo quando o parecer do órgão técnico reconhecer o valor cultural do bem para fins de proteção. Ocorre que o patrimônio cultural não é o único bem que compete ao Estado proteger. Entre dois valores em conflito, a Administração terá que zelar pela conservação daquele que de forma mais intensa afete os interesses da coletividade." Para Dirley da Cunha Júnior, todavia, o tombamento é um ato vinculado, porquanto determinado pela Constituição. Também Lúcia Valle Figueiredo[18] considera o tombamento um ato vinculado, pois "sem a existência de determinados pressupostos fáticos explícitos na lei, e sem obediência rigorosa ao devido processo legal, não se poderá verificar."

▶ **RESUMO:**

TOMBAMENTO: ATO DISCRICIONÁRIO OU VINCULADO?	
Discricionário	Vinculado
Fernanda Marinela	Dirley da Cunha Júnior
Maria Sylvia Zanella Di Pietro	Lúcia Valle Figueiredo

---

17. *Ob. cit.*, p. 146.
18. *Curso de Direito Administrativo*. São Paulo: Malheiros, 2003, p. 297.

Decreto-Lei nº 25, de 30 de novembro de 1937 — Art. 1º

→ **Aplicação em concurso:**

- **(Procurador do Município de Belo Horizonte – Cespe – 2017 - desmembrada)** O ato de tombamento é discricionário, de modo que eventual controle pelo Poder Judiciário não se estende a sua motivação.

    Assertiva incorreta, segundo a banca. Cremos que esse tipo de questão não deveria ser exigido em prova objetiva, pois o tema é objeto de divergência na doutrina.

5. **Direito à indenização:** o tombamento, tal como a limitação administrativa, não gera, *em regra*, direito à indenização em prol do particular que tem seu bem tombado. Contudo, em havendo dano demonstrado (esvaziamento econômico do bem, por exemplo), existirá o dever de indenizar. De fato, segundo Marçal Justen Filho[19], "em princípio, o tombamento não gera direito à indenização. O bem permanece no domínio do anterior proprietário, que dele pode usar e fruir, inclusive retirando os proveitos econômicos compatíveis com o tombamento. No entanto, surgirá direito de indenização quando o tombamento impuser deveres de cunho econômico ou quando impedir a exploração econômica que o bem apresenta potencialmente." Este, aliás, é o posicionamento do Superior Tribunal de Justiça acerca da matéria, como veremos adiante. Também o Supremo Tribunal Federal já asseverou que "não é qualquer tombamento que dá origem ao dever de indenizar". "É preciso demonstrar que o proprietário sofre um dano especial, peculiar, no direito de propriedade". Asseverou-se que só pode haver direito à indenização se o tombamento ensejar o esvaziamento do direito de propriedade – vide RE 361.127/SP, Rel. Min. Joaquim Barbosa, julgado em 15/05/2012, DJe 1º/08/2012. Para Celso Antônio Bandeira de Mello[20], todavia, "o comum é que o tombamento gere obrigação de indenizar." Esse entendimento é minoritário. Para a maioria da doutrina, para o Supremo Tribunal Federal e de acordo com o Superior Tribunal de Justiça, o tombamento não gera, em regra, dever de indenizar.

▶ **IMPORTANTE:** este é um tema muito exigido em concursos. A posição majoritária na doutrina, adotada pelo STJ, pelo STF e acolhida pelas bancas de concursos, é a que defende que o tombamento não gera, em regra, direito à indenização. Se, todavia, o tombamento ensejar esvaziamento do direito de propriedade ou prejuízo ao proprietário haverá direito à indenização.

---

19. *Curso de Direito Administrativo.* São Paulo: RT, 2014, p. 621.
20. *Grandes Temas de Direito Administrativo.* São Paulo: Malheiros, 2009, p. 361.

▶ **STJ:**

"(...) É possível, contudo, que o tombamento de determinados bens, ou mesmo a imposição de limitações administrativas, tragam prejuízos aos seus proprietários, gerando, a partir de então, a obrigação de indenizar." (REsp 1129103/SC, Rel. Min. Arnaldo Esteves Lima, Primeira Turma, julgado em 08/02/2011, DJe 17/02/2011).

"(...) 3. Trata-se, como se vê, de simples limitação administrativa, que, segundo a definição de Hely Lopes Meirelles, 'é toda imposição geral, gratuita, unilateral e de ordem pública condicionadora do exercício de direitos ou de atividades particulares às exigências do bem-estar social' ('Direito Administrativo Brasileiro', 32ª edição, atualizada por Eurico de Andrade Azevedo, Délcio Balestero Aleixo e José Emmanuel Burle Filho – São Paulo: Malheiros, 2006, pág. 630). 4. É possível, contudo, que o tombamento de determinados bens, ou mesmo a imposição de limitações administrativas, tragam prejuízos aos seus proprietários, gerando, a partir de então, a obrigação de indenizar..." (REsp 1120228/SC, Rel. Min. Denise Arruda, Primeira Turma, julgado em 03/11/2009, DJe 24/11/2009).[21]

"(...) deve ser afastada a alegação de impossibilidade jurídica do pedido, haja vista que o tombamento de determinados bens, ou mesmo a imposição de limitações administrativas pode, em tese, trazer prejuízos aos seus proprietários, gerando, a partir de então, a obrigação de indenizar..." (REsp 922.786/SC, Rel. Min. Francisco Falcão, Primeira Turma, julgado em 10/06/2008, DJe 18/08/2008).

"(...) a jurisprudência desta Turma, bem assim da Primeira Turma, é no sentido de admitir indenização de área tombada, quando do ato restritivo de utilização da propriedade resulta prejuízo para o *dominus*..." (REsp 401.264/SP, Rel. Min. Eliana Calmon, Segunda Turma, julgado em 05/09/2002, DJ 30/09/2002, p. 243).

5.1 Modo de comprovação: segundo o STJ, o ato que gera drástico limite ao exercício do direito de propriedade, ensejando o direito à indenização, deve ser comprovado mediante a realização de perícia, única forma possível de arrimar a existência das perdas aludidas e sua real extensão – AgRg no Ag 642.201/SP, Rel. Min. José Delgado, Primeira Turma, julgado em 03/05/2005, DJ 13/06/2005, p. 177.[22]

---

21. Semelhantemente: REsp 1100563/RS, Rel. Min. Denise Arruda, Primeira Turma, julgado em 02/06/2009, DJe 1º/07/2009; REsp 901.319/SC, Rel. Min. Denise Arruda, Primeira Turma, julgado em 17/05/2007, DJ 11/06/2007, p. 292.
22. Em sentido parecido: EDcl no AgRg no REsp 757.673/SP, Rel. Min. Francisco Falcão, Primeira Turma, julgado em 09/05/2006, DJ 25/05/2006, p. 172.

5.2 Ação civil pública para proteção do patrimônio histórico, artístico e cultural e prazo prescricional: a ação civil pública pode ser utilizada, segundo a Lei n. 7.347, de 24 de julho de 1985, para anular atos lesivos ao patrimônio público, entendido esse como sendo os bens e direitos de valor econômico, artístico, estético, histórico ou turístico. Presta-se a ação também para tentar resguardar o acervo arquitetônico e cultural. Também a ação popular pode ser utilizada para questionar judicialmente a validade de atos que considera lesivos ao patrimônio público, à moralidade administrativa, ao meio ambiente e ao patrimônio histórico e cultural (art. 5º, LXXIII, da CF/88) – vide AgRg no REsp 1504797/SE, Rel. Min. Benedito Gonçalves, Primeira Turma, julgado em 24/05/2016, DJe 01/06/2016).[23] Segundo o STJ, a prescrição, quando se tratar de ação civil pública de reparação ao patrimônio histórico, artístico e cultural, por ser de ordem extrapatrimonial, será 10 (dez) anos, conforme o artigo 205 do Código Civil. Para o STJ, "nem a Lei 7.347/1985 nem o Decreto-Lei 25/37, que disciplina o tombamento, dispõem sobre o prazo prescricional", de forma que se deve aplicar o prazo geral do art. 205 do Código Civil - REsp 1.447.102/PE, Rel. Min. Herman Benjamin, Segunda Turma, julgado em 13/12/2016, DJe 19/12/2016. Em outras ocasiões (caso envolvendo direito do consumidor), contudo, o STJ entendeu que diante da ausência de previsão do prazo prescricional para a propositura da Ação Civil Pública, tanto no Código de Defesa do Consumidor quanto na Lei n. 7.347/1985, seria imperiosa a aplicação do prazo quinquenal previsto no art. 21 da Lei da Ação Popular (Lei n. 4.717/1965), pois esses três diplomas integram um microssistema legal de tutela dos direitos difusos, motivo pelo qual a supressão das lacunas legais deve ser buscada, inicialmente, dentro do próprio microssistema. Assim, "em face do lapso existente na Lei da Ação Civil Pública, deve-se aplicar o prazo quinquenal previsto no art. 21 da Lei da Ação Popular (Lei 4.717/65), tendo em vista formarem um microssistema legal, juntamente com o Código de Defesa do Consumidor" (AgRg nos EREsp 995.995/DF, Rel. Min. Raul Araújo, Segunda Seção, julgado em 11/03/2015, DJe 09/04/2015). Vê-se que, tradicionalmente, por não haver disciplina do prazo na Lei n. 7.347/85 (LACP), o STJ considera que o prazo prescricional para ajuizamento de ação civil pública deve seguir o lapso previsto no art. 21 da Lei da Ação Popular (prazo de cinco anos). Todavia, ao julgar o REsp 1.447.102/PE, Rel. Min. Herman Benjamin, Segunda Turma, julgado em 13/12/2016, DJe 19/12/2016, a Corte entendeu que, por envolver ação civil pública versando sobre a reparação ao patrimônio histórico, artístico e cultural

---

23. Ver também REsp 1447237/MG, Rel. Min. Napoleão Nunes Maia Filho, Primeira Turma, julgado em 16/12/2014, DJe 09/03/2015.

– temas de natureza extrapatrimonial –, e por não haver prazo nem na Lei 7.347/1985 nem no Decreto-Lei 25/37, que disciplina o tombamento, deveria-se aplicar o prazo geral do Código Civil (dez anos).

→ **Aplicação em concurso:**

- **(Analista da Defensoria Pública/RS – FCC – 2017 – desmembrada)** A tutela do patrimônio histórico-cultural constitui competência atribuída a todos os entes da Federação, destacando-se sobre o tema que essa restrição pode atingir parcial ou integralmente a propriedade privada, desde que imóveis, cabendo direito à indenização em qualquer das hipóteses.
Assertiva incorreta.

- **(Magistratura Federal da 2ª Região – Cespe/UnB – 2013 – desmembrada)** O tombamento pode ocorrer por iniciativa da Administração Pública ou do proprietário do bem, sendo devida indenização prévia em ambos os casos, a qual representa condição para que o tombamento se aperfeiçoe.
Assertiva incorreta.

- **(Magistratura do Paraná – UFPR – 2013 – desmembrada)** O tombamento pode gerar o dever de indenizar, caso imponha prejuízo ao proprietário do bem.
Assertiva correta.

- **(Procurador do Estado do Acre – FMP Concursos – 2012 – desmembrada)** Nas hipóteses de tombamento, em razão do interesse público na preservação dos bens de interesse histórico, artístico, cultural, antropológico e arquitetônico, dentre outros, será sempre efetivada a prévia indenização pela restrição da propriedade.
Assertiva incorreta.

- **(Magistratura do Piauí – Cespe – 2012 – desmembrada)** O tombamento não obriga a indenização, mesmo que acarrete despesas extraordinárias ao proprietário do imóvel.
Assertiva incorreta.

- **(Procurador do Ministério Público junto ao TCU – Cespe/UnB – 2004)** O tombamento de bem particular que constitua patrimônio histórico não gera, como regra, obrigação de indenizar.
A assertiva correta.

- **(Analista Administrativo da Agência Nacional de Águas – ESAF – 2009 – adaptada)** O tombamento tem por finalidade proteger o patrimônio cultural brasileiro; constitui uma restrição parcial da propriedade; e, em regra, não gera direito à indenização.
Assertiva correta.

Decreto-Lei nº 25, de 30 de novembro de 1937 | Art. 1º

- **(Promotor do Distrito Federal – 2005 – adaptada)** O tombamento é forma de intervenção do Estado na propriedade privada, que tem por objetivo a proteção do patrimônio histórico e artístico nacional, assim considerado o conjunto de bens móveis e imóveis existentes no país, cuja conservação seja de interesse público. Por implicar restrição apenas parcial, à medida que não impede o exercício pelo particular dos direitos inerentes ao domínio, não confere direito à indenização.
  O item foi considerado incorreto. O tombamento pode conferir direito à indenização.

- **(Advogado da União – Cespe/UnB – 2002)** No que tange aos bens públicos, às limitações e servidões administrativas e à desapropriação, julgue os itens subsequentes. Devido às limitações que gera ao pleno exercício do direito de propriedade, o tombamento, seja ele encarado como servidão ou como limitação administrativa, sempre gera para o dono do bem tombado o direito à indenização por causa dessas restrições.
  O item foi considerado incorreto.

- **(Defensor Público do Amazonas – Cespe/UnB – 2003)** Julgue os itens seguintes, acerca da desapropriação, do tombamento e das limitações administrativas ao direito de propriedade.
  – Tanto no tombamento como na desapropriação, a prévia indenização é requisito de validade do próprio ato.
  Assertiva incorreta.

- **(Procurador Federal – Cespe/UnB – 2006 – adaptada)** O tombamento, que tem por objetivo a proteção do patrimônio histórico e artístico nacional, é forma de intervenção do Estado na propriedade privada. Acerca desse tema, julgue o item subsequente. O tombamento é uma restrição parcial da propriedade que gera, em regra, direito a indenização.
  O item foi considerado incorreto. Em regra, o tombamento não gera direito à indenização.

- **(Procurador da República – 20º concurso – desmembrada)** O tombamento de bem particular, por restringir o exercício dos atributos do direito de propriedade, gera, sempre, direito a indenização.
  Assertiva incorreta.

- **(Magistratura Federal da 5ª Região – Cespe/UnB – 2007)** Pelo instituto do tombamento, o proprietário fica impedido de usar e gozar livremente o bem dotado de relevância histórico-cultural, havendo direito a indenização quando a propriedade perder sua capacidade plena de utilização econômica.
  A assertiva foi considerada correta.

Art. 1º
TOMBAMENTO – Rodrigo Leite

- **(OAB de São Paulo – Cespe/UnB – 2008 – adaptada)** Julgue o item a seguir: caso o tombamento importe em esvaziamento econômico do bem tombado, cria-se a obrigação de indenizar por parte do Estado.
  A assertiva foi considerada correta.

- **(Cartorário/MG – Consulplan – 2017 – desmembrada)** O tombamento consiste em restrição parcial ao direito de propriedade, na medida em que não impede ao proprietário o exercício dos direitos inerentes ao domínio e, em regra, não gera direito à indenização.
  Assertiva correta.

- **(Procurador do Estado do Acre – FMP Concursos – 2014)** Um imóvel, nas proximidades da Casa Blanca, em Xapuri – AC, onde teria morado um importante cronista esportivo nascido na cidade, foi tombado como patrimônio cultural, histórico e arquitetônico. Sobre o tombamento, é **CORRETO** afirmar que o ato
  A) não retira a propriedade do titular e não tem a indenização como requisito de validade.
  B) não retira a propriedade do titular, mas só tem eficácia se previamente indenizado.
  C) retira a propriedade do titular, mas está sujeito à prévia indenização.
  D) retira a propriedade do titular e não está sujeito à indenização.
  Letra A.

- **(Promotor de Justiça de Santa Catarina – 2016)** Via de regra, as desapropriações, as servidões e as limitações administrativas geram direito a indenização. O tombamento, por sua vez, somente gera esse direito quando esvazia completamente o valor econômico do bem ou enseja gastos desproporcionais para sua manutenção.
  Assertiva incorreta.

- **(Assessor Técnico Jurídico do TCE/RN – Cespe – 2015)** A respeito dos atos administrativos em espécie e da intervenção do Estado na propriedade privada, julgue o item seguinte. Como regra, o tombamento pela administração pública não confere ao proprietário direito a qualquer indenização.
  Assertiva correta.

- **(Procurador do Estado/RS – FUNDATEC – 2015)** Nos tombamentos que resultam em esvaziamento do conteúdo econômico do direito de propriedade, a jurisprudência não reconhece o dever de indenizar o proprietário, pois não há transferência do bem ao Estado.
  Assertiva incorreta.

- **(Procurador do Município de Poá/SP – Vunesp – 2014 – desmembrada)** Será sempre devida a justa e prévia indenização ao proprietário que for atingido pelas restrições do tombamento.
  Assertiva incorreta.

- **(Analista de Controle – TCE/PR – FCC – 2011 – desmembrada)** O tombamento de bens de valor histórico ou artístico assegura ao privado direito à indenização pelas restrições ao uso impostas, quando definitivo.
  Assertiva incorreta.

- **(Promotor de Justiça de Minas Gerais – 2011 – desmembrada)** Pelo fato das coisas tombadas permanecerem no domínio e posse de seus titulares, o tombamento não é passível de indenização.
  Assertiva incorreta.

- **(Analista de Controle Externo – TCE/SE – FCC – 2011 – adaptada)** A proteção e defesa pelo Estado dos bens detentores de valor histórico, artístico, estético, paisagístico ou turístico poderá ser feita mediante o instituto do tombamento que gerará ao Estado o dever de indenizar o proprietário, em todos os casos e em valor equivalente à totalidade do bem tombado.
  Assertiva incorreta.

- **(Procurador do Município de Belo Horizonte – Cespe – 2017 – desmembrada)** A ação popular não se presta a anular ato lesivo ao patrimônio histórico e cultural.
  Assertiva incorreta.

- **(Procurador da República – 2013 – desmembrada)** Como regra geral, o tombamento de um bem revestido de valor histórico é instituído de forma gratuita, mas se houver o esvaziamento de seu conteúdo econômico em decorrência das restrições impostas pelo Poder Público, configurar-se-á desapropriação indireta, gerando para o particular direito a indenização.
  Assertiva correta.

6. **Composição do patrimônio histórico e artístico nacional:** de acordo com o *caput* do art. 1º do Decreto-Lei n. 25/1937, o patrimônio histórico e artístico nacional é constituído pelo conjunto dos bens móveis e imóveis existentes no país e cuja conservação seja de interesse público, quer por sua vinculação a fatos memoráveis da história do Brasil, quer por seu excepcional valor arqueológico ou etnográfico, bibliográfico ou artístico. De acordo com o Superior Tribunal de Justiça, para se constatar se os imóveis têm ou não valor histórico e artístico, é necessária a produção de provas, que só poderá ser realizada no procedimento próprio, ordinário, e não na via estreita do mandado de segurança que

não permite a dilação probatória – *vide* REsp 147.949/MG, Rel. Min. Garcia Vieira, Primeira Turma, julgado em 19/02/1998, DJ 20/04/1998, p. 35.

7. **Tratamento constitucional do tema:** o art. 216 da Constituição da República é mais abrangente do que o art. 1º do DL n. 25/37 ao prescrever que constituem patrimônio cultural brasileiro os bens de natureza material e imaterial, tomados individualmente ou em conjunto, portadores de referência à identidade, à ação, à memória dos diferentes grupos formadores da sociedade brasileira, nos quais se incluem: a) as formas de expressão; b) os modos de criar, fazer e viver; c) as criações científicas, artísticas e tecnológicas; d) as obras, objetos, documentos, edificações e demais espaços destinados às manifestações artístico-culturais; e) os conjuntos urbanos e sítios de valor histórico, paisagístico, artístico, arqueológico, paleontológico, ecológico e científico. A leitura do art. 1º do Decreto-Lei n. 25/1937 deve ser realizada à luz do art. 216 da Constituição da República. O tombamento de bens é previsto no art. 216, § 1º, CR/88 como uma das formas de proteção ao patrimônio cultural. De acordo com o Supremo Tribunal Federal "a Constituição da República Federativa do Brasil de 1988 representou um marco evolutivo em termos de reconhecimento e proteção jurídica do patrimônio cultural brasileiro. Reconheceu-se, a nível constitucional expresso, a necessidade de tutelar e salvaguardar o patrimônio histórico-cultural, enquanto direito fundamental de terceira geração, isto é, de titularidade difusa, não individualizado, mas pertencente a uma coletividade." (ACO 1966/AM, Rel. Min. Luiz Fux, julgado em 30/06/2017, DJe 1º/08/2017).

8. **Inscrição nos Livros do Tombo:** os bens referidos no *caput* do art. 1º somente serão considerados parte integrante do patrimônio histórico e artístico nacional depois de inscritos separada ou agrupadamente num dos quatro Livros do Tombo, referidos mais adiante no art. 4º do DL n. 25/37.

9. **Outros bens sujeitos ao tombamento:** também estão sujeitos ao tombamento, por equiparação do art. 1º, § 2º, DL n. 25/1937, os monumentos naturais, bem como os sítios e paisagens que importe conservar e proteger pela feição notável com que tenham sido dotados pela natureza ou agenciados pela indústria humana. O tombamento protege, principalmente, o patrimônio cultural. Todavia, como dito, de acordo com o § 2º do art. 1º do DL n. 25/37 o tombamento protege também o patrimônio natural (monumentos naturais, sítios e paisagens com feição notável).

10. **Art. 216 da Constituição da República:** o Texto Constitucional prevê ainda que o Poder Público, com a colaboração da comunidade,

Decreto-Lei nº 25, de 30 de novembro de 1937 — Art. 1º

promoverá e protegerá o patrimônio cultural brasileiro, por meio de inventários, registros (Decreto n. 3.551/2000), vigilância, tombamento e desapropriação, *e de outras formas de acautelamento e preservação* (art. 216, § 1º). Percebe-se, claramente, que o rol trazido pelo art. 216, § 1º, CF/88 é meramente exemplificativo, sendo possível a proteção do patrimônio cultural por meio de outros instrumentos. Os incisos I, II e III do art. 216, CF/88 trazem bens intangíveis, enquanto que os incisos IV e V do mesmo dispositivo listam bens tangíveis:

> "Art. 216. Constituem patrimônio cultural brasileiro os bens de natureza material e imaterial, tomados individualmente ou em conjunto, portadores de referência à identidade, à ação, à memória dos diferentes grupos formadores da sociedade brasileira, nos quais se incluem:
>
> I - as formas de expressão;
>
> II - os modos de criar, fazer e viver;
>
> III - as criações científicas, artísticas e tecnológicas;
>
> IV - as obras, objetos, documentos, edificações e demais espaços destinados às manifestações artístico-culturais;
>
> V - os conjuntos urbanos e sítios de valor histórico, paisagístico, artístico, arqueológico, paleontológico, ecológico e científico."

▶ **IMPORTANTE:** o art. 216 da Constituição Federal é muito exigido em provas.

10.1 Tombamento constitucional: de acordo com a Constituição da República ficam tombados todos os documentos e os sítios detentores de reminiscências históricas dos antigos quilombos – art. 216, § 5º. Trata-se de tombamento realizado diretamente do texto normativo. A Lei n. 9.605/98 (Lei de Crimes Ambientais), em seu art. 63, sinaliza que a proteção ao patrimônio cultural pode ocorrer por meio de lei, ato administrativo ou decisão judicial. A Constituição prevê ainda que cabem à administração pública, na forma da lei, a gestão da documentação governamental e as providências para franquear sua consulta a quantos dela necessitem (art. 216, § 2º). E que é facultado aos Estados e ao Distrito Federal vincular a fundo estadual de fomento à cultura até cinco décimos por cento de sua receita tributária líquida, para o financiamento de programas e projetos culturais, vedada a aplicação desses recursos no pagamento de: i) despesas com pessoal e encargos sociais; ii) serviço da dívida; iii) qualquer outra despesa corrente não vinculada diretamente aos investimentos ou ações apoiadas. A Carta de 1988 ainda prevê que os danos e ameaças ao patrimônio cultural serão punidos, na forma da lei (sanções civis e penais, por exemplo) e determina que a lei estabelecerá incentivos para a produção e o conhecimento de bens e valores culturais.

▶ **STJ:**

ADMINISTRATIVO. TOMBAMENTO. CONCEITO DE BEM VINCULADO A "FATOS MEMORÁVEIS DA HISTÓRIA PÁTRIA" E DE "EXCEPCIONAL VALOR ARTÍSTICO". NULIDADE, NO CASO, CARACTERIZADA.

I – O tombamento e a desapropriação são meios de proteção do patrimônio cultural brasileiro, consistentes em atos administrativos, que traduzem a atuação do poder público mediante a imposição de simples restrição ao direito de propriedade ou pela decretação da própria perda desse direito. O tombamento localiza-se 'no início duma escola de limitações em que a desapropriação, ocupa o ponto extremo' (J. Cretella Junior).

II – As restrições ou limitações ao direito de propriedade, tendo em conta a sua feição social, entre as quais se insere o tombamento, decorrem do poder de polícia inerente ao Estado, que há de ser exercitado com estrita observância ao princípio da legalidade e sujeição ao controle do Poder Judiciário. Cabe a este dizer, a vista do caso concreto, se se trata de simples limitação administrativa ou de interdição ou supressão do direito de propriedade, hipótese esta que só pode ser alcançada por meio de desapropriação.

III – Constituição Federal, arts. 5º, XXII, XXIII e XXIX, e 216, § 1º. Decreto-Lei n. 25, de 30.11.37, arts. 1º, 7º e 19, Decreto-Lei n. 3.365, de 21.06.41, art. 5º, letras "k" e "l".

IV – Recurso especial não conhecido. (REsp 30.519/RJ, Rel. Min. Antônio Torreão Braz, Segunda Turma, julgado em 25/05/1994, DJ 20/06/1994, p. 16077).

10.2 Conceito amplo e restrito de patrimônio histórico e artístico:

▶ **STF:**

EMENTA: Tombamento. Par. 1º do artigo 216 da Constituição Federal.
– A única questão constitucional invocada no Recurso Extraordinário que foi prequestionada foi a relativa ao § 1º do artigo 216 da Carta Magna. Às demais falta o requisito do prequestionamento (súmulas 282 e 356). – No tocante ao § 1º do art. 216 da Constituição Federal, não ofende esse dispositivo constitucional a afirmação constante do acórdão recorrido no sentido de que há um conceito amplo e um conceito restrito de patrimônio histórico e artístico, cabendo à legislação infraconstitucional adotar um desses dois conceitos para determinar que sua proteção se fará por tombamento ou por desapropriação,

sendo que, tendo a legislação vigente sobre tombamento adotado a conceituação mais restrita, ficou, pois, a proteção dos bens, que integram o conceito mais amplo, no âmbito da desapropriação. Recurso extraordinário não conhecido. (RE 182782/RJ, Rel. Min. Moreira Alves, Primeira Turma, julgado em 14/11/1995, DJ 09/02/1995).

→ **Aplicação em concurso:**

- **(Defensor Público/SC – FCC – 2107 – desmembrada)** Não há tombamento instituído pelo texto constitucional.
  Assertiva incorreta.

- **(Promotor de Minas Gerais – 2010 – adaptada)** Constituem patrimônio cultural brasileiro as formas de expressão; os modos de criar, fazer e viver; as criações científicas, artísticas e tecnológicas; as obras; objetos, documentos, edificações e demais espaços destinados às manifestações artístico-culturais e os conjuntos urbanos e sítios de valor histórico, paisagístico, artístico, arqueológico, paleontológico, ecológico e científico.
  O item foi considerado correto.

- **(Magistratura do Piauí – Cespe/UnB – 2007 – desmembrada)** O poder público, com a colaboração da comunidade, promoverá e protegerá o patrimônio cultural brasileiro, por meio de inventários, registros, vigilâncias, tombamento e desapropriação, e de outras formas de acautelamento e preservação.
  A assertiva foi considerada correta. É a redação do art. 216, § 1º, CR/88.

- **(Assessor Jurídico do Município de Natal – Cespe/UnB – 2008)** Quanto à proteção dos bens de valor histórico e artístico, julgue o seguinte item: segundo a CF, o poder público poderá proteger o patrimônio cultural brasileiro por meio da desapropriação, do tombamento e do registro, entre outras formas de acautelamento e preservação.
  O item foi considerado correto.

- **(Ministério Público da Paraíba – 2010 – adaptada)** Julgue a assertiva a seguir: são meios constitucionais de tutela do patrimônio cultural brasileiro inventários, tombamento, desapropriação, registros e vigilância.
  A assertiva foi considerada correta.

- **(Promotor de Minas Gerais – 2010 – adaptada)** O Poder Público promoverá e protegerá o patrimônio cultural por meio de ação civil pública, termo de ajustamento de condutas, recomendação, inventários, registros, vigilância, tombamento e desapropriação.
  O item foi considerado correto.

Art. 1º
TOMBAMENTO – Rodrigo Leite

- **(Analista de Controle Externo – TCE/SE – FCC – 2011 – adaptada)** A proteção e defesa pelo Estado dos bens detentores de valor histórico, artístico, estético, paisagístico ou turístico poderá ser feita mediante o instituto do tombamento exclusivamente.

  Assertiva incorreta.

- **(Procurador da Assembleia Legislativa do Amazonas – ISAE – 2011 – desmembrada)** O tombamento é a única forma de proteção do patrimônio cultural brasileiro prevista pela Constituição Federal de 1988.

  Assertiva incorreta.

- **(Magistratura do Acre – Cespe/UnB – 2007)** Com referência ao patrimônio cultural brasileiro, assinale a opção INCORRETA.

  A) O patrimônio cultural brasileiro é constituído por bens materiais e bens imateriais, incluindo-se entre estes últimos as formas tradicionais de expressão e os modos de criar, fazer e viver.

  B) O poder público está legalmente autorizado a promover obras, com dispêndio de recursos públicos, em bem cultural tombado pertencente a particular, nas hipóteses de impossibilidade econômica do proprietário ou de urgência na realização de obras de conservação ou reparação.

  C) Incumbe ao poder público proteger o patrimônio cultural exclusivamente por meio de tombamento, cuja característica precípua reside em condicionar a forma de exercício das faculdades inerentes ao domínio, sem, contudo, eliminar o direito de propriedade.

  D) O patrimônio cultural integra a concepção de meio ambiente em sentido lato, pois, modernamente, natureza e cultura entrelaçam-se na perspectiva da promoção do bem-estar do homem.

  Letra C

- **(Magistratura Federal da 5ª Região – Cespe/UnB – 2004)** Com referência a limitações administrativas e desapropriação, julgue o item seguinte. O meio ambiente cultural é constituído pelo patrimônio artístico, histórico, turístico, paisagístico, arqueológico, espeleológico e cultural, que envolve bens de natureza material e imaterial, considerados individualmente ou em conjunto, portadores de referência à identidade, à ação, à memória dos diferentes grupos formadores da sociedade. Um instrumento de sua proteção é o tombamento, do qual se valeram a UNESCO e o governo brasileiro para preservar o Plano Piloto de Brasília, considerado patrimônio histórico da humanidade.

  O item foi considerado correto.

- **(Delegado da Polícia Federal – Cespe/UnB – desmembrada)** O conjunto arquitetônico do Plano Piloto de Brasília foi tombado por meio da Portaria n. 4, de 13 de março de 1990, da então Secretaria do Patrimônio Histórico

Decreto-Lei nº 25, de 30 de novembro de 1937 — Art. 1º

e Artístico Nacional (SPHAN), órgão do Ministério da Cultura. Posteriormente, editou-se, em relação ao tombamento, a Portaria n. 314, de 8 de outubro de 1992, do então Instituto Brasileiro do Patrimônio Cultural (IBPC), também integrante do Ministério da Cultura. As competências da SPHAN e do IBPC são atualmente exercidas pelo Instituto do Patrimônio Histórico e Artístico Nacional (IPHAN), autarquia federal. Em face dessas circunstâncias e das normas constitucionais, especialmente as relativas à cultura, julgue o item a seguir: constituem o patrimônio cultural brasileiro apenas os bens de natureza material portadores de referência aos diferentes grupos formadores da sociedade brasileira.

O item foi considerado incorreto. Segundo o art. 216, caput, CF/88, constituem patrimônio cultural brasileiro os bens de natureza material e imaterial (não apenas material, portanto), tomados individualmente ou em conjunto, portadores de referência à identidade, à ação, à memória dos diferentes grupos formadores da sociedade brasileira.

- (Promotor de Justiça do Piauí – Cespe/UnB – 2012) Conforme a CF, constituem patrimônio cultural brasileiro

A) os bens de natureza material e imaterial, tomados individualmente ou em conjunto, portadores de referência à identidade, à ação e à memória dos diferentes grupos formadores da sociedade brasileira, entre os quais se incluem as formas de expressão e os modos de criar, fazer e viver.

B) os bens de natureza material por meio dos quais as criações artísticas, científicas e tecnológicas dos povos tradicionais expressem o ethos nacionalista da sociedade brasileira.

C) os conjuntos urbanos, as áreas de grilagem, os sítios de valor histórico, paisagístico, artístico e arqueológico, de natureza imaterial, portadores de referência à identidade, à memória e à ação das gerações passadas, formadoras da sociedade brasileira, entre os quais se incluem as zonas de uso estritamente industrial, as áreas habitacionais, as áreas de proteção ambiental, as reservas da biosfera e os parques públicos.

D) os bens de natureza material e imaterial que veiculem as formas de ação, criação e existência das diversas raças formadoras da sociedade brasileira, em suas dimensões antropológicas, etnográficas, deontológicas e sociointeracionistas, tais como a culinária, a música, o folclore, a indumentária e as prosódias.

E) as manifestações artísticas e culturais de natureza exclusivamente material que expressem os posicionamentos políticos dos grupos formadores da sociedade brasileira, por meio dos quais os valores, crenças, ideologias e mitologias dos grupos minoritários que representam a identidade nacional interagem com a cultura hegemônica.

Letra A

Art. 1º

- **(Magistratura do Distrito Federal – Cespe/UnB – 2012 – desmembrada)** Tombamento e desapropriação, dentre outras, são ferramentas por meio das quais o Poder Público, com a colaboração da comunidade, promoverá e protegerá o patrimônio cultural brasileiro.
Assertiva correta.

- **(Agente Administrativo – Ministério do Trabalho e Emprego – Cespe/UnB – 2008)** Acerca da ordem social, julgue o item que se segue. O inventário, a desapropriação e o tombamento são formas de proteção do patrimônio cultural brasileiro.
O item foi considerado correto.

- **(Promotor de Minas Gerais – 2010 – adaptada)** O tombamento é um ato administrativo originário do Poder Executivo, mas o Poder Legislativo (no caso, Poder Constituinte Originário) tombou os documentos e os sítios detentores de reminiscências históricas dos antigos quilombos.
A assertiva foi considerada correta.

- **(Procurador da República – 2011 – desmembrada)** A Constituição Federal realiza, direta e expressamente, o tombamento de documentos e sítios detentores de reminiscências históricas de antigos quilombos.
Assertiva correta.

- **(Promotor de Justiça/RS – 2017 – adaptada)** Levando em consideração o disposto no artigo 216 da Constituição Federal, ficam tombados todos os documentos e os sítios detentores de reminiscências históricas de antigos quilombos.
Assertiva correta.

- **(Defensor Público/RS – FCC – 2017 – desmembrada)** Não há tombamento instituído pelo texto constitucional.
Assertiva incorreta.

- **(Procurador do Estado do Acre – FMP Concursos – 2017 – desmembradas)**
- O tombamento é o único instrumento da competência do estado-membro para proteção do patrimônio cultural material.
Assertiva incorreta.

- O inventário é instrumento passível de ser utilizado somente para proteção dos bens culturais de natureza imaterial.
Assertiva incorreta.

- **(Promotor de Justiça/RS – 2017)** Assinale a alternativa **INCORRETA**, levando em consideração o disposto no artigo 216 da Constituição Federal.

Decreto-Lei nº 25, de 30 de novembro de 1937 — Art. 1º

A) O Poder Público, com a colaboração da comunidade, promoverá e protegerá o patrimônio cultural brasileiro, por meio de inventários, registros, vigilância, tombamento e desapropriação, e de outras formas de acautelamento e preservação.

B) Cabem à administração pública, na forma da lei, a gestão da documentação governamental e as providências para franquear sua consulta a quantos dela necessitem.

C) É dever dos Estados e do Distrito Federal vincular a fundo estadual de fomento à cultura até cinco décimos por cento de sua receita tributária líquida, para o financiamento de programas e projetos culturais, vedada a aplicação desses recursos no pagamento de despesas com pessoal e encargos sociais, serviço da dívida e qualquer outra despesa corrente não vinculada diretamente aos investimentos ou ações apoiados.

D) Ficam tombados todos os documentos e os sítios detentores de reminiscências históricas dos antigos quilombos.

E) A lei estabelecerá incentivos para a produção e o conhecimento de bens e valores culturais.

Letra C.

- (Magistratura do Amapá – FCC – 2014) Segundo a Constituição Federal, são meios de promoção e proteção do patrimônio cultural brasileiro

A) tombamento, registro e descoberta.

B) apenas o tombamento e o registro.

C) inventário, registro, vigilância, tombamento e desapropriação.

D) tombamento, registro e *ad corpus*.

E) apenas o tombamento e a desapropriação.

Letra C

- (Procurador do Distrito Federal – Cespe – 2013) A promoção e proteção do patrimônio cultural brasileiro é responsabilidade do poder público, com a colaboração da comunidade, por meio de inventários, registros, vigilância, tombamento e desapropriação, e de outras formas de acautelamento e preservação.

Assertiva correta.

11. **Competência material e legislativa e proteção ao patrimônio histórico, artístico e cultural**[24]: na repartição de competências realizada pelo Texto Constitucional, é importante a leitura dos arts. 23, III; 24, VII e 30, I, II e IX, abaixo reproduzidos. Frise-se, desde logo, que em face do art. 23, III,

---

24. Cf. SILVA, José Afonso da. *Direito Ambiental Constitucional*. São Paulo: Malheiros, 2011, p. 73-82.

CF/88, *todos os entes da federação podem realizar tombamento de bens*. Importante destacar ainda que o mesmo bem pode ser tombado por mais de um ente político da federação, desde que sejam respeitados os critérios de relevância histórico-cultural em magnitude nacional (para o tombamento de bens pela União); regional (para o tombamento de bens pelos Estados) e local (para o tombamento de bens pelos municípios). Segundo Natascha Trennepohl[25], o tombamento "pode ser realizado pela União, através do Instituto do Patrimônio Histórico e Artístico Nacional – IPHAN, pelos Governos estaduais, através de seus órgãos próprios, e pelos Municípios, isolada ou cumulativamente, conforme a expressão do bem tombado. Assim, não se caracteriza *bis in idem* o tombamento, simultâneo, sobre um mesmo bem, desde que haja relevância histórico--cultural de âmbito local, regional ou nacional. Pode ser citado como exemplo o centro histórico da cidade de Ouro Preto, em Minas Gerais, que é tombado pelo Município, pelo Estado, pela União, e até mesmo pela UNESCO como Patrimônio Cultural da Humanidade."

▶ **IMPORTANTE:** um mesmo bem pode ser tombado simultaneamente por mais de um ente da federação, desde que, é claro, o bem possua relevância ou importância cultural, histórica, artística para os instituidores. Segundo Ricardo Alexandre e João de Deus (2016, p. 860), "se isso acontecer, a solução que parece mais razoável é que haja uma gradação de poder sobre o bem, havendo preferência da União, depois do Estado e por fim do Município."

→ **Aplicação em concurso:**

- **(Magistratura Federal da 2ª Região – Cespe – 2014 – desmembrada)** O mesmo bem pode ser objeto de tombamento por mais de um ente da federação.
  Assertiva correta.

- **(Procurador do Estado do Acre – FMP Concursos – 2017 – desmembradas)**
  - Um mesmo bem imóvel de propriedade privada pode ser tombado em âmbito federal e estadual.
  Assertiva correta.

  - A União Federal, através do IPHAN, não pode tombar bem de propriedade de um estado-membro.
  Assertiva incorreta.

---

25. *Manual de Direito Ambiental*. Niterói: Impetus, 2010, p. 214.

Decreto-Lei nº 25, de 30 de novembro de 1937 — Art. 1º

- **(Técnico de Nível Superior – Assembleia Legislativa/BA – FGV – 2014 – desmembrada)** O tombamento somente pode ser instituído por um único ente da federação, qual seja, aquele que detém a dominialidade do bem.
  Assertiva incorreta.

- **(Magistratura Federal da 5ª Região – Cespe/UnB – 2007)** Por ser comum a competência material para a proteção do patrimônio cultural, a União, o Estado e o município podem, simultaneamente, instituir tombamento sobre um mesmo bem, desde que haja relevância histórico-cultural de âmbito local, regional ou nacional.
  Assertiva correta.

- **(Analista Judiciário – TRT/MG – 2015 – FCC)** Uma autarquia estadual que atua na área previdenciária é proprietária de vasto patrimônio imobiliário, especialmente porque fazia parte da política de gestões anteriores o financiamento de imóveis residenciais e comerciais para servidores públicos, especialmente em regiões com necessidade de revitalização. Assim, referida autarquia era proprietária de um casarão na região central de determinado município, construído no início do século XX. O Município, ouvindo rumores de que a autarquia pretendia alienar seu patrimônio que não estivesse formalmente destinado às finalidades institucionais do ente, providenciou regular procedimento e, por meio de seu órgão competente, editou Resolução tombando o imóvel. O imóvel, apurou-se posteriormente, já era tombado pelo órgão estadual competente. Diante desse cenário,

A) autarquia pode impugnar o tombamento, tendo em vista que o Município não poderia decretar o tombamento de bens pertencentes a pessoas jurídicas de direito público, tendo em vista que o tombamento constituiu uma limitação à propriedade privada.

B) o Município somente poderia tombar o bem da autarquia caso não houvesse tombamento anterior, tendo em vista que sobre o mesmo imóvel não podem se sobrepor duas intervenções à propriedade.

C) não obstante a autarquia tenha personalidade jurídica híbrida e seus bens estejam sujeitos ao regime jurídico de direito privado, o tombamento estadual prefere ao tombamento municipal, que fica por aquele ato absorvido.

D) a alienação onerosa do bem tombado ficou inviabilizada, tendo em vista que limitação à propriedade dessa natureza impõe gravame ao proprietário e exige que a propriedade do bem remanesça sendo de pessoa jurídica de direito público.

E) o tombamento municipal, cuja imposição seguiu trâmite regular, permanece válido, tendo em vista que sobre o mesmo bem, ainda que pertencente a pessoa jurídica de direito público, pode existir mais de uma limitação daquela natureza, desde que compatíveis, cabendo ao

53

proprietário observar as posturas e restrições impostas pelos dois entes federados.

Letra E.

11.1 Competência material comum:

Art. 23. É competência comum da União, dos Estados, do Distrito Federal e dos Municípios:

(...)

III – proteger os documentos, as obras e outros bens de valor histórico, artístico e cultural, os monumentos, as paisagens naturais notáveis e os sítios arqueológicos;

11.2 Competência legislativa concorrente:

Art. 24. Compete à União, aos Estados e ao Distrito Federal legislar concorrentemente sobre:

(...)

VII – proteção ao patrimônio histórico, cultural, artístico, turístico e paisagístico;

11.3 Competência legislativa municipal:

Art. 30. Compete aos Municípios:

I – legislar sobre assuntos de interesse local;

II – suplementar a legislação federal e estadual no que couber;

(...)

IX – promover a proteção do patrimônio histórico-cultural local, observada a legislação e a ação fiscalizadora federal e estadual.

▶ **IMPORTANTE:** existe celeuma na doutrina quanto à existência de competência do município para legislar sobre tombamento. Compreendo que tal competência deriva da interpretação conjunta dos arts. 24, VII, da Constituição Federal, com os arts. 30, I, II e IX, da CR/88. Os municípios podem legislar sobre temas de interesse local. Não pode, é óbvio, o município trazer uma lei própria sobre tombamento que colida com as disposições da "lei geral" (DL n. 25/1937), mas pode esse ente – dentro de suas peculiaridades locais – disciplinar temas em complementação ou suplementação à lei geral. Registro, todavia, que parcela da doutrina entende que os municípios não podem legislar sobre tombamento de bens. De acordo com o saudoso Diogenes Gasparini[26] "o fundamento da

---

26. *Direito Administrativo.* São Paulo: Saraiva, 2007, p. 751-752.

atribuição de tombar, exercida pela Administração Pública é tríplice: político, constitucional e legal. O fundamento político reside no domínio eminente reconhecido e exercido pelo Estado sobre todas as coisas, bens e pessoas situadas em seu território. O constitucional está explicitado no art. 216, § 1º, da Lei Maior. O fundamento legal, no Âmbito da União, está no Decreto-Lei federal n. 25/37, conhecido como a Lei do Tombamento, e em alterações posteriores. A União, os Estados-membros e o Distrito Federal, nos termos do art. 24, VII, da Lei Maior, podem legislar concorrentemente sobre essa matéria, cabendo à União a edição das normais gerais a respeito (art. 24, § 1º, da CF). Destarte, os Estados-Membros e o Distrito Federal, observadas as normas gerais editadas, nesse particular, pela União, instituirão suas respectivas leis de tombamento. Cabe aos Município, consoante o disposto no art. 30, IX, da Constituição Federal, promover a proteção do patrimônio histórico-cultural. Ao Município a Constituição Federal não assegurou qualquer competência legislativa sobre tombamento. Há, no entanto, decisões em sentido contrário de nossos Tribunais (RT, 739:381)." Também segundo Fernanda Marinela "os municípios não têm competência legislativa nesse caso, somente contando com a competência material, valendo-se das leis federais e estaduais (art. 30, IX, CF)." Rafael Carvalho Rezende Oliveira, por sua vez, consigna que "deve ser reconhecida a competência legislativa dos municípios no tocante ao tombamento a partir da interpretação sistemática do texto constitucional (arts. 23, III, e 30, I, II e IX). Ao se reconhecer a competência municipal para legislar sobre assunto de interesse predominantemente local, admite-se a possibilidade de promulgação de leis locais que protegem o respectivo patrimônio cultural."

OS MUNICÍPIOS POSSUEM COMPETÊNCIA LEGISLATIVA EM MATÉRIA DE TOMBAMENTO?	
Sim	Não
• Diogo de Figueiredo Moreira Neto • José dos Santos Carvalho Filho • Paulo Magalhães da Costa Coelho • Rafael Carvalho Rezende Oliveira • Entendimento adotado pelo Cespe na prova de Procurador do Município de Belo Horizonte em 2017 (ver questão mais adiante)	• Diogenes Gasparini • Fernanda Marinela • Maria Sylvia Zanella Di Pietro • Entendimento adotado pela Vunesp na prova de Procurador do Município de Poá/SP em 2014 (ver questão mais abaixo)

11.4 Entendimento do Supremo Tribunal Federal sobre o assunto:

11.4.1 Titularidade do patrimônio científico-cultural (ADIs 2544/RS e 3525/MT): o STF, em duas oportunidades, declarou inconstitucionais leis que atribuíam a Estado-membro a titularidade de bens pertencentes à União e que excluíam dos demais entes da federação a responsabilidade comum de proteger os documentos, as obras e outros bens de valor histórico, artístico e cultural, os monumentos, as paisagens naturais notáveis e os sítios arqueológicos.

▶ **STF:**

EMENTA: Federação: competência comum: proteção do patrimônio comum, incluído o dos sítios de valor arqueológico (CF, arts. 23, III, e 216, V): encargo que não comporta demissão unilateral. 1. Lei est. 11.380, de 1999, do Estado do Rio Grande do Sul, confere aos municípios em que se localizam a proteção, a guarda e a responsabilidade pelos sítios arqueológicos e seus acervos, no Estado, o que vale por excluir, a propósito de tais bens do patrimônio cultural brasileiro (CF, art. 216, V), o dever de proteção e guarda e a consequente responsabilidade não apenas do Estado, mas também da própria União, incluídas na competência comum dos entes da Federação, que substantiva incumbência de natureza qualificadamente irrenunciável. 2. A inclusão de determinada função administrativa no âmbito da competência comum não impõe que cada tarefa compreendida no seu domínio, por menos expressiva que seja, haja de ser objeto de ações simultâneas das três entidades federativas: donde, a previsão, no parágrafo único do art. 23 CF, de lei complementar que fixe normas de cooperação (v. sobre monumentos arqueológicos e pré-históricos, a L. 3.924/61), cuja edição, porém, é da competência da União e, de qualquer modo, não abrange o poder de demitirem-se a União ou os Estados dos encargos constitucionais de proteção dos bens de valor arqueológico para descarregá-los ilimitadamente sobre os Municípios. 3. Ação direta de inconstitucionalidade julgada procedente. (ADI 2544/RS, Rel. Min. Sepúlveda Pertence, Tribunal Pleno, julgado em 28/06/2006, DJ 17/11/2006).

EMENTA: Ação Direta de Inconstitucionalidade. 2. Artigo 251 da Constituição do Estado de Mato Grosso e Lei Estadual nº 7.782/2002, "que declara integrantes do patrimônio científico-cultural do Estado os sítios paleontológicos e arqueológicos localizados em Municípios do Estado de Mato Grosso". 3. Violação aos artigos 23, inciso III e 216, inciso V, da Constituição. Precedente: ADI 2.544, Rel. Min. Sepúlveda Pertence. 4. Ação julgada procedente. (ADI 3525/MT, Rel. Min. Gilmar Mendes, Tribunal Pleno, julgado em 30/08/2007, DJe 26/10/2007).

11.4.2 Ato que constitui o tombamento e separação entre os poderes: de acordo com o STF, o tombamento é constituído por ato do Poder Executivo que, observada a legislação pertinente, estabelece o alcance da limitação ao direito de propriedade, não podendo ato emanado do Poder Legislativo alterar essas restrições (ADI 1706/DF, Rel. Min. Eros Grau, Plenário, julgada em 09/04/2008). Na ocasião, o STF afirmou que o ato do Poder Legislativo que efetiva o tombamento e, de igual modo, o que pretende alterar as condições de tombamento regularmente instituído pelo Poder Executivo, é inconstitucional, por agredir o "princípio da separação entre os Poderes". Esse entendimento foi recentemente ratificado no julgamento do AI 714.949 AgR/RJ, Rel. Min. Luís Roberto Barroso, Primeira Turma, julgado em 25/08/2017, DJe 08/09/2017, na ocasião foi dito que "compete ao Poder Executivo deliberar sobre o instituto do tombamento". Também no RE 854.073/MG, Rel. Min. Dias Toffoli, julgado em 21/02/2017, DJe 02/03/2017, o STF asseverou que *"padece de inconstitucionalidade, por romper com o princípio da separação e da harmonia entre poderes, o tombamento levado a efeito mediante diploma legislativo, haja vista que tal ato de restrição à propriedade insere-se no rol de atribuições típicas da Administração, à qual compete, observando a legislação pertinente, estabelecer o alcance da limitação ao direito de propriedade."*

▶ **STF:**

EMENTA: AÇÃO DIRETA DE INCONSTITUCIONALIDADE. LEI DISTRITAL N. 1.713, DE 3 DE SETEMBRO DE 1.997. QUADRAS RESIDENCIAIS DO PLANO PILOTO DA ASA NORTE E DA ASA SUL. ADMINISTRAÇÃO POR PREFEITURAS OU ASSOCIAÇÕES DE MORADORES. TAXA DE MANUTENÇÃO E CONSERVAÇÃO. SUBDIVISÃO DO DISTRITO FEDERAL. FIXAÇÃO DE OBSTÁCULOS QUE DIFICULTEM O TRÂNSITO DE VEÍCULOS E PESSOAS. BEM DE USO COMUM. TOMBAMENTO. COMPETÊNCIA DO PODER EXECUTIVO PARA ESTABELECER AS RESTRIÇÕES DO DIREITO DE PROPRIEDADE. VIOLAÇÃO DO DISPOSTO NOS ARTIGOS 2º, 32 E 37, INCISO XXI, DA CONSTITUIÇÃO DO BRASIL. 1. A Lei n. 1.713 autoriza a divisão do Distrito Federal em unidades relativamente autônomas, em afronta ao texto da Constituição do Brasil – artigo 32 – que proíbe a subdivisão do Distrito Federal em Municípios. 2. Afronta a Constituição do Brasil o preceito que permite que os serviços públicos sejam prestados por particulares, independentemente de licitação [artigo 37, inciso XXI, da CB/88]. 3. Ninguém é obrigado a associar-se em "condomínios" não regularmente instituídos. 4. O artigo 4º da lei possibilita a fixação de obstáculos a fim de dificultar a entrada e saída de veículos nos limites externos das quadras ou conjuntos. Violação do direito à circulação, que é a manifestação mais característica do direito de locomoção. A Administração não poderá impedir o trânsito de pessoas no que toca aos bens de uso comum. 5. O tombamento é constituído mediante ato do Poder Executivo que estabelece o alcance da limitação ao direito de propriedade. Incompetência do Poder Legislativo no que toca a essas restrições, pena de violação ao disposto no artigo 2º da Constituição do Brasil. 6. É incabível a delegação da execução de determinados serviços públicos às "Prefeituras" das quadras, bem como a instituição de taxas remuneratórias, na medida em que essas "Prefeituras" não detêm capacidade tributária. 7. Ação direta julgada procedente para declarar a inconstitucionalidade da Lei n. 1.713/97 do Distrito Federal. (ADI 1706/DF, Rel. Min. Eros Grau, Tribunal Pleno, julgado em 09/04/2008, DJe 12/09/2008).

Segundo Ricardo Alexandre e João de Deus[27], "o tombamento é formalizado por ato administrativo típico, de atribuição do Poder Executivo. Vale registrar que há posição minoritária na doutrina que defende a possibilidade de instituição de tombamento por meio de lei de efeitos concretos. Contudo, o STF já decidiu majoritariamente que o tombamento é de competência do Poder Executivo e deve ser formalizado por meio de ato administrativo (Representação 1.312, Pleno, Rel. Min. Célio Borja, RTJ 128/515."

Registro, todavia, que em recente decisão, o Plenário do Supremo Tribunal Federal admitiu a instituição de tombamento por ato legislativo. Trazemos a seguir os principais aspectos tratados na importante ACO 1208 AgRg/AM[28], Rel. Min. Gilmar Mendes, julgado em 24/11/2017, DJe 04/12/2017:

> **a)** A expressão Poder Público prevista no art. 216, § 1º, da CF/88 possui como destinatárias todas as esferas de atuação estatal, seja federal, estadual ou municipal, incluindo a divisão tripartite de poderes (Legislativo, Executivo e Judiciário).

---

27. *Direito Administrativo*. São Paulo: Método, 2017, p. 474.
28. Agravo em ação cível originária. 2. Administrativo e Constitucional. 3. Tombamento de bem público da União por Estado. Conflito Federativo. Competência desta Corte. 4. Hierarquia verticalizada, prevista na Lei de Desapropriação (Decreto-Lei 3.365/41). Inaplicabilidade no tombamento. Regramento específico. Decreto-Lei 25/1937 (arts. 2º, 5º e 11). Interpretação histórica, teleológica, sistemática e/ou literal. Possibilidade de o Estado tombar bem da União. Doutrina. 5. Lei do Estado de Mato Grosso do Sul 1.526/1994. Devido processo legal observado. 6. Competências concorrentes material (art. 23, III e IV, c/c art. 216, § 1º, da CF) e legislativa (art. 24, VII, da CF). Ausência de previsão expressa na Constituição Estadual quanto à competência legislativa. Desnecessidade. Rol exemplificativo do art. 62 da CE. Proteção do patrimônio histórico, cultural, artístico, turístico e paisagístico regional. Interesse estadual. 7. Ilegalidade. Vício de procedimento por ser implementado apenas por ato administrativo. Rejeição. Possibilidade de lei realizar tombamento de bem. Fase provisória. Efeito meramente declaratório. Necessidade de implementação de procedimentos ulteriores pelo Poder Executivo. 8. Notificação prévia. Tombamento de ofício (art. 5º do Decreto-Lei 25/1937). Cientificação do proprietário postergada para a fase definitiva. Condição de eficácia e não de validade. Doutrina. 9. Ausência de argumentos capazes de infirmar a decisão agravada. 10. Agravo desprovido. 11. Honorários advocatícios majorados para 20% do valor atualizado da causa à época de decisão recorrida (§ 11 do art. 85 do CPC).

b) Considerou-se que o tombamento se constitui mediante a declaração do Poder Público Federal, Estadual, Distrital ou Municipal, reconhecendo o valor histórico, artístico, paisagístico, turístico, cultural ou científico de bem(ns), individual ou coletivamente considerados, que impõem ser preservados, culminando-se, ao final, com a inscrição em livro próprio (Tombo) e averbação no registro no cartório de imóveis, se for o caso.

c) Admitiu-se que Estados podem tombar bens da União, pois o tombamento possui disciplina própria, qual seja, o Decreto-Lei 25/1937. Em razão disso, a previsão do art. 2º, § 2º, do Decreto-Lei n. 3.365/1941, que impede os bens da União de desapropriação pelos Estados e pelos Municípios, é restrita à desapropriação. Para o STF, "quando há intenção do legislador de que se observe a 'hierarquia verticalizada', assim o fez expressamente, ao referir-se como desapropriáveis os bens dos Municípios pelos Estados e pela União, e os bens dos Estados e do Distrito Federal, apenas pela União. Portanto, da interpretação literal dos dispositivos, extrai-se que os bens da União não são excepcionados do rol de bens que não podem ser tombados, tal como são excluídos do rol dos bens passíveis de serem desapropriados pelos Estados e pelo Distrito Federal, motivo pelo qual se conclui que os bens da União podem ser, em tese, tombados pelos Estados, Distrito Federal e Municípios."

d) Segundo essa decisão, as Constituições Estaduais podem dispor que as Assembleias Legislativas estão autorizadas a legislar sobre tombamento de bem de interesse local sem que isso represente ofensa à Constituição Federal e à separação de poderes. Desse modo, não haveria vedação ao tombamento feito por ato legislativo, porque tal providência possui caráter provisório, ficando o tombamento permanente, este sim, restrito a ato do Executivo.

e) Importante mencionar que segundo o Ministro Gilmar Mendes, relator da ACO 1208/MS, os fundamentos utilizados na ADI 1706/DF e na Representação 1312 não permitem a generalização de que a Corte teria vetado a edição de ato legislativo estipulando tombamento sobre determinado bem. O que o STF entendeu nesses dois casos, segundo ele, foi que o ato legislativo de tombamento teria conflitado com tombamento anteriormente regulamentado pelo Poder Executivo, sendo inconstitucional por ofensa à harmonia entre os poderes. Ou seja, o que estava em julgamento era a coexistência de dois atos de tombamentos sobre o mesmo bem: 1) o pretérito realizado pelo Poder Executivo; e 2) o posterior e mais restritivo aprovado pelo Poder Legislativo. Na oportunidade, disse o relator da ACO 1208/MS que a Corte concluiu haver ofensa ao postulado da separação dos poderes, em razão de o Legislativo ter alterado as condições de restrição à propriedade impostas pelo Executivo. Assim, aquele julgado não poderia servir de precedente para análise do caso concreto debatido na ACO 1208/MS ou para concluir-se genericamente que haveria impedimento da realização de tombamento através de ato legal. Para o STF, nesse recente julgado, reproduzindo lição de Paulo Affonso Leme Machado, não há nenhuma vedação constitucional de que o tombamento seja realizado diretamente por ato legislativo federal, estadual ou municipal. Assim, sob essa perspectiva, o ato legislativo que instituiu o tombamento, apresenta-se como lei de efeitos concretos, a qual se consubstancia em tombamento provisório – de natureza declaratória –, necessitando, todavia, de posterior implementação pelo Poder Executivo, mediante notificação posterior ao ente federativo proprietário do bem, nos termos do art. 5º do Decreto-Lei 25/37.

Também admitindo a instituição do tombamento por lei ou mesmo judicialmente, registra Frederico Amado[29] que essa é a melhor posição, "inclusive tendo previsão legal implícita nos tipos dos delitos capitulados nos artigos 62 e 63, da Lei n. 9.605/1998." Segundo ele, "não é forçoso lembrar que existe precedente do STF [referindo-se à ADI 1706/DF] que não admitiu a instituição do tombamento por lei, ao frágil argumento de violação ao princípio da Separação dos Poderes, sendo supostamente atividade exclusiva do Poder Executivo."

▶ **Observação:** apesar do relator da ACO 1208/MS mencionar que na decisão tomada na ADI 1706/DF o STF não fixou o entendimento de que a instituição de tombamento seria ato privativo do Poder Executivo, o que inviabilizaria o tombamento por meio de lei (ato do Poder Legislativo), fato é que a doutrina (Frederico Amado, Ricardo Alexandre e João de Deus) e o próprio Supremo Tribunal Federal no AI 714.949 AgR/RJ, Rel. Min. Luís Roberto Barroso, Primeira Turma, julgado em 25/08/2017, DJe 08/09/2017 e no RE 854.073/MG, Rel. Min. Dias Toffoli, julgado em 21/02/2017, DJe 02/03/2017, consideram que a Suprema Corte obstou a instituição do tombamento por meio de lei. No RE 854.073/MG, aliás, é dito, textualmente que *"padece de inconstitucionalidade, por romper com o princípio da separação e da harmonia entre poderes, o tombamento levado a efeito mediante diploma legislativo."* Ao analisar o conteúdo do acórdão da ADI 1706/DF, chega-se à conclusão que o Supremo, mesmo singelamente considerou que "o ato do Poder Legislativo que efetive o tombamento e, de igual modo, aquele que pretenda alterar as condições de tombamento regulamente instituído pelo Poder Executivo, é inconstitucional, dada a sua incompatibilidade com o princípio da harmonia entre os poderes." Considerou-se, na ocasião, que ofende o Princípio da Separação de Poderes (art. 2º, CF/88) o ato do Poder Legislativo

----

29. *Direito Ambiental*. Salvador: Juspodivm, 2017, p. 475.

que "efetive o tombamento", bem como o que altera as condições de restrição à propriedade impostas anteriormente pelo Executivo. Assim, ao contrário do que dito na ACO 1208/MS, ao julgar a ADI 1706/DF o Supremo Tribunal Federal considerou inconstitucional a efetivação (realização) de tombamento por meio de ato legislativo. Transcrevemos passagem literal do acórdão em que isso é revelado: "o ato do Poder Legislativo que efetive o tombamento e, de igual modo, aquele que pretenda alterar as condições de tombamento regulamente instituído pelo Poder Executivo, é inconstitucional, dada a sua incompatibilidade com o princípio da harmonia entre os poderes." Considerou-se que "o tombamento é constituído mediante ato do Poder Executivo que estabelece o alcance da limitação ao direito de propriedade" sendo "incompetência do Poder Legislativo no que toca a essas restrições, pena de violação ao disposto no artigo 2º da Constituição do Brasil."

INSTITUIÇÃO DE TOMBAMENTO POR LEI	
Não cabe	Cabe
• José dos Santos Carvalho Filho • Ricardo Alexandre e João de Deus • STF (*ADI 1706/DF*, Rel. Min. Eros Grau, Tribunal Pleno, julgado em 09/04/2008; AI 714949 AgR/RJ, Rel. Min. Luís Roberto Barroso, Primeira Turma, julgado em 25/08/2017 e RE 854.073/MG, Rel. Min. Dias Toffoli, julgado em 21/02/2017.	• Frederico Amado • Paulo Affonso Leme Machado • Pontes de Miranda • STF (*ACO 1208 AgRg/MS*, Plenário, Rel. Min. Gilmar Mendes, julgado em 24/11/2017).

→ **Aplicação em concurso:**

- **(Procurador do Município de Belo Horizonte – Cespe – 2017 - desmembrada)** Todos os entes federativos possuem competência para legislar sobre tombamento e competência material para realizá-lo.
  Assertiva correta, segundo a banca.

- **(Procurador do Município de Poá/SP – Vunesp – desmembrada – 2014)** Os Municípios não têm competência legislativa nessa matéria.
  Assertiva correta, segundo a banca examinadora. Cespe e Vunesp possuem entendimento divergente quanto ao tema, conforme podemos constatar com a questão anterior.

- **(Procurador do Estado de Goiás – 2013 – desmembrada)** É competência privativa da União legislar sobre proteção ao patrimônio histórico, cultural, artístico, turístico e paisagístico.
  Assertiva incorreta.

- **(Advogado do INEA/RJ – FGV – 2013 – desmembrada)** A competência para legislar sobre tombamento é privativa da União.
  Assertiva incorreta.

- **(Cartorário/RR – Cespe – 2013 – desmembrada)** O tombamento de bens de valor histórico ou artístico é de competência privativa da União.
  Assertiva incorreta.

- **(Magistratura do Rio de Janeiro – Vunesp – 2012 – desmembrada)** A competência constitucional para legislar sobre tombamento é privativa da União.
  Assertiva incorreta.

- **(Magistratura do Paraná – UFPR – 2013 – desmembrada)** Somente União e Municípios podem realizar tombamento de bens.
  Assertiva incorreta.

- **(Magistratura Federal da 4ª Região – 2012 – desmembrada)** O tombamento de um bem de valor histórico pelo Instituto do Patrimônio Histórico e Artístico Nacional, autarquia federal vinculada ao Ministério da Cultura, transfere à União o dever jurídico de protegê-lo com exclusividade.
  Assertiva incorreta.

- **(Magistratura Federal da 5ª Região – Cespe/UnB – 2011 – desmembrada)** Estão autorizados a proceder ao tombamento de bens a União e os municípios, mas não os estados-membros da Federação.
  Assertiva incorreta.

- **(Magistratura do Acre – Cespe/UnB – 2007 – adaptada)** O tombamento, como instrumento de defesa do patrimônio histórico e artístico, é de competência privativa da União, por intermédio do Serviço do Patrimônio Histórico e Artístico Nacional.
  Assertiva incorreta.

- **(Auditor de Controle Externo – TCU – Cespe/UnB – 2010)** O serviço de promoção da proteção do patrimônio histórico cultural local é de competência dos estados-membros e do Distrito Federal.
  A assertiva foi considerada incorreta.

- **(Assessor Jurídico do Município de Natal – Cespe/UnB – 2008 – adaptada)** Quanto à proteção dos bens de valor histórico e artístico, julgue o seguinte item: o tombamento de bens de valor histórico ou artístico é de competência privativa da União.

Decreto-Lei nº 25, de 30 de novembro de 1937 — **Art. 1º**

O item foi considerado incorreto. A competência para realizar tombamento é comum entre os entes da federação – art. 23, III, CR/88.

- **(Promotor de Justiça Rondônia – 2004)** A competência legislativa para a proteção do patrimônio histórico, cultural, artístico e paisagístico é concorrente da União, dos Estados e do Distrito Federal.

  A assertiva foi considerada correta. Conferir a redação do art. 24, VII, CR/88.

- **(Magistratura Federal da 2ª Região – Cespe – 2014 – desmembrada)** A competência para legislar sobre tombamento é privativa da União.

  Assertiva incorreta.

- **(Magistratura Federal da 5ª Região – Cespe/UnB – 2004)** Com referência a limitações administrativas e desapropriação, julgue o item seguinte. Se, por motivos de política urbana, o Poder Executivo de determinado município desejar manter o padrão urbanístico de certo bairro, não poderá empregar, validamente, o instituto do tombamento, caso esse bairro não apresente aspectos relevantes do ponto de vista histórico e (ou) cultural.

  O item foi considerado correto.

- **(Magistratura Federal da 5ª Região – Cespe/UnB – 2007)** Por ser comum a competência material para a proteção do patrimônio cultural, a União, o Estado e o município podem, simultaneamente, instituir tombamento sobre um mesmo bem, desde que haja relevância histórico-cultural de âmbito local, regional ou nacional.

  A assertiva foi considerada correta.

- **(Delegado da Polícia Federal – Cespe/UnB – desmembrada)** O conjunto arquitetônico do Plano Piloto de Brasília foi tombado por meio da Portaria n. 4, de 13 de março de 1990, da então Secretaria do Patrimônio Histórico e Artístico Nacional (SPHAN), órgão do Ministério da Cultura. Posteriormente, editou-se, em relação ao tombamento, a Portaria n. 314, de 8 de outubro de 1992, do então Instituto Brasileiro do Patrimônio Cultural (IBPC), também integrante do Ministério da Cultura. As competências da SPHAN e do IBPC são atualmente exercidas pelo Instituto do Patrimônio Histórico e Artístico Nacional (IPHAN), autarquia federal. Em face dessas circunstâncias e das normas constitucionais, especialmente as relativas à cultura, julgue o item a seguir: a despeito de o tombamento do Plano Piloto de Brasília haver sido realizado por autarquia federal, persiste o dever jurídico de o Distrito Federal também proteger esse bem.

  O item foi considerado correto.

- **(Magistratura do Piauí – FCC – 2015)** Considere a seguinte afirmação: o tombamento é constituído mediante ato do Poder Executivo que, observada a legislação pertinente, estabelece o alcance da limitação ao direito de propriedade, ato emanado do Poder Legislativo não podendo alterar essas restrições. De acordo com o ordenamento jurídico brasileiro vigente, tal como compreendido pelo Supremo Tribunal Federal, a afirmação está

A) incorreta, eis que o tombamento é um ato misto, cabendo ao Poder Executivo decretá-lo após o Poder Legislativo haver fixado as limitações a incidirem sobre o bem no caso concreto.

B) incorreta, eis que, em face do princípio da legalidade, o Poder Legislativo pode interferir em qualquer matéria.

C) correta, eis que ao Poder Legislativo não cabe praticar atos que, em caráter individual e concreto, digam respeito a limitações ao exercício do direito de propriedade.

D) incorreta, eis que o tombamento, em regra, é veiculado por ato do Poder Legislativo.

E) correta, eis que o ato do Poder Legislativo, alterando tombamento concretamente fixado por ato do Poder Executivo, seria incompatível com o princípio da harmonia entre os Poderes.

Letra E. Adotou-se a posição que o STF tomou no julgamento da ADI 1706/DF.

- **(Advogado do INEA/RJ – FGV – 2013 – desmembrada)** O tombamento somente será considerado realizado após a publicação da decisão judicial que fixar a devida indenização.
Assertiva incorreta.

- **(Analista da Defensoria Pública/RS – FCC – 2017 – desmembrada)** O tombamento é imposto por ato administrativo ou judicial, sobre bens móveis ou imóveis, neste caso ficando impedida a alienação sem autorização do órgão que institui a restrição.
Assertiva incorreta.

- **(Advogado do INEA/RJ – FGV – 2013 – desmembrada)** O tombamento poderá ser anulado por decisão judicial que entenda que o bem não é digno de ser tombado.
Assertiva incorreta.

▶ **IMPORTANTE:**

a) A competência material para realizar tombamento é comum entre todos os entes da federação – vide art. 23, III, CR/88. Desse modo, *União, Estados-membros, Distrito Federal e Municípios podem realizar tombamentos de bens*. Ademais, o mesmo bem pode ser objeto de tombamento simultâneo por diferentes entes da federação, desde que sejam respeitados os critérios de relevância nacional (para o tombamento de bens pela União); regional (para o tombamento de bens pelos Estados) e local (para o tombamento de bens pelos municípios). Assim, se o mesmo bem possuir relevância histórico-cultural para o Estado e para o Município onde se encontre, por exemplo, poderá ser tombado por ambos os entes políticos. Admite-se esse *tombamento concomitante*.

b) A competência *legislativa* para a proteção do patrimônio histórico, cultural, artístico e paisagístico (o que inclui o tombamento) é concorrente entre a União, os Estados e o Distrito Federal, nos termos do art. 24, VII, CR/88. Quanto a competência dos municípios para editarem leis versando sobre o tombamento existe celeuma na doutrina, como vimos. Entendo ser possível por aplicação do art. 30, I e II, da Constituição Federal. Embora não esteja presente no artigo 24 da Carta da República, os municípios podem exercer sua competência legislativa por aplicação do art. 30 para temas de interesse local e para suplementar a legislação federal e estadual, no que couber. Em nossa opinião, os municípios podem editar lei versando sobre tombamento desde que seu conteúdo seja para suplementar o DL n. 25/1937 (sem que ele entrar em choque ou colisão).

12. **As restrições decorrentes do tombamento não ensejam a evicção:** segundo o STJ, "as restrições decorrentes do tombamento não ensejam a evicção, já que não acarretam a perda do domínio, da posse ou do uso da coisa alienada e não há a atribuição do bem, seja por ato judicial ou administrativo, a outrem que tenha direito anterior ao contrato aquisitivo." (REsp 407179/PB, Rel. Min. Antônio de Pádua Ribeiro, Terceira Turma, julgado em 21/05/2002, DJ 23/09/2002, p. 359).

→ **Aplicação em concurso:**

- **(Procurador do Município de Rosana/SP – Vunesp – 2016 – desmembrada)** As restrições decorrentes de tombamento do imóvel alienado ensejam evicção, mesmo que a adquirente tenha conhecimento do ato administrativo.

    Assertiva incorreta.

13. **O tombamento como instituto jurídico no Estatuto da Cidade:** acrescente-se que entre os institutos jurídicos previstos pelo Estatuto da Cidade, Lei n. 10.257/2001, para atender os fins da lei está o tombamento de imóveis ou de mobiliário urbano nos termos do art. 4º, V, "d".

→ **Aplicação em concurso:**

- **(Promotor do Rio Grande do Norte – Cespe/UnB – 2009 – adaptada)** Acerca das diretrizes gerais da política urbana, assinale a opção correta à luz do Estatuto da Cidade — Lei n.º 10.257/2001. O tombamento de imóveis não é considerado instrumento de política urbana.

O item foi considerado incorreto.

- **(Promotor de Mato Grosso – Cespe/UnB – 2004 – adaptada)** A doutrina entende que o tombamento é pressuposto para que o MP ajuíze ação civil pública com a finalidade de proteger bem do patrimônio histórico ou artístico, pois, sem aquele, não é possível demonstrar a relevância do bem para a sociedade, sob a ótica da proteção daquele patrimônio.

O item foi considerado incorreto.

14. O tombamento e as outras formas de intervenção do Estado na propriedade:

14.1 As formas de intervenção do Estado na propriedade podem ser interventivas ou supressivas:

a) **Formas interventivas:** limitação administrativa, requisição, servidão administrativa, ocupação temporária e tombamento.

b) **Forma supressiva:** desapropriação.

▶ **IMPORTANTE:** as intervenções do poder público ao uso da propriedade podem se dar sob as modalidades de intervenção restritiva ou supressiva. A primeira compreende a servidão administrativa, a requisição, a ocupação temporária, o tombamento e as limitações administrativas, enquanto que a intervenção supressiva ocorre quando há a supressão da propriedade do domínio particular para o público, como ocorre nas hipóteses de desapropriação (TRF5, Apelação Cível 0012669-83.2005.4.05.8100, Primeira Turma, Rel. Des. Fed. Emiliano Zapata Leitão (substituto), julgado em 26/08/2010, DJe 02/09/2010). O tombamento, registra Alexandre Mazza[30], é a "única **forma de intervenção** na propriedade **autorreferente**, pois enquanto os outros instrumentos visam a tutela de interesses públicos gerais, o tombamento **volta-se para a conservação e preservação da própria coisa**. Assim como a servidão, e diferente dos demais instrumentos de intervenção na propriedade, **o tombamento tem natureza de direito real** porque grava diretamente o bem em si, e não a figura do proprietário." Segundo o STJ, ocorrendo o tombamento, o bem a este submetido, adquire regime jurídico *sui generis*, permanecendo o respectivo proprietário na condição de administrador, incumbindo-lhe o ônus da conservação da coisa tombada. O Estado só assume esse encargo quando, o proprietário, por ausência de meios, não possa efetivar a conservação.[31] O tombamento é forma

---

30. *Manual de Direito Administrativo.* São Paulo: Saraiva, 2014, p. 689.
31. REsp 25.371/RJ, Rel. Min. Demócrito Reinaldo, Primeira Turma, julgado em 19/04/1993, DJ 24/05/1993, p. 9982.

não supressiva de intervenção da propriedade. O tombamento *restringe parcialmente* o direito do proprietário, sem, contudo, retirar-lhe a propriedade. A retirada da propriedade ocorre na desapropriação (forma supressiva de intervenção do Estado na propriedade). Tombamento e desapropriação são intervenções independentes. O tombamento não demanda prévia desapropriação. Como registra Edmir Netto de Araújo[32], "o tombamento caracteriza-se por ser sempre uma restrição **parcial** (a restrição total pode redundar em desapropriação, como se viu); por ser em regra **não indenizável** (a não ser que se comprove real prejuízo com o tombamento), e por ser concretizado através de uma **sucessão** de atos e atividades (perícias, avaliações, levantamento, pareceres etc.) em direção ao ato final, que é a *decisão de tombar* (que é *ato administrativo*, o qual representa a declaração de vontade do Poder Público nesse sentido), configurando, portanto, *procedimento formal-legal* e que, para produzir os efeitos descritos pela lei, deve ser seguido dos atos materiais de inscrição (que são *'fatores de eficácia'* do referido ato administrativo) no respectivo 'Livro de Tombo'". Para Maria Sylvia Zanella Di Pietro[33], "o tombamento é sempre restrição parcial." Segundo a autora, "se acarretar a impossibilidade total de exercício dos poderes inerentes ao domínio, será ilegal e implicará desapropriação indireta, dando direito à indenização integral dos prejuízos sofridos."

14.2 O tombamento atinge o caráter absoluto da propriedade: a propriedade é um direito assegurado pela Constituição da República (art. 5º, XXII) e que confere ao titular a faculdade de usar, gozar e dispor da coisa, e o direito de reavê-la do poder de quem quer que injustamente a possua ou detenha (Código Civil, art. 1228). Segundo prescrição do art. 1231 do Código Civil, a propriedade presume-se plena e exclusiva, até prova em contrário. De acordo com Fernanda Marinela[34], "como resultado desses dois caracteres indispensáveis da propriedade, qual seja absoluto (ou pleno como preferiu o CC) e exclusivo, decorrer que ela também é **perpétua** ou irrevogável." Para a autora, "o **caráter absoluto** da propriedade garante ao proprietário o direito de dispor da coisa como bem entender, sujeito apenas a determinadas limitações impostas pelo direito público e pelo direito de propriedade de outros indivíduos. É um direito oponível *erga omnes*. O **caráter exclusivo** significa exercer sozinho o direito (sem interferência de outros), portanto um mesmo bem não pode pertencer com exclusividade e simultaneamente a duas pessoas, já que o direito de um exclui o direito de outro." As limitações administrativas e o tombamento atingem o caráter absoluto da propriedade; a servidão administrativa, a requisição e a ocupação temporária

---

32. *Curso de Direito Administrativo.* São Paulo: Saraiva, 2007, p. 1065.
33. *Ob. cit.*, p. 138.
34. *Ob. cit.*, p. 839.

atingem o caráter exclusivo, enquanto que a desapropriação afeta o caráter perpétuo da propriedade.

▶ **IMPORTANTE:** como dito acima, o ato final do tombamento é de cunho declaratório.

▶ **STJ:**

ADMINISTRATIVO. TOMBAMENTO. CONCEITO DE BEM VINCULADO A "FATOS MEMORÁVEIS DA HISTÓRIA PÁTRIA" E DE "EXCEPCIONAL VALOR ARTÍSTICO". NULIDADE, NO CASO, CARACTERIZADA. I – O tombamento e a desapropriação são meios de proteção do patrimônio cultural brasileiro, consistentes em atos administrativos, que traduzem a atuação do poder público mediante a imposição de simples restrição ao direito de propriedade ou pela decretação da própria perda desse direito. O tombamento localiza-se "no início duma escola de limitações em que a desapropriação, ocupa o ponto extremo." (J. Cretella Júnior). II – As restrições ou limitações ao direito de propriedade, tendo em conta a sua feição social, entre as quais se insere o tombamento, decorrem do poder de polícia inerente ao estado, que há de ser exercitado com estrita observância ao princípio da legalidade e sujeição ao controle do Poder Judiciário. Cabe a este dizer, a vista do caso concreto, se se trata de simples limitação administrativa ou de interdição ou supressão do direito de propriedade, hipótese esta que só pode ser alcançada por meio de desapropriação..." (REsp 30.519/RJ, Rel. Min. Antônio Torreão Braz, Segunda Turma, julgado em 25/05/1994, DJ 20/06/1994, p. 16077).

→ **Aplicação em concurso:**

- **(Promotor de Justiça de Rondônia – 2004)** O tombamento é medida que visa à preservação de bens de valor histórico, paisagístico, artístico, arqueológico, paleontológico, ecológico e científico. O tombamento retira do particular a propriedade do bem.

   O item foi considerado incorreto. O tombamento é forma não supressiva de intervenção da propriedade (não retira a propriedade do particular).

- **(Promotor de Justiça de Goiás – 2009 – adaptada)** O tombamento é a forma de intervenção estatal na propriedade privada, que tem por objetivo a preservação do patrimônio histórico e artístico nacional.

   A assertiva foi considerada correta.

- **(OAB – Cespe/UnB – 2009.2 – adaptada)** No tombamento, modalidade de intervenção restritiva da propriedade, não há mudança de propriedade.

   O item foi considerado certo.

Decreto-Lei nº 25, de 30 de novembro de 1937 — **Art. 1º**

- **(Assessor Jurídico do Município de Natal – Cespe/UnB – 2008)** Quanto à proteção dos bens de valor histórico e artístico, julgue o seguinte item: o tombamento retira a propriedade do bem, mas mantém com o antigo proprietário o direito de uso e fruição.

  O item foi considerado incorreto. O tombamento não é meio supressivo de intervenção da propriedade.

- **(OAB – Cespe/UnB – 2009.3 – adaptada)** O tombamento, que configura instituição de direito real de natureza pública, impõe ao proprietário a obrigação de suportar ônus parcial sobre o imóvel e não afeta o caráter absoluto do direito de propriedade.

  A assertiva foi considerada incorreta. O tombamento atinge o caráter absoluto da propriedade.

- **(OAB – Cespe/UnB – 2008.1 – adaptada)** O tombamento implica a instituição de direito real de natureza pública, impondo ao proprietário a obrigação de suportar um ônus parcial sobre o imóvel de sua propriedade, em benefício de serviços de interesse coletivo.

  O item foi considerado errado.

- **(Magistratura do Pará – FGV – 2008 – adaptada)** Os institutos do tombamento e da limitação administrativa são instrumentos diversos de intervenção do Estado na propriedade. Quanto aos destinatários dos institutos, pode-se afirmar que o tombamento é ato de limitação individual, e isso porque depende da análise de cada bem a ser tombado, e as limitações urbanísticas administrativas são atos gerais e impessoais, e, por conseguinte, incidem sobre coletividades indeterminadas.

  A assertiva foi considerada correta.

- **(OAB – Vunesp – 2005.2)** A desapropriação, a ocupação temporária e o tombamento apresentam, respectivamente, as seguintes características necessárias:

  A) transferência compulsória da propriedade; limitação gratuita do imóvel particular e proteção dos bens ambientais.

  B) constituição de servidão administrativa; não atribuição de direito à indenização e restrição integral do direito de propriedade.

  C) atribuir direito à indenização prévia em dinheiro; constituir prerrogativa exclusiva da Administração Pública direta e conferir direito à indenização.

  D) gerar a perda do bem pelo particular; afetar a exclusividade do direito de propriedade do particular e impor restrições ao exercício pleno do direito de propriedade pelos prédios vizinhos.

  Letra D.

Art. 1º

- **(Magistratura do Distrito Federal – Cespe – 2016)** Assinale a opção correta, segundo a qual a modalidade de intervenção na propriedade privada sujeita o bem, cuja conservação seja de interesse público, por sua importância histórica, artística, arqueológica, bibliográfica ou etnológica, a restrições parciais, mediante procedimento administrativo.

    A) tombamento

    B) ocupação temporária

    C) servidão administrativa

    D) limitação administrativa

    E) desapropriação

    Letra A

- **(Assessor Técnico Jurídico do TCE/RN – Cespe – 2015)** O tombamento é a via mais indicada quando a intervenção do Estado na propriedade particular tiver por objeto a restrição total sobre bem de reconhecido valor histórico.
    Assertiva incorreta.

- **(Cartorário do Acre – FMP Concursos – 2012 – desmembrada)** O tombamento é sempre uma restrição parcial, não impedindo ao particular o exercício dos direitos inerentes ao domínio.
    Assertiva correta.

- **(Magistratura do Paraná – UFPR – 2013 – desmembrada)** O tombamento demanda prévia desapropriação.
    Assertiva incorreta.

- **(Magistratura do Rio de Janeiro – Vunesp – 2012 – desmembrada)** O tombamento caracteriza-se por ser uma restrição parcial e em regra indenizável.
    Assertiva incorreta.

15. Competência para a ação civil pública destinada à preservação de bens de valor artístico, estético, histórico, turístico e paisagístico.

    ▶ STJ:

    CONFLITO DE COMPETÊNCIA. PROCESSUAL CIVIL. AÇÃO CIVIL PÚBLICA AJUIZADA PELO INSTITUTO DO PATRIMÔNIO HISTÓRICO E ARTÍSTICO NACIONAL (IPHAN). DIREITOS DE VALOR ARTÍSTICO, ESTÉTICO, HISTÓRICO, TURÍSTICO E PAISAGÍSTICO. AUTARQUIA FEDERAL (IPHAN). ART. 109, I E § 3º, DA CONSTITUIÇÃO FEDERAL CUMULADO COM O ART. 2º DA LEI 7.347/85. ANULAÇÃO DA DECISÃO PROFERIDA POR JUÍZO ESTADUAL. 1. O Superior Tribunal de Justiça orienta-se no sentido de que a competência da Justiça Federal, prevista no art. 109, I, da Constituição Federal, é fixada, em regra, em razão da pessoa (competência *ratione personae*), levando-se em conta não a natureza da lide, mas, sim, a identidade das partes na relação processual. 2. Na hipótese, cuida-se de ação civil pública em que figura como um dos autores o Instituto do Patrimônio Histórico e Artístico Nacional – IPHAN, autarquia federal criada pelas Leis ns. 8.029/90 e 8.113/90, na qual se busca a proteção do imóvel conhecido como "Casa do Barão de Vassouras", localizado no município de Vassouras-RJ, tombado pelo Poder Público Federal. 3. Figurando como parte uma autarquia federal, a competência para processar e julgar a ação é da Justiça Federal, consoante disposto no art. 109, I, da Constituição Federal. 4. A interpretação do art. 2º da Lei 7.347/85 – que disciplina a ação civil pública de responsabilidade por danos causados ao meio-ambiente, ao consumidor, a bens e direitos de valor artístico, estético, histórico, turístico e paisagístico –, deve ser realizada à luz do disposto no art. 109, I, § 3º, da Constituição Federal, consoante precedentes do Supremo Tribunal Federal e desta Corte. 5. Conflito conhecido para declarar competente a Justiça Federal, anulando-se a decisão proferida pelo Juízo estadual (CC 105.196/RJ, Rel. Min. Benedito Gonçalves, Primeira Seção, julgado em 09/12/2009, DJe 22/02/2010).

16. **Últimos bens tombados pelo IPHAN – Instituto do Patrimônio Histórico e Artístico Nacional:** a) Igreja de Nossa Senhora do Rosário (Cuiabá/MT); b) Sesc Pompéia (São Paulo/SP); c) Santuário Matriz do Divino Pai Eterno (Trindade/GO); d) Edifício "A Noite" localizado na Praça Mauá (Rio de Janeiro/RJ); e) Acervo do Museu Nacional do Mar (São Francisco do Sul/SC); f) Centro Histórico de Antonina (Antonina/PR).

Art. 2º A presente lei se **aplica** às coisas pertencentes às **pessoas naturais**, bem como às **pessoas jurídicas de direito privado** e de **direito público interno**.

Art. 3º Excluem-se do patrimônio histórico e artístico nacional as **obras de origem estrangeira:**

1) que **pertençam** às **representações diplomáticas** ou consulares acreditadas no país;

2) que **adornem** quaisquer **veículos** pertecentes a empresas **estrangeiras**, que façam carreira no país;

3) que se incluam entre os bens referidos no art. 10 da Introdução do Código Civil, e que continuem sujeitas à lei pessoal do proprietário;

4) que pertençam a casas de comércio de objetos históricos ou artísticos;

> 5) que **sejam trazidas** para **exposições comemorativas, educativas** ou **comerciais**:
>
> 6) que sejam importadas por empresas estrangeiras expressamente para adorno dos respectivos estabelecimentos.
>
> Parágrafo único. As obras mencionadas nas alíneas 4 e 5 terão guia de licença para livre trânsito, fornecida pelo Serviço do Patrimônio Histórico e Artístico Nacional.

1. Objeto do tombamento: o art. 2º do Decreto-Lei n. 25/1937 trata do objeto do tombamento. De acordo com o dispositivo, podem ser tombados bens de pessoas naturais e bens de pessoas jurídicas, sejam de pessoas jurídicas de direito público, sejam de pessoas jurídicas de direito privado. Enfim, podem ser objeto de tombamento os bens que possuam representativo valor histórico, cultural ou artístico: sejam eles públicos ou privados; móveis ou imóveis.

1.1 Bens que podem ser objeto de tombamento:

a) bens públicos ou privados;

b) bens móveis ou imóveis;

c) bens materiais.

▶ **IMPORTANTE:**

- Os bens públicos podem ser tombados;
- Há dissenso na doutrina se os bens imateriais podem ser objeto de tombamento. Comentaremos essa controvérsia mais adiante.

→ **Aplicação em concurso:**

- **(Cartorário/MG – Consulplan – 2017 – desmembrada)** O tombamento é uma das formas de intervenção na propriedade por meio da qual o Poder Público visa proteger o patrimônio cultural brasileiro e incide apenas sobre bens imóveis e particulares.

  Assertiva incorreta.

- **(Procurador do Município de Porto Alegre/RS – FUNDATEC – 2016 – desmembrada)** Os bens públicos não contemplam a hipótese de tombamento.

  Assertiva incorreta.

Decreto-Lei nº 25, de 30 de novembro de 1937 — Art. 3º

- **(Procurador do Estado do Mato Grosso – FCC – 2016 – desmembrada)** O tombamento não é aplicável aos bens públicos, pois incide somente sobre propriedades de particulares.
  Assertiva incorreta.

- **(Magistratura do Distrito Federal – Cespe – 2015 – desmembrada)** O tombamento somente poderá ter como objeto bens imóveis e pode incidir sobre imóveis públicos ou privados.
  Assertiva incorreta.

- **(Cartorário/PR – IBFC – 2014 – desmembrada)** O tombamento é modalidade de intervenção do Estado na propriedade de particulares, mediante indenização, não se aplicando a bens públicos.
  Assertiva incorreta.

- **(Analista de Controle – TCE/PR – FCC – 2011 – desmembrada)** O tombamento de bens de valor histórico ou artístico alcança apenas bens privados, podendo ser parcial, decretado mediante procedimento administrativo, ou total, neste caso apenas por decisão judicial.
  Assertiva incorreta.

- **(Analista de Controle Externo – TCE/SE – FCC – 2011 – adaptada)** A proteção e defesa pelo Estado dos bens detentores de valor histórico, artístico, estético, paisagístico ou turístico poderá ser feita mediante o instituto do tombamento que se aplica a bens públicos ou privados.
  Assertiva correta.

- **(Magistratura Federal da 1ª Região – Cespe – 2013 – desmembrada)** O tombamento, forma de intervenção do poder público na propriedade, pode incidir tanto sobre bens móveis quanto sobre bens imóveis.
  Assertiva correta.

- **(Magistratura Federal da 2ª Região – Cespe – 2013 – desmembrada)** Somente os bens privados podem ser objeto de tombamento.
  Assertiva incorreta.

- **(Tabelião/RR – Cespe – 2013 – desmembrada)** Os bens móveis públicos não são passíveis de tombamento.
  Assertiva incorreta.

- **(Magistratura do Paraná – UFPR – 2013 – desmembrada)** Bens públicos são os únicos que podem ser objeto de tombamento.
  Assertiva incorreta.

Art. 3º

- **(Magistratura Federal da 5ª Região – Cespe/UnB – 2011 – desmembrada)** Somente os bens privados constituem objeto de tombamento.

  Assertiva incorreta.

- **(Defensor Público da União – Cespe/UnB – 2004)** O tombamento apenas pode incidir sobre bens imóveis.

  O item foi considerado incorreto.

- **(OAB Nacional – Cespe/UnB – 2007.2 – adaptada)** O tombamento só pode recair sobre bens imóveis.

  A assertiva foi considerada falsa.

- **(Promotor de Justiça de Sergipe – Cespe/UnB – 2010 – adaptada)** O tombamento implica limitação precária e temporária ao direito de propriedade em benefício do interesse coletivo e incide apenas sobre bens imóveis.

  O item foi considerado incorreto. O tombamento incide sobre bens móveis e imóveis.

- **(Magistratura do Piauí – Cespe/UnB – 2007 – desmembrada)** O tombamento não incide sobre bens móveis.

  A assertiva foi considerada errada.

- **(OAB Nacional – FGV – 2010.3)** O tombamento é uma forma de intervenção do Estado na propriedade privada que possui como característica a conservação dos aspectos históricos, artísticos, paisagísticos e culturais dos bens imóveis, excepcionando-se os bens móveis.

  A assertiva foi considerada falsa.

- **(Promotor de Justiça de Rondônia – Cespe/UnB – 2010 – adaptada)** O tombamento incide somente sobre bens imóveis, dada a sua natureza.

  O item foi considerado errado.

- **(Defensor Público do Piauí – Cespe/UnB – 2009)** O tombamento somente poderá incidir sobre bens particulares, não havendo previsão legal para incidir sobre bens públicos.

  O item foi considerado incorreto. O tombamento incide sobre bens públicos e privados.

- **(Procurador do Município de Poá/SP – Vunesp – 2014 – desmembrada)** O Tombamento pode atingir bens privados de qualquer natureza, não podendo, porém, incidir sobre bens públicos.

  Assertiva incorreta.

Decreto-Lei nº 25, de 30 de novembro de 1937 — **Art. 3º**

- **(Técnico de Nível Superior – Assembleia Legislativa/BA – FGV – 2014 – desmembrada)** O tombamento somente recai sobre bens particulares, uma vez que a tutela dos bens públicos se dá por meio do registro.
  Assertiva incorreta.

- **(Assessor Jurídico do Município de Natal – Cespe/UnB – 2008)** Quanto à proteção dos bens de valor histórico e artístico, julgue o seguinte item: os bens públicos não podem ser tombados.
  A assertiva foi considerada incorreta.

- **(OAB de São Paulo – Cespe/UnB – 2008 – adaptada)** Julgue o item a seguir: o tombamento é ato administrativo que se destina à proteção de bens imóveis, sendo inadequado para a proteção de bens móveis.
  A assertiva foi considerada incorreta.

- **(Advogado da Caixa – Cespe/UnB – 2010 – adaptada)** A intervenção do Estado na propriedade do particular mediante a modalidade do tombamento não é possível para bens móveis e pode ensejar indenização, desde que devidamente comprovada a redução do valor econômico do bem.
  A afirmativa foi considerada errada.

1.1.1 Tombamento de bem público e inaplicabilidade da regra prevista no art. 1º, § 2º, do DL n. 3.365/1941, que trata das desapropriações por utilidade pública:
bens públicos podem ser tombados e podem ser desapropriados. Quanto à desapropriação, por sua vez, o art. 1º, § 2º, do Decreto-Lei n. 3.365/1941 estipula regra, de duvidosa constitucionalidade, no sentido de que "os bens do domínio dos Estados, Municípios, Distrito Federal e Territórios poderão ser desapropriados pela União, e os dos Municípios pelos Estados, mas, em qualquer caso, ao ato deverá preceder autorização legislativa." Segundo o dispositivo, a desapropriação de bem público somente ocorre do "bem maior" para o "bem menor". A União pode desapropriar bens dos Estados, do Distrito Federal e dos Municípios. Os Estados podem desapropriar bens dos Municípios localizados em seu território. O ente maior pode desapropriar bens do ente menor, mas o contrário não é possível. *Esta disposição do regramento das desapropriações não se aplica ao tombamento de bens.* O ente menor pode tombar bens do ente maior. Pode ocorrer o tombamento centrífugo, ou seja, o ente menor pode tombar bens de ente maior. Admite-se também o tombamento centrípeto, isto é, o ente maior territorialmente pode tombamento bens do ente menor. Quanto ao assunto, o Supremo Tribunal Federal já decidiu que "diversamente do que ocorre com a desapropriação (art. 2º, § 2º, do Decreto-Lei nº 3.365/41), inexiste proibição explícita a respeito do tombamento de um

bem de ente de maior abrangência federativa por outro de abrangência menor, de modo que, em tais circunstâncias, prevalece a regra geral que atribui aos entes federados, indistintamente, a competência para "conservar o patrimônio público" e para "proteger os documentos, as obras e outros bens de valor histórico, artístico e cultural, os monumentos, as paisagens naturais notáveis e os sítios arqueológicos" (art. 23, I e III, da CF/88), cabendo-lhes, ainda, promover e proteger o patrimônio cultural brasileiro, por diversas formas de acautelamento e preservação, inclusive por meio do tombamento (art. 226, § 1º, da CF/88)" – ACO 2176/RJ, Rel. Min. Dias Toffoli, julgado em 27/09/2017, DJe 28/09/2017. Há mais de uma década, o Superior Tribunal de Justiça, no julgamento do emblemático RMS 18.952/RJ, Rel. Min. Eliana Calmon, Segunda Turma, julgado em 26/04/2005, DJ 30/05/2005, p. 266, admitiu que o município de Niterói realizasse o tombamento de bem pertencente ao Estado do Rio de Janeiro. Tratava-se do "tombamento provisório do Conjunto Arquitetônico do Palácio São Domingos, situado na Rua Marechal Deodoro 30 a 48, compreendendo todas as edificações localizadas na referida área entre a Av. Visconde do Rio Branco e Rua Visconde do Uruguai, abrangendo o tombamento de imóvel de propriedade do Estado, onde se encontra instalada, em pleno funcionamento, parte da Secretaria de Estado da Fazenda." Na ocasião, o STJ registrou que "cabe ao Município efetuar o tombamento, sem se limitar a sua competência à hierarquia havida entre os entes federativos, como ocorre em relação à desapropriação." Registrou-se que o tombamento não importa transferência de propriedade a ponto de incidir a limitação constante do art. 1º, § 2º, do DL n. 3.365/1941 quanto à desapropriação de bens do Estado pela municipalidade.

▶ **RESUMO:**

a) *Tombamento:* pode ocorrer de "cima para baixo" e de "baixo para cima". Admite-se o tombamento centrípeto e o centrífugo.

b) *Desapropriação:* somente pode ocorrer, segundo posição do STF e do STJ, de cima para baixo (do "ente maior" para o "ente menor"). Admite-se apenas a desapropriação centrípeta.

c) O art. 1º, § 2º, do DL n. 3.365/1941 incide nas desapropriações, mas não se aplica ao ao tombamento.

▶ **STJ:**

ADMINISTRATIVO – TOMBAMENTO – COMPETÊNCIA MUNICIPAL. 1. A Constituição Federal de 88 outorga a todas as pessoas jurídicas de Direito Público a competência para o tombamento de bens de valor

Decreto-Lei nº 25, de 30 de novembro de 1937 — Art. 3º

histórico e artístico nacional. 2. Tombar significa preservar, acautelar, preservar, sem que importe o ato em transferência da propriedade, como ocorre na desapropriação. 3. O Município, por competência constitucional comum – art. 23, III –, deve proteger os documentos, as obras e outros bens de valor histórico, artístico e cultural, os monumentos, as paisagens naturais notáveis e os sítios arqueológicos. 4. Como o tombamento não implica em transferência da propriedade, inexiste a limitação constante no art. 1º, § 2º, do DL 3.365/1941, que proíbe o Município de desapropriar bem do Estado. 5. Recurso improvido. (RMS 18.952/RJ, Rel. Min. Eliana Calmon, Segunda Turma, julgado em 26/04/2005, DJ 30/05/2005, p. 266).

Recentemente, o Supremo Tribunal Federal, ao julgar a ACO 1208/MS, DJe 09/05/2017, compartilhou entendimento semelhante. No caso, julgou-se improcedente ação na qual se questiona o tombamento de prédio de propriedade União por lei local (lei estadual de Mato Grosso do Sul). O Ministro Gilmar Mendes, relator, entendeu que é possível o tombamento por ato legislativo (assunto comentado em item acima) e compreendeu também que *o Estado pode tombar bem da União*. Segundo o STF, a ação envolve o prédio onde funciona o Museu da Força Expedicionária Brasileira, localizado no centro de Campo Grande, capital do Mato Grosso do Sul, de propriedade do Exército. O tombamento foi aprovado pela Assembleia Legislativa daquele Estado, por meio da Lei Estadual n. 1.524/1994. A União alegou que os Estados não podem tombar bens da União, em decorrência do princípio da hierarquia verticalizada, que impede a desapropriação de bens federais pelos estados. Sustentou ainda que o Legislativo local é incompetente para a edição de ato de tombamento, o qual seria atribuição apenas do Executivo. Na sua decisão, o ministro relator afirmou que *a legislação veda a desapropriação dos bens da União pelos Estados, segundo o Decreto-Lei n. 3.365/1941, mas não há referência a tal restrição quanto ao tombamento*, disciplinado no Decreto-Lei 25/1937. A lei de tombamento apenas indica ser aplicável a bens pertencentes a pessoas físicas e pessoas jurídicas de direito privado e de direito público interno. Segundo o Min. Gilmar Mendes, "vê-se que, quando há intenção do legislador de que se observe a 'hierarquia verticalizada', assim o fez expressamente". Assim sendo, os bens da União não foram excepcionados do rol de bens que não podem ser tombados por norma dos Estados ou Distrito Federal. Para o Tribunal, "a lei estadual ora questionada deve ser entendida apenas como declaração de tombamento para fins de preservação de bens de interesse local, que repercutam na memória histórica, urbanística ou cultural até que seja finalizado o procedimento subsequente." A decisão também considerou que o tombamento provisório por ato legislativo não precisa ser precedido de notificação prévia da União, exigência restrita ao procedimento de tombamento definitivo promovido pelo Executivo.

▶ **Observação:** o Supremo Tribunal Federal no julgamento do processo que envolvia o tombamento do Hangar Caquot, do Aeroporto Santos Dumont (bem da União), pelo Estado do Rio de Janeiro, considerou que apesar não haver impedimento de tombamento de bem da União pelo Estado, *é necessária a intimação do ente federado proprietário do bem objeto da restrição, para que participe efetivamente do processo, pois, embora não importe em perda de propriedade, dele resulta a limitação de uso do bem tombado* – ver ACO 2176/RJ, Rel. Min. Dias Toffoli, julgado em 27/09/2017, DJe 28/09/2017. Entendeu-se que seria necessária a "participação do proprietário do bem no processo de tombamento, a fim de permitir o exercício do amplo contraditório, não apenas com vistas à colaboração no sentido da efetivação da restrição, mas também – e sobretudo – para possibilitar eventuais apontamentos sobre o interesse constitucional contraposto à pretensão restritiva, máxime quando o bem a ser tombado for de propriedade de ente federado, ante a evidente chance de que esteja afetado a interesse público – inclusive primário." Asseverou-se que "ainda quando considerado não haver impedimento de o Estado proceder ao tombamento de bem da União, faz-se necessária a intimação do ente federado proprietário do bem objeto da restrição, para que participe efetivamente do processo, pois, ainda que não importe em perda de propriedade, dele resulta a limitação de uso do bem tombado." Assim, em que pese as alegações do Estado do Rio de Janeiro, a ausência de notificação da União, desde o princípio do processo de tombamento, constituiu vício insanável porque contaminou todas as deliberações, tomadas que foram sem consideração de eventual resistência àquela pretensão.

▶ **RESUMO:**

"Ente menor" pode tombar bem de "ente maior"	"Ente menor" não pode tombar bem de "ente maior". Segue-se a regra do art. 1º, § 2º, do DL n. 3.365/1941
• STF • STJ • Adriana Zandonade • Fernanda Marinela • Rafael Carvalho Rezende Oliveira • Ricardo Alexandre e João de Deus • Ronny Charles	• José dos Santos Carvalho Filho

1.1.2 Tombamento dos próprios bens: segundo Fernanda Marinela[35] "também é possível que a pessoa política faça o tombamento de seus próprios bens, para finalidade de preservação, para que haja o regime especial de conservação, pois se admite à Administração restringir o seu direito." Raquel Melo Urbano de Carvalho[36], por sua vez, entende que essa medida é inadequada, pois, segundo ela, se o ente político tem o bem em seu domínio já tem todos os poderes inerentes ao direito de propriedade, dentre eles as faculdades necessárias para assegurar a sua conservação, não sendo preciso um instituto a mais.

→ → **Aplicação em concurso:**

- **(Magistratura do Mato Grosso – FMP Concursos – 2014 – desmembrada)** O município pode tombar bem imóvel de propriedade da União.
  Assertiva correta.

- **(Analista da Defensoria Pública/RS – FCC – 2017 – desmembrada)** Os Municípios não podem instituir tombamento sobre bens dos Estados da União, pois não possuem competência para legislar sobre a matéria, sendo autorizado fazê-lo em relação a bens do Distrito Federal, em razão deste abranger competências municipais.
  Assertiva incorreta.

- **(Magistratura Federal da 5ª Região – Cespe – 2017 – desmembrada)** Um imóvel de propriedade da União situa-se no centro histórico de um município e conserva todas as características históricas e arquitetônicas da época colonial. Nesse caso, o município é impedido de efetuar o tombamento desse imóvel, pois, apesar de se tratar de hipótese de exercício de competência concorrente, incide o princípio da hierarquia federativa.
  Assertiva incorreta.

- **(Magistratura Federal da 2ª Região – Cespe – 2013 – desmembrada)** Segundo a jurisprudência do STJ, os municípios podem realizar o tombamento de bens pertencentes à União.
  Assertiva correta.

- **(Procurador do Estado de Sergipe – Cespe – 2017 – desmembrada)** Segundo o STJ, não incide o princípio da hierarquia federativa no exercício da competência concorrente para o tombamento de bens públicos, o que autoriza um município a tombar bens do respectivo estado.
  Assertiva correta.

---

35. *Direito Administrativo.* São Paulo: Saraiva, 2015, p. 887.
36. *Curso de Direito Administrativo.* Salvador: Juspodivm, 2008, p. 999.

1.2 Bens que não podem ser objeto de tombamento: estão excluídas do patrimônio histórico e artístico nacional as obras de origem estrangeira listadas no art. 3º, do Decreto-Lei n. 25/1937. Na primeira edição do livro entendemos que "os bens de origem estrangeira estão excluídos da proteção do tombamento, visto que o tombamento é destinado à *proteção do patrimônio cultural brasileiro*." Extraímos essa compreensão, pois nos termos do § 1º do art. 216 da Constituição, o Poder Público, com a colaboração da comunidade, promoverá e protegerá o *patrimônio cultural brasileiro*, por meio de inventários, registros, vigilância, tombamento e desapropriação, e de outras formas de acautelamento e preservação. Todavia, refletindo melhor sobre o tema, passamos a entender que é possível o tombamento de bens de origem estrangeira desde que não estejam listados nos incisos do art. 3º. A proteção histórica e cultural dos bens (nacionais ou não) deve ser ampliativa e não restritiva, de modo que se um bem, ainda que de origem estrangeira tenha relevância histórica e/ou cultural para o Brasil, pode ser protegido através do tombamento. Assim, bens estrangeiros podem receber a proteção do tombamento, com exceção daqueles, 1) que pertençam às representações diplomáticas ou consulares acreditadas no país; 2) que adornem quaisquer veículos pertecentes a empresas estrangeiras, que façam carreira no país; 3) que se incluam entre os bens referidos no art. 10 da Introdução do Código Civil (atual Lei de Introdução às Normas do Direito Brasileiro), e que continuam sujeitas à lei pessoal do proprietário; 4) que pertençam a casas de comércio de objetos históricos ou artísticos; 5) que sejam trazidas para exposições comemorativas, educativas ou comerciais: 6) que sejam importadas por empresas estrangeiras expressamente para adorno dos respectivos estabelecimentos. Na prática, entretanto, somos cientes de que se a proteção de bens nacionais já ocorre de forma capenga e aquém do que é adequado e recomendado, que dirá a proteção de bens estrangeiros. Ademais, as restrições constantes nos incisos do art. 3º do DL n. 25/1937, certamente, restringem ou dificultam a proteção de bens estrangeiros por meio do tombamento.

→ *Aplicação em concurso:*

- **(Tabelião de Pernambuco – FCC – 2013)** O tombamento constitui uma das formas de intervenção do Estado na propriedade, que tem por objetivo a proteção do patrimônio histórico e artístico,

    A) importando a restrição ao exercício de todos os direitos inerentes ao domínio, quando compulsório.

    B) sendo sempre compulsório quando incidente sobre bens particulares e voluntário quando se trate de bens de entidades públicas.

C) não podendo incidir sobre bens de origem estrangeira que pertençam a representações diplomáticas e consulares acreditadas no país.

D) recaindo somente sobre bens de propriedade privada, móveis ou imóveis, materiais ou imateriais, sendo vedado o tombamento de bens públicos.

E) podendo incidir sobre bens privados, nacionais ou estrangeiros, sendo compulsório na primeira hipótese e voluntário na segunda.

Letra C.

- **(Consultor Legislativo – ALMS – FCC – 2016)** A União Federal, ao tomar conhecimento da existência de duas renomadas obras de origem estrangeira, de notório valor histórico e artístico nacional, pretende que seja efetivado o tombamento das mesmas. Cumpre asseverar que a primeira delas pertence a uma casa de comércio de objetos históricos e a outra foi importada por empresa brasileira expressamente para adorno de seu respectivo estabelecimento. A propósito do instituto do tombamento, conforme legislação vigente,

A) apenas a segunda poderá ser objeto de tombamento.

B) ambas são passíveis de tombamento.

C) apenas a primeira poderá ser objeto de tombamento.

D) nenhuma delas poderá ser objeto de tombamento, haja vista proibição legal expressa.

E) nenhuma delas poderá ser objeto de tombamento, pois todas as obras de origem estrangeira estão excluídas de tal possibilidade.

Letra D.

- **(Procurador do Estado do Mato Grosso – FCC – 2016 – desmembrada)** Toda e qualquer obra de origem estrangeira está imune ao tombamento, por não pertencer ao patrimônio histórico e artístico nacional.
Assertiva incorreta.

- **(Magistratura Federal da 2ª Região – Cespe – 2009 – desmembrada)** A União pode tombar as peças de um museu estrangeiro que estejam sendo expostas comercialmente no Brasil, sob o fundamento de que são imprescindíveis à memória histórica e cultural brasileira.
Assertiva incorreta.

- **(Analista de Controle – TCE/PR – FCC – 2011 – desmembrada)** O tombamento de bens de valor histórico ou artístico pode alcançar bens privados ou públicos, não podendo recair sobre bens que pertençam a representações diplomáticas ou consulares.
Assertiva correta.

Art. 3º

TOMBAMENTO – Rodrigo Leite

- **(Procurador do Município de São Paulo – FCC – 2008)** O Conpresp (Conselho Municipal de Preservação do Patrimônio Histórico, Cultural e Ambiental da Cidade de São Paulo) decidiu iniciar processo de tombamento de um imóvel situado na Avenida Angélica, na cidade de São Paulo. NÃO se enquadra como possível "considerando" da Resolução relativa ao tombamento deste imóvel:

  A) "Considerando o valor que as peças construídas nas oficinas da residência pelo artesão e imigrante alemão que lá vivia têm para o folclore e a cultura alemãs."

  B) "Considerando o valor ambiental do conjunto residência-vegetação na paisagem local, sobretudo pela grande verticalização existente na porção final da Avenida Angélica."

  C) "Considerando o valor urbanístico definido pela implantação da construção em exíguo terreno, com características dimensionais que ainda guardam resquícios do parcelamento do solo da época colonial."

  D) "Considerando o seu valor histórico e documental com significativo testemunho de um modo de morar paulistano de classe média do início do século 20 e um dos últimos remanescentes deste tipo de moradia na região próxima do espigão da Avenida Paulista."

  E) "Considerando o valor arquitetônico e técnico-construtivo da antiga residência X, localizada na Avenida Angélica, assim conhecida devido ao seu antigo construtor e proprietário, o artesão e imigrante alemão X."

  Letra A

- **(Delegado da Polícia Federal – Cespe/UnB – adaptada)** O conjunto arquitetônico do Plano Piloto de Brasília foi tombado por meio da Portaria n. 4, de 13 de março de 1990, da então Secretaria do Patrimônio Histórico e Artístico Nacional (SPHAN), órgão do Ministério da Cultura. Posteriormente, editou-se, em relação ao tombamento, a Portaria n. 314, de 8 de outubro de 1992, do então Instituto Brasileiro do Patrimônio Cultural (IBPC), também integrante do Ministério da Cultura. As competências da SPHAN e do IBPC são atualmente exercidas pelo Instituto do Patrimônio Histórico e Artístico Nacional (IPHAN), autarquia federal. Em face dessas circunstâncias e das normas constitucionais, especialmente as relativas à cultura, julgue o item a seguir. Considere a seguinte situação: determinado grupo de imigrantes italianos, localizado em Estado do Sul do Brasil, promove, anualmente, festa folclórica que evoca as tradições de seu país de origem. Na situação descrita, a aludida manifestação popular é merecedora de proteção do Estado brasileiro.

  O item foi considerado correto.

Decreto-Lei nº 25, de 30 de novembro de 1937　　　　　　　　　　　Art. 3º

- **(Procurador Federal – Cespe/UnB – 2006 – adaptada)** O tombamento, que tem por objetivo a proteção do patrimônio histórico e artístico nacional, é forma de intervenção do Estado na propriedade privada. Acerca desse tema, julgue o item subsequente. As obras de origem estrangeira que pertençam às representações diplomáticas ou consulares acreditadas no Brasil podem ser objeto de tombamento.
  O item foi considerado incorreto.

- **(Magistratura do Mato Grosso do Sul – FCC – 2009)** Em relação à defesa do patrimônio cultural, histórico e artístico nacional, é INCORRETO afirmar:
  A) equiparam-se aos bens que constituem o patrimônio histórico e artístico nacional, sendo sujeitos a tombamento, os monumentos naturais, bem como os sítios e paisagens que importe conservar e proteger pela feição notável com que tenham sido dotados pela natureza ou agenciados pela indústria humana.
  B) excluem-se do patrimônio histórico e artístico nacional as obras de origem estrangeira que sejam trazidas para exposições comemorativas, educativas ou comerciais.
  C) o patrimônio histórico e artístico nacional é constituído pelo conjunto dos bens móveis e imóveis existentes no país e cuja conservação seja de interesse público, quer por sua vinculação a fatos memoráveis da história do Brasil, quer por seu excepcional valor arqueológico ou etnográfico, bibliográfico ou artístico.
  D) incluem-se no patrimônio histórico e artístico nacional as obras de origem estrangeira que tenham sido importadas por empresas do exterior expressamente para adorno dos respectivos estabelecimentos.
  E) os bens móveis e imóveis que constituem o patrimônio histórico e artístico nacional só serão considerados parte integrante de tal patrimônio, depois de executado seu tombamento.
  Letra D

- **(Advogado da Liquigás – Cesgranrio – 2013)** Epitácio adquiriu, em leilão público organizado por casa especializada em comércio de objetos históricos, uma obra de arte de origem estrangeira, considerada extremamente rara e cobiçada por vários colecionadores. Após integrar a obra ao seu patrimônio pessoal, ele vem a saber de um movimento para declarar como integrante do patrimônio histórico brasileiro a obra em comento.
  Nos termos da Lei que regula o tombamento no Brasil, o ato de integração ao patrimônio histórico brasileiro de tal obra deve ser considerado
  A) permitido, desde que existente indenização ao proprietário pelo valor de mercado.
  B) vedado pela legislação especial por integrar patrimônio privado.

83

C) proibido, por ser bem de origem estrangeira, comercializado por casa especializada em comércio de objetos históricos.

D) possível, uma vez que o Estado pode desapropriar quaisquer bens.

E) possível, desde que destinado a integrar o acervo de museus públicos.

Letra C.

1.2.1 Não cabimento do tombamento de uso: ao julgar o emblemático RE 219.292/MG, Rel. Min. Octavio Gallotti, Primeira Turma, julgado em 07/12/1999, DJ 23/06/2000, o Supremo Tribunal Federal não admitiu o tombamento de uso. No caso analisado, o Município de Belo Horizonte havia determinado o tombamento do Cine Pathé e Brasil incluindo na restrição ao prédio o uso para "atividades artísticas-culturais". Entendeu-se que o bem em discussão (Cine Pathé e Brasil localizado em Belo Horizonte/MG) poderia ser tombado. Todavia, não se poderia predeterminar a modalidade do seu uso pelo Poder Público. De acordo com o Supremo, apoiado na doutrina de Sonia Rabello de Castro, com relação ao aspecto do uso, o que pode acontecer é que, em função da conservação do bem, ele possa ser adequado ou inadequado. Assim, se determinado imóvel acha-se tombado, sua conservação se impõe, em função disso é que se pode coibir formas de utilização da coisa que, comprovadamente, lhe causem dano, gerando sua descaracterização. Nesse caso, poder-se-ia impedir o uso danoso ao bem tombado, não para determinar um uso específico, mas para impedir o uso inadequado. De fato, ainda que se tombe o imóvel, não pode a autoridade tombar o seu uso, "uma vez que o uso não é objeto móvel ou imóvel." Não se pode determinar que o bem tombado seja usado para determinada atividade. Protege-se o bem por sua relevância histórica, artística ou cultural, mas as eventuais atividades que eram exercidas no bem não precisam ser mantidas. O objeto do tombamento era o bem, não as atividades nele desenvolvidas ou o uso que a ele era dado. Eis a ementa do importante RE 219.292/MG:

> EMENTA: Tombamento de bem imóvel para limitar sua destinação à atividades artístico-culturais. Preservação a ser atendida por meio de desapropriação. Não pelo emprego da modalidade do chamado tombamento de uso. Recurso da Municipalidade do qual não se conhece, porquanto não configurada a alegada contrariedade, pelo acórdão recorrido, do disposto no art. 216, § 1º, da Constituição.

1.2.2 Aplicação subsidiária da Lei n. 9.784/1999 (Lei do Processo Administrativo no âmbito da Administração Pública Federal) ao rito do tombamento: recentemente, num litígio envolvendo o Estado do Amazonas, de um lado, e a União e o IPHAN, do outro, quanto ao tombamento do Centro Histórico de Manaus – ACO 1966 AgRg/AM, julgado em 17/11/2017, DJe 27/11/2017[37] – o Ministro Luiz Fux, relator do caso, consignou que a imposição de realização prévia de audiências e consultas públicas exigidas pela Lei n. 9.784/1999 não se aplica ao processo de tombamento, uma vez que esse instituto é regido por diploma próprio, o Decreto-Lei n. 25/1937. Para o Supremo Tribunal Federal, *o tombamento possui regramento específico e é regido pelo Decreto-Lei n. 25/1937, de modo que a Lei do Processo Administrativo Federal (Lei n. 9.784/199) somente lhe deve ser aplicada de forma subsidiária.* Quanto ao ponto, o debate envolvia a necessidade, ou não, de realização de audiência pública (prevista na Lei n. 9.784/99, mas sem menção no DL n. 25/1937) no processo de tombamento do Centro Histórico de Manaus/AM. Sobre isso, trazemos passagem do voto do relator:

> "Sob outro aspecto, no que se concerne à argumentação relativa à necessidade de observância do rito procedimental previsto pela Lei nº 9.784/1999 no processo administrativo de tombamento, assento que também nesse ponto não assiste razão ao Estado. Com efeito, a imposição de realização prévia de audiências e consultas públicas exigidas pelo referido diploma legal não tem aplicabilidade no caso dos autos, haja vista o instituto do tombamento contar com regramento próprio específico, o Decreto-Lei nº 25/1937.
>
> Há que se salientar que a própria Lei nº 9.784/1999, invocada pelo autor, prevê que sua aplicação só será possível a outros procedimentos administrativos em caráter subsidiário, quando configurada omissão normativa, persistindo os procedimentos administrativos especiais. É o que assenta seu art. 69, *in verbis*:
>
> 'Art. 69. Os processos administrativos específicos continuarão a reger-se por lei própria, aplicando-se-lhes apenas subsidiariamente os preceitos desta Lei.'

---

37. APLICAÇÃO SUBSIDIÁRIA DA LEI Nº 9.784/1999. PRINCÍPIO DA ESPECIALIDADE DA NORMA. AGRAVO INTERNO A QUE SE NEGA PROVIMENTO. 1. A proteção jurídica do patrimônio cultural brasileiro, enquanto direito fundamental de terceira geração, é matéria expressamente prevista no texto constitucional (art. 216 da CRFB/1988). 2. A ordem constitucional vigente recepcionou o Decreto-Lei nº 25/1937, que, ao organizar a proteção do patrimônio histórico e artístico nacional, estabeleceu disciplina própria e específica ao instituto do tombamento, como meio de proteção de diversas dimensões do patrimônio cultural brasileiro. 3. In casu, ainda que houvesse irregularidades no processo administrativo questionado, a ausência de prejuízo delas decorrente impossibilita a declaração de qualquer nulidade, em aplicação do postulado pas de nullité sans grief. 4. Agravo Interno a que se nega provimento.

Ainda que assim não fosse, além de o Decreto-Lei não prever a realização de consultas e audiências públicas, a Lei nº 9.784/1999 trata sua realização como faculdade do poder pública, não criando qualquer tipo de obrigação quanto à mesma. Ademais, como já salientado pelo réu em sua contestação, o propósito objetivado pela realização de consultas e audiências públicas confunde-se com o próprio objetivo do processo de tombamento. Isso porque se busca, a partir dos referidos instrumentos, promover o debate público democrático sobre o próprio tombamento em si, criando-se restrições justificadas pela especial proteção a ser atribuída ao bem em questão, preservando-se a cultura e a história que o envolvem."

1.3 Extinção do tombamento ou destombamento: embora não seja comum de acontecer, é possível, que o tombamento seja extinto ou cancelado. Se os pressupostos que ensejaram a restrição na propriedade desaparecerem, o tombamento deve ser cancelado. Segundo Ricardo Alexandre e João de Deus (2016, p. 862), "caso desapareçam os motivos para a restrição ao uso da propriedade, deve ser levado a efeito o cancelamento do ato de inscrição do bem no Livro de Tombo, o que alguns denominaram de destombamento."

→ **Aplicação em concurso:**

- **(Delegado Civil de Goiás – UEG – 2013 – desmembrada)** O tombamento não pode ser desfeito.
  Assertiva incorreta.

- **(Magistratura Federal da 5ª Região – Cespe/UnB – 2011 – desmembrada)** O ato de tombamento pode ser revogado, mas não anulado.
  Assertiva incorreta.

- **(Magistratura do Distrito Federal – 2011 – desmembrada)** O tombamento não se sujeita a revogação e, no tocante à indenização, mesmo quando tiver alcance geral, cabe ressarcimento.
  Assertiva incorreta.

- **(Defensor Público/RS – FCC – 2017 – desmembrada)** O Poder Judiciário é o que tem a missão de desfazer o tombamento, quando for o caso.
  Assertiva incorreta.

- **(Procurador do Estado do Mato Grosso – FCC – 2016 – desmembrada)** Uma vez efetuado o tombamento definitivo, ele é de caráter perpétuo, somente podendo ser cancelado em caso de perecimento do bem protegido.
  Assertiva incorreta.

- **(Procurador do Município de Silveira Martins/RS – Legalle Concursos – 2014)** O Município de Silveira Martins, por meio de regular procedimento, tombou um imóvel particular, situado em área urbana, a fim de preservar seu valor histórico-cultural. Nesse contexto, de acordo com o ordenamento jurídico em vigor e com o posicionamento dos tribunais pátrios a respeito do tema, é possível afirmar:

    A) O Poder Público, de forma independente, promoverá e protegerá o patrimônio cultural, por meio de inventários, registros, vigilância, tombamento e desapropriação e de outras formas e acautelamento e preservação.

    B) O tombamento não gera direito à indenização ao proprietário, mesmo se houver prova que tal ato gerou prejuízo àquele.

    C) Veda ao proprietário ou possuidor do bem alterar, destruir ou mutilá-lo. O proprietário ou possuidor poderá, porém, efetuar obras de restauração, independendo de prévia autorização do órgão competente.

    D) Embora ostente caráter de definitividade, pode ocorrer o destombamento, caso desapareçam os fundamentos que deram suporte ao ato.

    E) O ato de tombamento se sujeita a controle judicial, no qual poderá ser aferida a ocorrência de vícios de forma e de competência, isto é, quanto à sua legalidade. No tocante ao mérito do ato, em regra não será possível ao judiciário apreciá-lo, sobretudo em relação ao valor histórico e artístico do bem, mesmo havendo controvérsia na avaliação acerca desse ponto, sendo ilícito ao juiz determinar a realização de perícia técnica para esclarecer a questão.

    Letra D.

1.4 Bens imateriais: tombamento ou registro? Controverte a doutrina se os bens imateriais são objeto de *tombamento* ou se são protegidos por meio do instituto do *registro*, ambos previstos no art. 216, § 1º, CF/88. Segundo Fernanda Marinela[38], "podem ser objeto de tombamento os bens de quaisquer natureza, sejam eles móveis ou imóveis. É também possível a restrição de bens materiais ou imateriais e, por fim, de bens públicos ou privados."[39] De acordo com Maria Sylvia Zanella Di Pietro[40] "o tombamento pode atingir bens de qualquer natureza: móveis ou imóveis, materiais ou imateriais, públicos ou privados." Para Frederico Di Trindade Amado[41], todavia, "podem ser objeto de tombamento

---

38. *Direito Administrativo.* São Paulo: Saraiva, 2015, p. 886.
39. Também defendendo que o tombamento pode incidir sobre bens imateriais: COUTO, Reinaldo. *Curso de Direito Administrativo: segundo a Jurisprudência do STJ e do STF.* São Paulo: Atlas, 2011, p. 381.
40. *Direito Administrativo.* São Paulo: Atlas, 2010, p. 139.
41. *Direito Ambiental.* Salvador: Juspodivm, 2017, p. 472.

bens materiais integrantes do patrimônio cultural, móveis ou imóveis, tomados individualmente ou em sua coletividade. Os bens imateriais serão objeto de registro, e não do tombamento, a exemplo do acarajé e da capoeira." De acordo com o autor[42], registro "é o instrumento de tutela de bens imateriais, pois a intangibilidade faz com que a tutela por meio do tombamento não seja compatível com a sua morfologia." Édis Milaré[43] compartilha de entendimento semelhante ao assinalar que o tombamento "não há de ser visto como o único instrumento administrativo de promoção dos bens culturais, até porque, em determinados casos, como no dos bens culturais intangíveis, por exemplo, se mostra ele inviável." E arremata dizendo: "por se tratar de bens culturais intangíveis, não tridimensionais, caracterizados por uma mutabilidade dinâmica, sua preservação pelo tombamento é, em princípio inviável. Basta observar que o instituto jurídico do tombamento pressupõe bens materiais razoavelmente determinados, cujas características primordiais pretende-se preservar sem alterações."

▶ **RESUMO:**

Admitindo tombamento de bens imateriais	Admitindo registro e não tombamento para os bens imateriais
• Edmir Netto de Araújo • Fernanda Marinela • Maria Sylvia Zanella Di Pietro • Reinaldo Couto • Ricardo Alexandre e João de Deus • Ronny Charles	• Diogenes Gasparini • Édis Milaré • Frederico Di Trindade Amado • Irene Patrícia Nohara • Matheus Carvalho • Paulo Affonso Leme Machado

▶ **IMPORTANTE:**

a) O *patrimônio cultural brasileiro* é constituído por bens de *natureza material e imaterial*, tomados individualmente ou em conjunto, portadores de referência à identidade, à ação, à memória dos diferentes grupos formadores da sociedade brasileira – CF/88, art. 216, *caput*.

b) A proteção ao patrimônio cultural brasileiro ocorrerá por diversos instrumentos, *entre os quais estão:* inventários, *registros*, vigilância, *tombamento* e desapropriação – CF/88, art. 216, § 1º. Trata-se, como referido acima, de rol exemplificativo.

---

42. *Ob. cit.*, p. 175.
43. *Direito do ambiente: doutrina, jurisprudência, glossário*. São Paulo: Revista dos Tribunais, 2005, p. 410-411.

Decreto-Lei nº 25, de 30 de novembro de 1937 | **Art. 3º**

c) Para a doutrina defendida por Edmir Netto de Araújo, Fernanda Marinela, Maria Sylvia Zanella Di Pietro, Ricardo Alexandre, João de Deus, Ronny Charles e Reinaldo Couto, por exemplo, o patrimônio cultural material e imaterial é protegido por meio do tombamento. De acordo com Diogenes Gasparini, Édis Milaré, Frederico Di Trindade Amado, Irene Patrícia Nohara[44], Matheus Carvalho e Paulo Affonso Leme Machado, por outro lado, o patrimônio cultural de índole material é protegido por meio de tombamento, já o patrimônio cultural formado pelos bens imateriais recebe proteção por meio do registro. Entendo que assiste razão à corrente doutrinária que considera que os bens de índole material são protegidos por meio do tombamento, enquanto que os bens de feição imaterial são resguardados através do registro previsto no Decreto n. 3.551, de 04/08/2000.

→ **Aplicação em concurso:**

- **(Técnico de Nível Superior – IPAC/BA – Consultec – 2013 – desmembrada)** Registro e tombamento são instrumentos legais de proteção do patrimônio cultural.
  Assertiva correta.

- **(Procurador do Município de Salvador – Cespe – 2015 – desmembrada)** Um dos instrumentos para a defesa do meio ambiente cultural é o tombamento, do qual somente podem ser objeto os bens materiais.
  Assertiva correta.

- **(Procurador do Município de Bom Jesus/PI – COPESE/UFPI – 2015 – desmembrada)** A modalidade de intervenção na propriedade privada por parte do poder público referente ao patrimônio material e imaterial é denominada de tombamento.
  Assertiva incorreta.

- **(Procurador da República – 2013 – desmembrada)** Há forte interrelação entre cultura e ambiente, de tal forma que os bens de natureza material e imaterial, dotados de valor cultural, compõem o meio ambiente em sua concepção alargada, estando juridicamente protegidos mediante o instrumento do tombamento.
  Assertiva incorreta.

- **(Técnico de Nível Superior – IPAC/BA – Consultec – 2013 – desmembrada)** O tombamento se aplica aos bens imateriais e os registros aos bens culturais materiais.
  Assertiva incorreta.

---

44. *Direito Administrativo.* São Paulo: Atlas, 2011, p. 691 e 695.

- **(Promotor de Justiça de Minas Gerais – 2012 – desmembrada)** Os bens materiais móveis – embora não sejam objeto de registro – podem ser tombados.
  Assertiva correta.

- **(Magistratura do Ceará – Cespe – 2012 – desmembrada)** O tombamento, forma de intervenção do Estado na propriedade privada, tem por objetivo a proteção do patrimônio histórico e artístico, podendo atingir bens móveis ou imóveis, materiais ou imateriais, mas não bens públicos.
  Assertiva incorreta.

- **(Procurador do Estado/RS – FUNDATEC – 2011 – desmembrada)** O tombamento de bens somente pode incidir sobre bens materiais ou corpóreos.
  Assertiva correta.

- **(Magistratura do Rio de Janeiro – Vunesp – 2012 – desmembrada)** Podem ser tombados bens de qualquer natureza, móveis ou imóveis, materiais ou imateriais, públicos ou privados, podendo, inclusive, as pessoas políticas tombarem seus próprios bens, para finalidade de preservação.

  A alternativa foi considerada correta pela banca. Todavia, há controvérsia na doutrina sobre dois aspectos versados no quesito: se bens imateriais podem ser tombados e se é possível as pessoas políticas tombares seus próprios bens. Entendo que só pelo fato de considerar que incide tombamento sobre bens imateriais o quesito já deveria ter sido considerado incorreto, pois o Decreto n. 3.551/2000 deixa claro que os bens de natureza imaterial são submetidos a registro e não a tombamento. O segundo aspecto (se os entes federados podem tombar seus próprios bens) é controvertido na doutrina, de modo que também não poderia ser objeto de questão fechada. A questão está incorreta.

- **(Analista de Controle Externo – TCE/SE – FCC – 2011 – adaptada)** A proteção e defesa pelo Estado dos bens detentores de valor histórico, artístico, estético, paisagístico ou turístico poderá ser feita mediante o instituto do tombamento cujos efeitos legais produzidos incidem precipuamente sobre bens imateriais.
  Assertiva incorreta.

1.4.1 Conceito de patrimônio cultural imaterial segundo a Unesco:
de acordo com o art. 2° da Convenção para a Salvaguarda do Patrimônio Cultural Imaterial (UNESCO, de 17/10/2003), patrimônio imaterial consiste em "práticas, representações, expressões, conhecimentos e técnicas – junto com os instrumentos, objetos, artefatos e lugares culturais que lhes são associados – que as comunidades, os grupos e, em alguns casos, os indivíduos reconhecem como parte integrante de seu

patrimônio cultural. Este patrimônio cultural imaterial, que se transmite de geração em geração, é constantemente recriado pelas comunidades e grupos em função de seu ambiente, de sua interação com a natureza e de sua história, gerando um sentimento de identidade e continuidade e contribuindo assim para promover o respeito à diversidade cultural e à criatividade humana."

1.5 Registro de bens imateriais

1.5.1 Disciplina do registro: o Decreto n. 3.551, de 4 de agosto de 2000, instituiu o registro de bens culturais de natureza imaterial e criou um programa nacional destinado à proteção desses bens. O decreto disciplina o processo de reconhecimento dos bens culturais como patrimônio imaterial, instituindo o compromisso estatal de inventariar, registrar, documentar, produzir conhecimento e apoiar essas práticas socioculturais. De acordo com o IPHAN:

"O registro é, antes de tudo, uma forma de reconhecimento e busca a valorização desses bens, sendo visto mesmo como um instrumento legal. Registram-se saberes e celebrações, rituais e formas de expressão e os espaços onde essas práticas se desenvolvem (IPHAN, 2006b, p. 22).

(...)

Corresponde à identificação e à produção de conhecimento sobre o bem cultural. Isso significa documentar, pelos meios técnicos mais adequados, o Patrimônio Imaterial no Brasil: legislação e políticas estaduais passado e o presente da manifestação e suas diferentes versões, tornando essas informações amplamente acessíveis ao público – mediante a utilização dos recursos proporcionados pelas novas tecnologias de informação. (Iphan, 2006b, p. 22).

A criação pelo Decreto nº 3.551/2000 dos diferentes Livros de Registro sugere a percepção de distintos domínios na composição da dimensão imaterial do patrimônio cultural."

Os bens culturais de natureza imaterial estão incluídos, ou contextualizados, nas seguintes categorias que constituem os distintos.

Livros do Registro:

1) Saberes: livro que agrupa conhecimentos e modos de fazer enraizados no cotidiano das comunidades. Segundo o IPHAN, esse livro foi criado para receber os registros de bens imateriais que reúnem conhecimentos e modos de fazer enraizados no cotidiano das comunidades. Os *Saberes* são conhecimentos tradicionais associados a atividades desenvolvidas por atores sociais reconhecidos como grandes conhecedores de técnicas, ofícios e matérias-primas que identifiquem um grupo social ou uma localidade. Geralmente estão associados à produção de objetos e/ou prestação de serviços que podem ter sentidos práticos ou rituais. Trata-se da apreensão dos saberes e dos modos de fazer relacionados à cultura, memória e identidade de grupos sociais.

2) Formas de expressão: manifestações literárias, musicais, plásticas, cênicas e lúdicas. De acordo com o IPHAN são formas de comunicação associadas a determinado grupo social ou região, desenvolvidas por atores sociais reconhecidos pela comunidade e em relação às quais o costume define normas, expectativas e padrões de qualidade. Trata-se da apreensão das performances culturais de grupos sociais, como manifestações literárias, musicais, plásticas, cênicas e lúdicas, que são por eles consideradas importantes para a sua cultura, memória e identidade.

3) Celebrações: rituais e festas que marcam a vivência coletiva do trabalho, da religiosidade, do entretenimento e de outras práticas da vida social. Consoante o site do IPHAN, esse livro se destina para os rituais e festas que marcam vivência coletiva, religiosidade, entretenimento e outras práticas da vida social. *Celebrações* são ritos e festividades que marcam a vivência coletiva de um grupo social, sendo considerados importantes para a sua cultura, memória e identidade, e acontecem em lugares ou territórios específicos e podem estar relacionadas à religião, à civilidade, aos ciclos do calendário, etc. São ocasiões diferenciadas de sociabilidade, que envolvem práticas complexas e regras próprias para a distribuição de papéis, preparação e consumo de comidas e bebidas, produção de vestuário e indumentárias, entre outras.

4) Lugares: mercados, feiras, santuários, praças e demais espaços onde se concentram e se reproduzem práticas culturais coletivas. Para o IPHAN esse livro é destinado para mercados, feiras, santuários, praças onde são concentradas ou reproduzidas práticas culturais coletivas. *Lugares* são aqueles que possuem sentido cultural diferenciado para a população local, onde são realizadas práticas e atividades de naturezas variadas, tanto cotidianas quanto excepcionais, tanto vernáculas quanto oficiais. Podem ser conceituados como lugares focais da vida social de uma localidade, cujos atributos são reconhecidos e tematizados em representações simbólicas e narrativas, participando da construção dos sentidos de pertencimento, memória e identidade dos grupos sociais.

1.5.2 Bens registrados: segundo o portal do IPHAN na internet (www.iphan.gov.br), até o presente momento, há o registro de 28 (vinte e oito) bens imateriais. São eles:

Decreto-Lei nº 25, de 30 de novembro de 1937   Art. 3º

1) **Arte Kusiwa – pintura corporal e arte gráfica Wajãpi (Livro das Formas de Expressão, 20.12.2002):** foi o primeiro bem registrado no Livro de Registro das Formas de Expressão. Trata-se de um sistema de representação, de uma linguagem gráfica dos índios Wajãpi do Amapá, que sintetiza seu modo particular de conhecer, conceber e agir sobre o universo. O sistema gráfico kusiwa opera como um catalisador da expressão, de conhecimentos e de práticas que envolvem desde relações sociais, crenças religiosas e tecnologias até valores estéticos e morais. O excepcional valor dessa forma de expressão está na capacidade de condensar, transmitir e renovar, através da criatividade dos desenhistas e dos narradores, todos os elementos particulares e únicos de um modo de pensar e de se posicionar no mundo próprio dos Wãjapi do Amapá. A linguagem kusiwa é uma forma de expressão complementar aos saberes transmitidos oralmente a cada nova geração e compartilhados por todos os membros do grupo. É um conhecimento que se encontra, principalmente, nos relatos orais que esse grupo indígena, hoje com quinhentos e oitenta indivíduos, continua a transmitir aos seus filhos e que explica como surgiram as cores, os padrões dos desenhos e as diferenças entre as pessoas. A arte gráfica e a arte verbal dos Wajãpi lhes permite agir sobre múltiplas dimensões do mundo: sobre o visível e sobre o invisível, sobre o concreto e sobre o mundo ideal. Não se trata de um saber abstrato, mas sim de uma prática permanentemente interativa, viva e dinâmica. A arte Kusiwa se expressa em desenhos e pinturas de corpos e objetos, a partir de um repertório definido de padrões gráficos e de suas variantes, que representam, de forma sintética e abstrata, partes do corpo ou da ornamentação de animais, como sucuris, jibóias, onças, jabutis, peixes, borboletas, e objetos, como limas de ferro e bordunas. Com denominações próprias, os padrões gráficos podem ser combinados de muitas maneiras diferentes, que não se repetem, mas são sempre reconhecidos pelos Wajãpi como Kusiwa. Trata-se de um acervo cultural que se transforma de forma dinâmica, através da inclusão de novos elementos, do desuso de alguns ou da modificação, através de suas variantes, de outros.

2) **Ofício das Paneleiras de Goiabeiras (Livro dos Saberes, 20.12.2002):** é o saber que envolve a prática artesanal de fabricação de panelas de barro, atividade econômica culturalmente enraizada na localidade de Goiabeiras, bairro de Vitória, Capital do Estado do Espírito Santo. Produto da cerâmica de origem indígena, o processo de produção das panelas de Goiabeiras conserva todas as características essenciais que a identificam com a prática dos grupos nativos das Américas,

antes da chegada de europeus e africanos. As panelas continuam sendo modeladas manualmente com o auxílio de ferramentas rudimentares, a partir de argila sempre da mesma procedência. Depois de secas ao sol são polidas, queimadas a céu aberto e impermeabilizadas com tintura de tanino. A técnica cerâmica utilizada é reconhecida como legado cultural Tupi-Guarani e Una, com maior número de elementos identificados com os da tradição Una. O processo de produção das panelas de barro emprega tradicionalmente matérias-primas provenientes do meio natural: a argila é extraída de jazida, denominada barreiro, no Vale do Mulembá, localizado na Ilha de Vitória, que até pouco tempo só era acessado por canoa; a casca de *Rhysophora mangle*, popularmente denominada mangue vermelho, com que é feita a tintura de tanino, é coletada diretamente do manguezal que margeia a localidade de Goiabeiras. Da mesma forma, dois dos principais instrumentos do ofício – a cuia e a vassourinha de muxinga – são feitos a partir de espécies vegetais encontradas nas proximidades. A atividade, eminentemente feminina, é tradicionalmente repassada pelas artesãs paneleiras, às suas filhas, netas, sobrinhas e vizinhas, no convívio doméstico e comunitário. Apesar das transformações urbanas ocorridas ao longo do tempo, a localidade de Goiabeiras, conhecida como Goiabeiras Velha, permanece como um reduto de ocupação antiga, os quintais repartidos com as famílias de filhos e netos, onde saber fazer estas panelas de barro é o principal elemento formador da identidade cultural daquele grupo social.

3) **Samba de Roda do Recôncavo Baiano (Livro das Formas de Expressão, 05.10.2004):** O Samba de Roda baiano é uma expressão musical, coreográfica, poética e festiva das mais importantes e significativas da cultura brasileira. Presente em todo o Estado da Bahia, ele é especialmente forte e mais conhecido na região do Recôncavo, a faixa de terra que se estende em torno da Baía de Todos os Santos. Seus primeiros registros, já com esse nome e com muitas das características que ainda hoje o identificam, datam dos anos 1860. O Samba de Roda traz como suporte determinante tradições culturais transmitidas por africanos escravizados e seus descendentes. Tais tradições incluem, entre outros, o culto aos orixás e caboclos, o jogo da capoeira e a chamada comida de azeite. A herança negro-africana no Samba de Roda se mesclou de maneira singular a traços culturais trazidos pelos portugueses – como certos instrumentos musicais, viola e pandeiro principalmente – e à própria língua portuguesa nos elementos de suas formas poéticas. O Samba de Roda pode ser

realizado em associação com o calendário festivo – caso das festas da Boa Morte, em Cachoeira, em agosto, de São Cosme e Damião, em setembro, e de sambas ao final de rituais para caboclos em terreiros de candomblé. Mas ele pode também ser realizado em qualquer momento, como uma diversão coletiva, pelo prazer de sambar. Essa expressão musical possui inúmeras variantes, que podem ser divididas em dois tipos principais: o samba chula, cujo similar na região de Cachoeira chama-se "barravento", e o samba corrido (ver "aspectos relevantes"). Historiadores da música popular consideram o Samba de Roda baiano como uma das fontes do samba carioca que, como se sabe, veio a tornar-se, no decorrer do século XX, um símbolo indiscutível de brasilidade. A narrativa de origem do samba carioca remete à migração de negros baianos para o Rio de Janeiro ao final do século XIX, que teriam buscado reproduzir, nos bairros situados entre o canal do Mangue e o cais do porto, seu ambiente cultural de origem, onde a religião, a culinária, as festas e o samba eram partes destacadas. O Samba de Roda é uma das jóias da cultura brasileira, por suas qualidades intrínsecas de beleza, perfeição técnica, humor e poesia, e pelo papel proeminente que vem desempenhando nas próprias definições da identidade nacional.

4) **Círio de Nossa Senhora de Nazaré (Livro das Celebrações, 05.10.2004):** a Festa do Círio de Nossa Senhora de Nazaré, em Belém do Pará, é uma celebração constituída de vários rituais de devoção religiosa e expressões culturais, cujo clímax ocorre na procissão do Círio, no segundo domingo de outubro. Para os paraenses, é o grande momento anual de demonstração de devoção e solidariedade, de reiteração de laços familiares, assim como de manifestação social e política. O Círio de Nazaré apresenta uma estrutura complexa que agrega diferentes celebrações e festividades antes e depois do evento principal. Essas práticas têm desdobramentos regionais e congregam, anualmente, em torno de um milhão e meio de pessoas na cidade de Belém. Grande parte dessa massa humana vem pagar promessas ou agradecer pedidos realizados. A festa, instituída em 1793, é marcada pelo sentido da rememoração. O Círio de Nazaré reconta, por meio de seu cerimonial religioso, a lenda que envolve o achado, em 1700, da imagem de Nossa Senhora de Nazaré por um caboclo denominado Plácido. Sua duração temporal está associada à permanência da participação popular e à disseminação regional dos devotos, o que torna Belém, todos os anos, um lugar de peregrinação. Destaca-se, contudo, que a celebração, desde a origem, está envolta por práticas profanas, entre elas a montagem de um arraial dedicado

historicamente ao comércio de alimentos e produtos regionais. Os elementos sagrados e profanos que marcam a festa configuram uma face múltipla, a que estão associadas diferentes significações decorrentes da diversidade das formas de inserção no evento, da apropriação simbólica e da diferenciação social dos participantes. A relevância do Círio de Nazaré como manifestação cultural pode ser reconhecida no longo e dinâmico processo que reitera e constrói essa celebração há 211 anos. O Círio de Nossa Senhora do Nazaré foi reconhecido como Patrimônio Cultural do Brasil, passando a ser o primeiro bem inscrito no Livro de Registro das Celebrações.

5) **Modo de Fazer Viola de Cocho (Livro dos Saberes, 14.01.2005):** a Viola-de-Cocho é um instrumento musical singular quanto à forma e sonoridade, produzido exclusivamente de forma artesanal, com a utilização de matérias-primas existentes na Região Centro-Oeste do Brasil. É parte de uma realidade eco-sócio-cultural construída historicamente pelos sucessivos grupos sociais que vêm ocupando os atuais estados do Mato Grosso e Mato Grosso do Sul, em suas relações de troca com o meio natural e com a sociedade envolvente. O nome Viola-de-cocho deve-se à técnica de escavação da caixa de ressonância da viola em uma tora de madeira inteiriça, mesma técnica utilizada na fabricação de cochos (recipientes em que é depositado o alimento para o gado). Nesse cocho, já talhado no formato de viola, são afixados um tampo e, em seguida, as partes que caracterizam o instrumento, como cavalete, espelho, rastilho e cravelhas. A confecção, artesanal, determina variações observadas de artesão para artesão, de braço para braço, de forma para forma. A produção de violas-de-cocho é realizada por mestres cururueiros, seja para uso próprio, seja para atender à demanda do mercado local, também constituída por cururueiros e mestres da dança do siriri. Os materiais utilizados tradicionalmente para sua confecção são encontrados no ecossistema regional, correspondendo a tipos especiais de madeiras para o corpo, tampo e demais detalhes do instrumento; ao sumo da batata 'sumbaré' ou, na falta desta, a um grude feito da vesícula natatória dos peixes (ou poca) para a colagem das partes componentes; a fios de algodão revestidos para trastes (que, na região, também são denominados pontos) e tripa de animais para as cordas. Sua confecção, feita de forma artesanal, determina variações observadas de artesão para artesão, de braço para braço, de fôrma para fôrma. As violas podem ser decoradas, desenhadas a fogo e pintadas, ou mantidas na madeira crua, envernizadas ou não. As fitas coloridas amarradas no cabo indicam o número de rodas de

cururu em que a viola foi tocada em homenagem a algum santo – que possui, cada qual, sua cor particular.

6) **Ofício das Baianas de Acarajé (Livro dos Saberes, 14.01.2005):** é a prática tradicional de produção e venda, em tabuleiro, das chamadas comidas de baiana, feitas com azeite de dendê e ligadas ao culto dos orixás, amplamente disseminadas na cidade de Salvador, Bahia. Dentre as comidas de baiana destaca-se o acarajé, bolinho de feijão fradinho preparado de maneira artesanal, na qual o feijão é moído em um pilão de pedra (pedra de acarajé), temperado e posteriormente frito no azeite de dendê fervente. Sua receita tem origens no Golfo do Benim, na África Ocidental, tendo sido trazida para o Brasil com a vinda de escravos dessa região. A atividade de produção e comércio é predominantemente feminina, e encontra-se nos espaços públicos de Salvador, principalmente praças, ruas, feiras da cidade e orla marítima, como também nas festas de largo e outras celebrações que marcam a cultura da cidade. A indumentária das baianas, característica dos ritos do candomblé, constitui também um forte elemento de identificação desse ofício, sendo composta por turbantes, panos e colares de conta que simbolizam a intenção religiosa das baianas. Os bolinhos de feijão fradinho, destituídos do recheio utilizado para o comércio, são, inclusive atualmente, oferecidos nos cultos às divindades do candomblé, especialmente a Xangô e Oiá (Iansã). Para sua comercialização são utilizados vatapá, caruru e camarão seco como recheio e o tabuleiro no qual é vendido também é composto por outros quitutes tais como abará, passarinha (baço bovino frito), mingaus, lelê, bolinho de estudante, cocadas, pé de moleque e outros. Os aspectos referentes ao Ofício das Baianas de Acarajé e sua ritualização compreendem: o modo de fazer as comidas de baianas, com distinções referentes à oferta religiosa ou à venda informal em logradouros soteropolitanos; os elementos associados à venda como a indumentária própria da baiana, a preparação do tabuleiro e dos locais onde se instalam; os significados atribuídos pelas baianas ao seu ofício e os sentidos atribuídos pela sociedade local e nacional a esse elemento simbólico constituinte da identidade baiana. A feitura das comidas de baiana constitui uma prática cultural de longa continuidade histórica, reiterada no cotidiano dos ritos do candomblé e constituinte de forte fator de identidade na cidade de Salvador.

7) **Jongo do Sudeste (Livros das Formas de Expressão, 15.12.2005):** o jongo é uma forma de expressão afro-brasileira que integra percussão de tambores, dança coletiva e práticas de magia. É praticado nos quintais das periferias urbanas e em algumas comunidades rurais

do sudeste brasileiro. Acontece nas festas de santos católicos e divindades afro-brasileiras, nas festas juninas, nas festas do Divino, no 13 de maio da abolição da escravatura. É uma forma de louvação aos antepassados, consolidação de tradições e afirmação de identidades. Tem suas raízes nos saberes, ritos e crenças dos povos africanos, principalmente os de língua bantu. São sugestivos dessas origens o profundo respeito aos ancestrais, a valorização dos enigmas cantados e o elemento coreográfico da umbigada. No Brasil, o jongo consolidou-se entre os escravos que trabalhavam nas lavouras de café e cana-de-açúcar, no sudeste brasileiro, principalmente no vale do Rio Paraíba. Trata-se de uma forma de comunicação desenvolvida no contexto da escravidão e que serviu também como estratégia de sobrevivência e de circulação de informações codificadas sobre fatos acontecidos entre os antigos escravos por meio de pontos que os capatazes e senhores não conseguiam compreender. O Jongo sempre esteve, assim, em uma dimensão marginal onde os negros falam de si, de sua comunidade, através da crônica e da linguagem cifrada. É também conhecido pelos nomes de tambu, batuque, tambor e caxambu, dependendo da comunidade que o pratica. Iniciado o toque dos tambores, forma-se uma roda de dançarinos que cantam em coro, respondendo ao solo de um deles. Os tambores e os batuqueiros estão sempre na roda ou perto dela. São várias as maneiras de se dançar o jongo. Sozinhos ou em pares os praticantes vão ao centro da roda, dançam até serem substituídos por outros jongueiros.

8) **Cachoeira de Iauaretê – lugar sagrado dos povos indígenas dos rios Uaupés e Papuri (Livro dos Lugares, 10.08.2006):** a Cachoeira de Iauaretê, ou Cachoeira da Onça, corresponde a um lugar de referência fundamental para os povos indígenas que habitam a região banhada pelos rios Uaupés e Papuri, reunidos em dez comunidades, multiculturais na maioria, compostas pelas etnias de filiação lingüística Tukano Oriental, Aruaque e Maku. Várias das pedras, lajes, ilhas e paranás da Cachoeira de Iauaretê simbolizam episódios de guerras, perseguições, mortes e alianças descritos nos mitos de origem e nas narrativas históricas destes povos. Para eles, a Cachoeira de Iauaretê é seu Lugar Sagrado, onde está marcada a história de sua origem e fixação nessa região, assim como a história do estabelecimento das relações de afinidade que vêm permitindo, até hoje, a convivência e o compartilhamento de padrões culturais entre os diversos grupos que coabitam naquele território, desde há milênios. Apesar do multilinguismo e das diferenças culturais, as quatorze etnias presentes nessa região – Arapaso, Bará, Barasana, Desana, Karapanã, Kubeo,

Makuna, Miriti-tapuya, Pira-tapuya, Siriano, Tariana, Tukano, Tuyuka e Wanano – encontram-se articuladas em uma rede de trocas e identificadas no que diz respeito à cultura material, à organização social e à visão de mundo. É nesse contexto mais amplo que se insere a Cachoeira de Iauaretê: além de sua natureza geográfica, constrói-se ali uma paisagem cultural constituída por lugares sagrados, assim considerados pela densidade de sentidos que os mitos lhe conferem. Como depositária de referências políticas e socioeconômicas, a Cachoeira de Iauaretê expressa espacialmente uma hierarquia – fortemente marcada na região – de fundamental importância na organização das diferenças e da diversidade ali presentes. Hierarquia que, por sua vez, está referenciada nos mitos, nos ritos e narrativas históricas, os quais especificam as origens e fixação de cada etnia, definem territórios, atribuem significados, revelam códigos de manejo social, econômico, político, ambiental e fundiário, e definem os parâmetros de interação e de convivência social entre elas. Os moradores indígenas da localidade destacam vários pontos no conjunto das pedras da Cachoeira de Iauaretê e suas imediações, locais onde ocorreram fatos marcantes relacionados à criação da humanidade e ao surgimento de suas respectivas etnias. Esses lugares remetem à criação das plantas, dos animais e de tudo o que seria necessário à vida no local e à sobrevivência dos descendentes dos primeiros ancestrais. No processo de Registro estão documentados dezessete desses pontos de referência na Cachoeira de Iauaretê, testemunhos fundamentais da fixação desses grupos naquele território.

9) **Feira de Caruaru (Livro dos Lugares, 20.12.2006):** a Feira de Caruaru, localizada na cidade de Caruaru, Estado de Pernambuco, surgiu em uma fazenda situada em um dos caminhos do gado, entre o sertão e a zona canavieira, onde pousavam vaqueiros, tropeiros e mascates. No final do século XVIII, foi construída nesse local a capela de Nossa Senhora da Conceição, ampliando a convergência social e fortalecendo as relações de trocas comerciais em torno do lugar. Assim, a feira cresceu juntamente com a cidade e foi um dos principais motores do seu desenvolvimento social e econômico. A Feira de Caruaru é um lugar de memória e de continuidade de saberes, de fazeres, de produtos e de expressões artísticas tradicionais que continuam vivos no comércio do gado e dos produtos de couro, nos brinquedos reciclados, nas figuras de barro inventadas por Mestre Vitalino, nas redes de tear, nos utensílios de flandres, no cordel, nas gomas e farinhas de mandioca e nas ervas e raízes medicinais. Sem

a dinâmica e o mercado da feira, esses saberes e fazeres já teriam desaparecido.

10) **Frevo (Livro das Formas de Expressão, 28.02.2007):** o Frevo é uma forma de expressão musical, coreográfica e poética, densamente enraizada em Recife e Olinda, no Estado de Pernambuco. Gênero musical urbano, o Frevo surgiu no final do século XIX, no carnaval, em um momento de transição e efervescência social como uma forma de expressão das classes populares na configuração dos espaços públicos e das relações sociais nessas cidades. As bandas militares e suas rivalidades, os escravos recém-libertos, os capoeiras, a nova classe operária e os novos espaços urbanos foram elementos definidores da configuração do Frevo. Do repertório eclético das bandas de música, composto por variados estilos musicais, resultaram suas três modalidades, ainda vigentes: Frevo-de-rua, Frevo-de-bloco e Frevo-canção. Simultaneamente à música, foi-se inventando o passo, isto é, a dança frenética característica do Frevo. Improvisada na rua, liberta e vigorosa, criada e recriada por passistas, a dança de jogo de braços e de pernas é atribuída à ginga dos capoeiristas, que assumiam a defesa de bandas e blocos, ao mesmo tempo em que criavam a coreografia. Produto desse contexto sócio-histórico singular, desde suas origens, o Frevo expressa um protesto político e uma crítica social em forma de música, de dança e de poesia, constituindo-se em símbolo de resistência da cultura pernambucana e em expressão significativa da diversidade cultural brasileira.

11) **Matrizes do Samba no Rio de Janeiro: partido alto, samba de terreiros, samba-enredo (Livro das Formas de Expressão, 20.11.2007):** no começo do século XX, a partir de influências rítmicas, poéticas e musicais do jongo, do samba de roda baiano, do maxixe e da marcha carnavalesca, consolidaram-se três novas formas de samba: o partido alto, vinculado ao cotidiano e a uma criação coletiva baseada em improvisos; o samba-enredo, de ritmo inventado nas rodas do bairro do Estácio de Sá e apropriado pelas nascentes escolas de samba para animar os seus desfiles de Carnaval; e o samba de terreiro, vinculado à quadra da escola, ao quintal do subúrbio, à roda de samba do botequim. Essas matrizes referenciais do samba no Rio de Janeiro distinguem-se de outros subgêneros de samba criados posteriormente e guardam relação direta com os padrões de sociabilidade de onde emergem. Há autoria individual, porém a performance é necessariamente coletiva e se funda em comunidades situadas em áreas populares da cidade do Rio de Janeiro. O improviso é outro aspecto importante dessa dimensão coletiva e ainda se encontra

bastante enraizado na prática amadora ou comunitária dessas formas de expressão – está vivo e presente nos quintais dos subúrbios, nas rodas de samba e terreiros dos morros e bairros populares da cidade. O samba de partido alto, o samba de terreiro e o samba-enredo são expressões cultivadas há mais de 90 anos por essas comunidades. Não são simplesmente gêneros musicais, mas formas de expressão, modos de socialização e referenciais de pertencimento. São também referências culturais relevantes no panorama da música produzida no Brasil. Constituído a partir dessas matrizes, em suas muitas variantes, o samba carioca é uma expressão da riqueza cultural do país e em especial de seu legado africano, constituindo-se em um símbolo de brasilidade em todo o mundo.

12) **Tambor de Crioula do Maranhão (Livro das Formas de Expressão, 20.11.2007):** o Tambor de Crioula é uma manifestação afro-brasileira que ocorre na maioria dos municípios do Maranhão, envolvendo uma dança circular feminina, canto e percussão de tambores. Dela participam as coreiras ou dançadeiras, conduzidas pelo ritmo intenso dos tambores e pelo influxo das toadas evocadas por tocadores e cantadores, culminando na punga ou umbigada – gesto característico, entendido como saudação e convite. O Tambor de Crioula inclui-se entre as expressões do que se convencionou chamar de samba, derivadas, originalmente, do batuque, assim como o jongo no Sudeste, o samba de roda do Recôncavo Baiano, o coco no Nordeste e algumas modalidades do samba carioca. Além de sua origem comum, constatam-se, entre essas expressões do samba, traços convergentes na polirritmia dos tambores, no ritmo sincopado, nos principais movimentos coreográficos e na umbigada. Praticado livremente, seja como divertimento ou em devoção a São Benedito, o Tambor de Crioula não tem local definido, nem época fixa de apresentação, embora se observe uma maior ocorrência desse evento durante o Carnaval e nas manifestações de Bumba-meu-boi. Trata-se de um referencial de identidade e resistência cultural dos negros maranhenses, que compartilham um passado comum. Os elementos rituais do Tambor permanecem vivos e presentes, propiciando o exercício dos vínculos de pertencimento e a reiteração de valores culturais afro-brasileiros.

13) **Modo artesanal de fazer queijo de Minas nas Regiões do Serro, da Serra da Canastra e do Salitre (Livro dos Saberes, 13.06.2008):** a produção artesanal do queijo de leite cru nas regiões serranas de Minas Gerais representa até hoje uma alternativa bem sucedida de conservação e aproveitamento da produção leiteira regional, em

áreas cuja geografia limita o escoamento dessa produção. O modo artesanal de fazer queijo constitui um conhecimento tradicional e um traço marcante da identidade cultural dessas regiões. Cada uma delas forjou um modo de fazer próprio, expresso na forma de manipulação do leite, dos coalhos e das massas, na prensagem, no tempo de maturação (cura), conferindo a cada queijo aparência e sabor específicos. Nessa diversidade constituem aspectos comuns o uso de leite cru e a adição do pingo, um fermento láctico natural, recolhido a partir do soro que drena do próprio queijo e que lhe transfere as características específicas, condicionadas pelo tipo de solo, pelo clima e pela vegetação de cada região. O modo próprio de fazer queijo de Minas sintetiza, no queijo do Serro, no queijo da Canastra, no queijo do Salitre ou Alto Paranaíba, ou ainda Cerrado, um conjunto de experiências, símbolos e significados que definem a identidade do mineiro, reconhecida por todos os brasileiros. Por se tratar de um modo de fazer enraizado na comunidade mineira, o modo artesanal de fazer queijo de Minas é considerado Patrimônio Cultural do Brasil sendo assim, o quarto bem registrado no Livro de Registro dos Saberes.

14) **Ofício dos Mestres de Capoeira (Livros dos Saberes, 21.10.2008):** a capoeira é uma manifestação cultural presente hoje em todo o território brasileiro e em mais de 150 países, com variações regionais e locais criadas a partir de suas "modalidades" mais conhecidas: as chamadas "capoeira angola" e "capoeira regional". O conhecimento produzido para a instrução do processo permitiu identificar os principais aspectos que constituem a capoeira como prática cultural desenvolvida no Brasil: o saber transmitido pelos mestres formados na tradição da capoeira e como tal reconhecidos por seus pares; e a roda onde a capoeira reúne todos os seus elementos e se realiza de modo pleno. O Ofício dos Mestres de Capoeira é exercido por aqueles detentores dos conhecimentos tradicionais desta manifestação e responsáveis pela transmissão oral das suas práticas, rituais e herança cultural. Largamente difundida no Brasil e no mundo, a capoeira depende da manutenção da cadeia de transmissão desses mestres para sua continuidade como manifestação cultural. O saber da capoeira é transmitido de modo oral e gestual, de forma participativa e interativa, nas rodas, nas ruas e nas academias, assim como nas relações de sociabilidade e familiaridade construídas entre mestres e aprendizes.

15) **Roda de Capoeira (Livro das Formas de Expressão, 21.10.2008):** a capoeira é uma manifestação cultural presente hoje em todo o

território brasileiro e em mais de 150 países, com variações regionais e locais criadas a partir de suas "modalidades" mais conhecidas: as chamadas "capoeira angola" e "capoeira regional". O conhecimento produzido para a instrução do processo permitiu identificar os principais aspectos que constituem a capoeira como prática cultural desenvolvida no Brasil: o saber transmitido pelos mestres formados na tradição da capoeira e como tal reconhecidos por seus pares; e a roda onde a capoeira reúne todos os seus elementos e se realiza de modo pleno. A Roda de Capoeira é um elemento estruturante desta manifestação, espaço e tempo onde se expressam simultaneamente o canto, o toque dos instrumentos, a dança, os golpes, o jogo, a brincadeira, os símbolos e rituais de herança africana - notadamente banto - recriados no Brasil. Profundamente ritualizada, a roda de capoeira congrega cantigas e movimentos que expressam uma visão de mundo, uma hierarquia e um código de ética que são compartilhados pelo grupo. Na roda de capoeira se batizam os iniciantes, se formam e se consagram os grandes mestres, transmitem-se e se reiteram práticas e valores afro-brasileiros.

16) **Modo de Fazer Renda Irlandesa, tendo como referência este ofício em Divina Pastora/SE (Livro dos Saberes, 28.01.2009):** o modo de fazer Renda Irlandesa se constitui de saberes tradicionais que foram ressignificados pelas rendeiras do interior sergipano a partir de fazeres seculares, que remontam à Europa do século XVII, e são associados à própria condição feminina na sociedade brasileira, desde o período colonial até a atualidade. Trata-se de uma renda de agulha que tem como suporte o lacê, cordão brilhoso que, preso a um debuxo ou risco de desenho sinuoso, deixa espaços vazios a serem preenchidos pelos pontos. Estes pontos são bordados compondo a trama da renda com motivos tradicionais e ícones da cultura brasileira, criados e recriados pelas rendeiras. O "saber-fazer" é a qualidade mais característica da produção da Renda Irlandesa, a qual é compartilhada pelas rendeiras sob a liderança de uma mestra reconhecida pelo grupo. As mestras traçam o risco definidor da peça, que é apropriado coletivamente. Fazer Renda Irlandesa é, portanto, uma atividade realizada em conjunto, o que permite conversar, trocar ideias sobre projetos, técnicas e pontos. Neste universo de sociabilidades, são reafirmados sentimentos de pertença e de identidade cultural, possibilitando a transmissão da técnica e o compartilhamento de saberes, valores e sentidos específicos. A cidade de Divina Pastora se tornou o principal polo da Renda Irlandesa em razão de condições históricas de produção vinculadas à tradição dos engenhos

canavieiros, à abolição da escravatura e às mudanças econômicas que culminaram na apropriação popular do ofício de rendeira, restrito originalmente à aristocracia. Reinventando a técnica, os usos e os sentidos desse saber-fazer, as mulheres de Divina Pastora fizeram dele seu meio de vida.

17) **Toque dos Sinos em Minas Gerais (Livro das Formas de Expressão, 03.12.2009):** o Toque dos Sinos em Minas Gerais é uma forma de expressão sonora produzida pela percussão dos sinos das igrejas católicas, para anunciar rituais religiosos e celebrações, como festas de santos e padroeiros, Semana Santa, Natal, casamentos, batizados, atos fúnebres e marcação das horas, entre outras comunicações de interesse coletivo. Esta prática, reiterada cotidianamente, especialmente em São João del-Rei, tem sido sustentada por irmandades religiosas leigas, que se constituíram junto a essas cidades durante o ciclo do ouro, e que se responsabilizam, desde então, pelos ofícios litúrgicos oferecidos à população, dentre estes, o de tocar os sinos. Onde as irmandades deixaram de existir, o toque dos sinos ainda se mantém como atividade afetiva, lúdica e devocional de sineiros voluntários, pois, em geral, não há envolvimento da Igreja com o toque dos sinos. Em contrapartida, naquelas cidades onde a presença desses sodalícios foi maior, o enraizamento da prática sineira é mais forte. Particularmente em São João del-Rei e em Ouro Preto, ainda se conservam diversos toques que existiam em antigas vilas e cidades da América portuguesa, atestando a continuidade histórica de suas expressões na memória coletiva das comunidades identificadas, que ainda hoje são capazes de decodificar a linguagem dos sinos e de entender seus significados. A forma de expressão do toque dos sinos relaciona sua dimensão estética à percepção sensorial e à sua função comunicativa, onde a ocasião e a estrutura do toque estão necessariamente associadas. A ocasião determina o ritmo a ser impresso ao toque: em celebrações festivas, ritmos acelerados, em ocasiões fúnebres, ritmos mais lentos e solenes. A estrutura dos toques é determinada por sua execução: com o sino paralisado são tocadas pancadas, badaladas e repiques; com o sino em movimento se tocam os dobres. A expressão dos sinos em São João del-Rei se constitui em referência para as demais cidades porque seus toques compõem um conjunto complexo não só de badaladas, pancadas, repiques e dobres, todos nomeados e com uma estrutura formal precisa, mas, também, porque apresentam um alto grau de sofisticação em sua forma de execução. Os repiques, geralmente, são executados com um conjunto mínimo de três sinos que "conversam" entre si: o sino

menor (mais agudo) faz a marcação, o médio (meião) "pergunta" e o grande (grave) "responde". Uma forte influência da matriz cultural africana se faz presente na forma como os sinos eram e são tocados. Em Minas Gerais o barroco permanece, não apenas como estilo e expressão artística dominante no patrimônio cultural do estado, mas, ainda, como uma espécie de ethos ou visão de mundo que marca as cidades do ciclo do ouro e a expressão contemporânea do toque dos sinos. Esta, por sua vez, envolve uma complexa rede de relações entre irmandades, liturgia católica, religiosidade popular, musicalidade e sineiros, aos quais cabe a missão de manter e transmitir seus conhecimentos, habilidades e repertório de toques às novas gerações. O toque dos sinos é expressão reveladora da identidade das cidades inventariadas e da diversidade cultural brasileira. Seus habitantes se reconhecem e se distinguem daqueles de outras cidades porque atribuem um significado particular ao toque dos sinos, ao repertório dos toques, e ao som diferenciado de cada um dos sinos de bronze das torres das várias igrejas das suas cidades.

18) **Ofício de Sineiro (Livro dos Saberes, 03.12.2009):** o Ofício de Sineiro, tendo como referência as cidades de São João del-Rei, Ouro Preto, Mariana, Catas Altas, Congonhas do Campo, Diamantina, Sabará, Serro e Tiradentes, em Minas Gerais, é uma prática tradicional, vinculada ao ato de tocar os sinos das igrejas católicas para anunciar rituais e celebrações religiosas, atos fúnebres e marcação das horas, entre outras comunicações de interesse coletivo. A tradição do toque dos sinos, eminentemente masculina, se mantém viva nessas cidades como referência de identidade cultural da população local, e como atividade afetiva, lúdica e devocional de sineiros voluntários e profissionais. A estrutura, composição e o saber tocar sinos estão na memória e na habilidade dos sineiros, que conhecem de cor um repertório não escrito de toques, constituídos de pancadas, badaladas e repiques (executados com o sino paralisado) e de dobres (executados com o sino em movimento), adequados às ocasiões festivas ou fúnebres. Os sineiros são, portanto, os detentores e os responsáveis pela reiteração e transmissão da habilidade e do conhecimento requeridos por essa forma de expressão e do seu repertório, pois essa prática não se aprende na escola. É aprendizado que requer observação, envolvimento e dedicação desde a infância, quando os meninos, que não têm acesso às torres, começam a reproduzir os sons dos campanários em panelas, postes, enxadas, picaretas e em tudo o mais que possa servir como objeto de percussão. Em geral, a partir da adolescência, eles passam a frequentar as torres das igrejas

para ouvir, ver e acompanhar a execução dos toques. Aos domingos, na cidade de São João del-Rei, há a chamada Via Sacra, quando os aprendizes de sineiros percorrem as torres das principais igrejas da cidade para aprender e, ocasionalmente, tocar os sinos. Outra característica da formação dos sineiros está na profunda relação que costumam manter com bandas, orquestras, liras, escolas de samba e outros espaços de expressão da musicalidade, seja popular ou erudita. É possível, pelo toque, identificar um sineiro. A atividade de sineiro é uma prática e uma arte que envolve criação e aprimoramento dos toques, indo além, portanto, da mera repetição de um repertório. Sineiros experientes podem criar adereços para os sinos e novas técnicas que são incorporadas ao seu trabalho, como é o caso da colocação de um gancho entre o badalo e a corda. Esta inovação, em especial, proporcionou significativa valorização do toque dos sinos e destaque a seus praticantes. Os sineiros se autoclassificam como antigos sineiros - aqueles que tocam os sinos esporadicamente e são chamados para esclarecer dúvidas; jovens sineiros - os que tocam os sinos no dia-a-dia; zeladores sineiros - os que devem dar condição aos jovens sineiros de executar a sua tarefa e tocar os sinos quando estes não conseguem; e mestres sineiros - os sineiros já falecidos que fazem parte da história da localidade e são referências desse saber e do seu ofício.

19) Festa do Divino Espírito Santo de Pirenópolis/GO (Livro das Celebrações, 03.12.2009): é segundo bem inscrito no Livro de Registro das Celebrações. É uma celebração de origem portuguesa, disseminada no período colonial pelo território brasileiro, com variações em torno de uma estrutura básica e dos símbolos principais do ritual - as folias, a coroação de um imperador, e o império. A esta estrutura básica, os agentes da Festa do Divino de Pirenópolis vêm incorporando outros ritos e representações, como as encenações de mascarados e cavalhadas, responsáveis pela grande notoriedade da festa, que se realiza nesta cidade a cada ano, desde 1819, durante cerca de 60 dias, com clímax no Domingo de Pentecostes, cinquenta dias após a Páscoa. Constituída por vários rituais religiosos e expressões culturais, a Festa do Divino é uma celebração profundamente enraizada no cotidiano dos moradores de Pirenópolis e determinante dos padrões de sociabilidade local. Seus elementos essenciais, por ordem de ocorrência, são: as Folias "da Roça" e "da Rua", que "giram" pela zona rural e pela cidade, levando as bandeiras do Divino e angariando donativos para a festa; a coroa, a figura do Imperador, as cerimônias e rituais do Império, com alvoradas, cortejos, novena, jantares e outras refeições coletivas, missas cantadas, levantamento do mastro, queima de fogos, distribuição de "verônicas", sorteio e coroação do Imperador; as Cavalhadas, encenações de batalhas medievais entre mouros e cristãos, em honra do Imperador e do Espírito Santo; os Mascarados com máscaras de papel pintado, que circulam a pé e a cavalo pela cidade e pelo Campo das Cavalhadas; o Hino do Divino; o Coral de Nossa Senhora do Rosário; a Banda de Música Phoenix e a Banda de Couro ou Zabumba, que marcam os diversos rituais e cerimônias da celebração. Além destas, também constituem a Festa do Divino de Pirenópolis outras expressões e rituais agregados - desde seu início ou há várias décadas - e constantes da programação oficial, como a encenação de dramas, operetas e do auto natalino "As Pastorinhas"; o Reinado de Nossa Senhora do Rosário e de São Benedito, com seus Congos e Congadas, realizados na segunda e terça-feira seguintes ao Domingo de Pentecostes; os ranchões dançantes; a feira livre e a Cavalhadinha, que é a reprodução-mirim dos rituais da festa. Realizada no feriado de Corpus Christi por crianças de até 12 anos, a Cavalhadinha busca transmitir para as novas gerações os valores e referências da identidade cultural da sociedade de Pirenópolis, de modo a estimular a continuidade da Festa do Divino.

20) **Sistema Agrícola Tradicional do Rio Negro (Livro dos Saberes, 05.11.2010):** o Sistema Agrícola Tradicional do Rio Negro é entendido como um conjunto estruturado, formado por elementos interdependentes: as plantas cultivadas, os espaços, as redes sociais, a cultura material, os sistemas alimentares, os saberes, as normas e os direitos. Esse bem cultural está ancorado no cultivo da mandioca brava (*manihot esculenta*) e apresenta como base social os mais de 22 povos indígenas, representantes das famílias linguísticas Tukano Oriental, Aruak e Maku (não identificadas), localizados ao longo do rio Negro em um território que abrange os municípios de Barcelos, Santa Isabel do Rio Negro e São Gabriel da Cachoeira, no estado do Amazonas, até a fronteira do Brasil com a Colômbia e com a Venezuela. O Sistema Agrícola Tradicional do Rio Negro organiza um conjunto de saberes e modos de fazer enraizados no cotidiano dos povos indígenas que habitam a região noroeste do Amazonas, ao longo da calha do Rio Negro e das bacias hidrográficas tributárias. Esse bem cultural acontece em um contexto multiétnico e multilinguístico em que os grupos indígenas compartilham formas de transmissão e circulação de saberes, de práticas, de serviços ambientais e de produtos. É possível identificá-lo, uma vez que ele é elaborado constantemente pelas pessoas que o vivenciam. A bacia do Rio Negro é formada por

um mosaico de paisagens naturais: floresta de terra firme, campina, vegetação de igapó e chavascal. Esta diversidade repercute na vida da população, especialmente nas atividades de caça, de pesca, de agricultura e na coleta de materiais para fabricação de artefatos e de malocas. Os povos indígenas detêm o conhecimento sobre o manejo florestal e sobre os locais apropriados para cultivar, coletar, pescar e caçar. O saber envolvido no Sistema Agrícola do Rio Negro é estratégico para lidar com as limitações e potencialidades do ecossistema da região sem degradá-lo. Esse sistema está baseado na coivara, que é a derrubada de uma área de floresta primária ou de capoeira alta que, em seguida, é deixada para secar e depois é queimada. Nessas clareiras, são plantadas roças por um período de dois a três anos. Depois disso, são gradualmente abandonadas, sendo visitadas, apenas, para a coleta de frutos. Esse tipo de agricultura exige, também, a transferência contínua dos cultígenos de uma roça para a outra. Nesse sentido, fazer uma roça supõe estar inserido em uma rede de troca, fator essencial para a existência do sistema. O Sistema ocorre em condições de baixa pressão demográfica e implica na diferenciação de, no mínimo, três unidades: roças de primeiro ciclo de plantio da mandioca, roças de segundo ciclo com mandioca que serão progressivamente enriquecidas com fruteiras (sistemas agroflorestais) e capoeira. Essa prática de agricultura de queima e pousio é fundamental para esse sistema, pois daí advém seu caráter sustentável e de invisibilidade diante do manejo do agronegócio no Brasil, onde a paisagem é marcada por extensas plantações de monocultura. A agricultura de coivara é destinada ao consumo familiar e à venda de produtos em pequena escala. A mandioca é o principal cultígeno e sua importância nesse sistema não se restringe ao tubérculo comestível, mas, além disso, abrange toda a espécie que a planta representa, ou seja, a sua variedade genética. Todos os sentidos das agricultoras estão voltados para a espécie, deixando o tubérculo em segundo lugar. Diante dessa concepção singular de produto agrícola, é notável a grande diversidade de mandioca cultivada nas roças indígenas. Revela-se, assim, um sistema marcado pela produção de variedades de plantas como um valor em si, uma vez que não há relação direta entre o uso de uma variedade de mandioca e determinado produto (farinha, beiju, mingau, caxiri, etc). Nesse sentido, outros valores, que divergem daqueles que marcam a agricultura ocidental, estão na base desse sistema. Na agricultura ocidental, há uma estreita relação entre o cultígeno e o seu produto final e ocorre uma busca pela homogeinezação e pela alta produtividade. Outro aspecto de divergência entre a agricultura ocidental e a elaborada pelos indígenas do Rio Negro é que para estes a produção dessa diversidade é um bem coletivo que, necessariamente, deve circular e estar na rede de trocas das etnias envolvidas, enquanto para aquela trata-se de uma propriedade privada e da criação de patentes, o que implica no pagamento de royalties.

21) **Ritual Yaokwa do povo indígna Enawene Nawe (Livro das Celebrações, 05.11.2010):** o Ritual Yaokwa é considerado a principal cerimônia do complexo calendário ritual dos Enawene Nawe, povo indígena de língua Aruak, cujo território tradicional e Terra Indígena estão localizados na região noroeste do estado de Mato Grosso. Com duração de sete meses, este ritual define o princípio do calendário anual Enawene, quando se dá a saída dos homens para a realização da maior de suas pescas - a pesca coletiva de barragem. O Ritual Yaokwa estende-se durante o período da seca, época marcada pelas interações com os temidos seres naturais do patamar subterrâneo, os Yakairiti. Na perspectiva nativa, estes seres estão condenados a viver com uma fome insaciável e precisam dos Enawene Nawe para satisfazer seu desejo voraz por sal vegetal, peixe e outros alimentos derivados do milho e da mandioca. Assim, os Enawene Nawe devem estabelecer uma relação de troca constante com esses espíritos para manter a ordem social e cósmica, trocas estas que ocorrem por meio de um complexo ciclo ritual que se distribui ao longo do ano. Para a realização deste ritual, o povo Enawene Nawe se divide entre os Harikare e os Yaokwa, em conformidade com os clãs que organizam sua sociedade. Os Harikare são os anfitriões, ou seja, os responsáveis pela organização do ritual e, como tais, permanecem na aldeia junto às mulheres, devendo preparar o sal vegetal, cuidar da lenha, acender o fogo e oferecer os alimentos, assim como limpar o pátio e os caminhos. Já os Yaokwa são os pescadores, que partem em expedições para acumular uma grande quantidade de peixe defumado e, assim, poder retornar para a aldeia e oferecer a pesca aos Yakairiti. O Ritual Yaokwa inicia-se em janeiro, com a colheita da mandioca e a coleta das matérias-primas, casca de árvore e cipó, para a construção do Mata - corpo central das armadilhas de pesca que deve ser acoplado às barragens a serem construídas nos rios. Neste período, realizam-se as primeiras oferendas de alimentos, cantos e danças aos Yakairiti. A pescaria do Ritual Yaokwa é organizada com a divisão da aldeia em nove grupos rituais de acordo com os clãs e com o conjunto de espíritos Yakairiti a que estão vinculados. Os pescadores, tendo removido os adornos que os identificam como humanos e se dividido em grupos, partem então para acampar às

margens de rios de médio porte: rio Joaquim Rios (Tinuliwina e Muxikiawina), tributário do rio Camararé; rio Arimena e rio Preto (Olowina e Adowina), tributários do rio Juruena e rio Nambikwara (Huyakawina), tributário do rio Doze de Outubro. O momento exato da partida é indicado, principalmente, pela floração da gramínea ohã (Gymnopogo foliosu) e pela fase lunar Tonaytiri. Estes sinais indicam o movimento migratório dos peixes das áreas alagáveis para as calhas dos rios, após a piracema. Chegando aos acampamentos, os pescadores dão início à construção da barragem de pesca, que deve seguir um procedimento rigoroso para evitar seu rompimento pela força da água. A pesca de barragem se baseia no mito de Dokoi, morto pelos peixes, cujo pai, Dataware, para vingar a morte do filho, arremessava paus nas águas dos rios, e esses se transformavam em barragens que passaram a funcionar como armadilha na captura dos peixes. A construção das barragens pelos Enawene Nawe os torna cúmplices dessa vingança. Nas barragens, a pesca dura dois meses e é orientada por homens mais velhos, conhecedores dos sinais emitidos pela natureza, que indicam cada etapa do rito. Em cada barragem, um ancião emissor de sopros e palavras poderosas, tendo o sal vegetal em mãos, volta-se para um dos pescadores, que representa os seres Yakairiti, oferece o sal como troca pelos peixes que os Yaokwa pretendem pescar com as armadilhas, e espera que esses seres conduzam os peixes até elas. O sal, então, é consumido, indicando que foi selada a parceria entre humanos e seres sobrenaturais. Com o estoque de peixes obtido, os pescadores se preparam para o retorno. No pátio da aldeia, eles representam os agressivos Yakairiti, enquanto os anfitriões representam os próprios Enawene Nawe, que os recepcionam aos pulos e gritos. Quando tudo parece se acalmar, as trocas iniciam-se: os pescadores entregam os peixes e recebem o sal vegetal e as bebidas de mandioca e de milho. Isto significa que a ira dos Yakairiti foi aplacada e que eles foram domesticados. Os anfitriões, em seguida, repõem nos pescadores os adornos retirados, humanizando-os. Os peixes e os alimentos vegetais então produzidos e acumulados irão abastecer os banquetes festivos que ocorrerão diariamente ao longo de mais alguns meses, em noites iluminadas por fogueiras e acompanhadas por cantos com flautas e danças. Orientado pela cosmologia Enawene e regulado pelos ciclos da natureza, o Ritual Yaokwa integra complexas relações de ordem simbólica e articula domínios distintos, porém indissociáveis e interdependentes da sociedade, da cultura e da natureza. Para que ele seja realizado, é necessário que se satisfaça um conjunto de elementos que estrutura, material e imaterialmente, performances específicas.

Estes elementos envolvem determinadas condições ambientais que garantem a obtenção dos produtos animais e vegetais necessários à execução do rito. Engloba também um repertório de tradições orais, danças, cantos, instrumentos e outros saberes tradicionais.

22) Festa de Sant'Ana de Caicó/RN (Livro das Celebrações, 10.12.2010): a Festa de Sant'Ana de Caicó, Rio Grande do Norte, é uma celebração tradicional que ocorre há mais de 260 anos e reúne diversos rituais religiosos, profanos e outras manifestações culturais da região do Seridó norte-rio-grandense. A Festa está profundamente enraizada na história de Caicó, em particular, e do sertão potiguar, em geral, remontando aos processos de formação da sociedade brasileira, ainda, no período da colonização portuguesa. Ocorre anualmente da quinta-feira anterior ao dia 26 de julho, dia de Sant'Ana, até o domingo subsequente. A Festa inclui também um "ciclo preparatório" que se inicia, geralmente, no mês de abril. Ao longo dos séculos foram alteradas as composições cerimoniais e, atualmente, os principais eventos que ocorrem nos dias festivos são: o "ciclo de preparação da Festa de Sant'Ana" que inclui as Peregrinações Rurais e Urbanas e seus rituais de missa e procissão, assim como o Encontro das Imagens e a Peregrinação a Sant'Ana "Caravana Ilton Pacheco"; abertura oficial da Festa marcada por caminhada solene, quando o estandarte de Sant'Ana é hasteado em mastro localizado em frente à Catedral; as programações sócio-culturais promovidas tanto pela paróquia quanto pelo governo e população em geral, entre os quais se incluem: Jantar e a Feirinha de Sant'Ana, Arrastão da Juventude, Marcha dos Idosos, Baile dos Coroas, a Festa da Juventude, eventos na Ilha de Sant'Ana, Festa do Reencontro, Festas dos Ex-alunos; as novenas, bênçãos, missas, demais ritos litúrgicos e expressões culturais a eles relacionadas, como o Ofício de Sant'Ana e o Hino de Sant'Ana; a Cavalgada e o Leilão de Sant'Ana, expressão de devoção dos vaqueiros e de rememoração; a Carreata de Sant'Ana, momento em que os motoristas, caminhoneiros, motoqueiros, ciclistas e pedestres seguem em cortejo para receber benção e acompanhar a novena em sua homenagem; a Missa Solene na qual ocorre também o fim da ornamentação do andor; o momento do "beIJa" que ocorre antes e depois da Procissão Solene; a Procissão de encerramento da Festa de Sant'Ana quando o andor circula pela cidade. Além das celebrações, os dias da Festa incorporam muitas outras manifestações culturais que contribuem para a construção das identidades e para a expressão deste complexo cultural. Desta forma, destacam-se também: os ofícios e modos de produção tradicionais das "comidas" do Seridó potiguar e dos muitos artesanatos sertanejos como, por exemplo, os bordados do Seridó; os diversos lugares significativos para a história e a identidade seridoense em geral e caicoense em particular como, por exemplo, o Poço de Sant'Ana; as músicas e bandas, os Hinos, os poemas, o "Beija" e demais formas de expressão do sertão norte-rio-grandense. A Festa de Sant'Ana de Caicó/RN, constantemente ressignificada, se transforma também em ponto de convergência para a população de todo o Seridó, para migrantes, para turistas e para muitos que através dela reforçam seus sentimentos de pertencimento e de identidade. Este evento demarca um tempo e um espaço de sociabilidade no qual o sagrado e o profano se entrelaçam e se misturaram também a outras expressões culturais da região. Além de uma celebração representativa para este município, permite vislumbrar a diversidade das manifestações culturais e possibilita a compreensão abrangente de todo o Seridó potiguar. Assim, o espaço sagrado, as expressões narrativas, os atores sociais envolvidos e a tradição festiva são elementos que permitem manter a continuidade entre passado e presente.

23) **Complexo Cultural do Bumba-meu-boi do Maranhão (Livro das Celebrações, 30.08.2011):** o Bumba-meu-boi é uma festa tradicional em que a figura do boi é o elemento central, porém reúne diversas outras manifestações culturais e assim se configura como um vasto "complexo cultural". Muitas vezes definido como um folguedo popular, o Bumba-meu-boi extrapola o aspecto lúdico da brincadeira para fazer sentido como uma grande celebração em cujo centro gravitacional encontram-se o boi, o seu ciclo vital e o universo místico-religioso. Profundamente enraizado no cristianismo e, em especial, no catolicismo popular, o Bumba-meu-boi envolve a devoção aos santos juninos São João, São Pedro e São Marçal, que mobilizam promessas e marcam algumas datas comemorativas. Contudo, os cultos religiosos afrobrasileiros do Maranhão, como o Tambor de Mina e o Terecô, também estão presentes nessa celebração, uma vez que ocorre o sincretismo entre os santos juninos e os orixás, voduns e encantados que requisitam um boi como obrigação espiritual. O Bumba-meu-boi é vivenciado pelos brincantes ao longo de todo o ano. As apresentações dos Bois ocorrem em todo o estado do Maranhão e concentram-se durante os festejos juninos. Seu ciclo festivo e de apresentações pode ser apreendido em quatro etapas: os ensaios, o batismo do boi, as apresentações e a morte. O Bumba-meu-boi do Maranhão comporta diversos estilos de brincar - chamados de sotaques - sem que, contudo, se tornem manifestações distintas. Em

geral, dividem-se os sotaques em cinco: Baixada, Matraca, Zabumba, Costa-de-mão, Orquestra; contudo, estes estilos não são os únicos e existem ainda muitas variações, assim como Bois alternativos. Alguns aspectos intrinsecamente relacionados à celebração são o boi, a festa, os rituais, a devoção aos santos associados à manifestação, as músicas, as danças, as performances dramáticas, os personagens, os artesanatos e demais ofícios, os instrumentos, os diversos estilos (sotaques) de brincar o Bumba-meu-boi e o caráter lúdico. Assim, esta celebração articula várias formas de expressão e saberes. O Bumba-meu-boi é uma manifestação com grande capacidade de mobilização social, que reforça laços de solidariedade entre os brincantes e, consequentemente, contribui na (re)construção identitária.

24) **Ritxòkò: Expressão Artística e Cosmológica do Povo Karajá (Livro das Formas de Expressão, 25.01.2012):** as Ritxòkò - Expressão Artística e Cosmológica do Povo Karajá - são uma referência cultural significativa para o povo Karajá e representam, muitas vezes, a única ou a mais importante fonte de renda das famílias. Atualmente, a confecção dessas figuras de cerâmica, denominadas na língua nativa de ritxòkò (na ala feminina) e/ou ritxòò (na ala masculina), é uma atividade exclusiva das mulheres e envolve técnicas e modos de fazer considerados tradicionais e transmitidos de geração em geração. As bonecas Karajá condensam e expressam importantes aspectos da identidade do grupo, além de simbolizar diferentes planos da sua sóciocosmologia. Mais do que objetos meramente lúdicos, as ritxòkòs são consideradas representações culturais que comportam significados sociais profundos, por meio dos quais se reproduz o ordenamento sócio-cultural e familiar dos Karajá. Com motivos rituais, mitológicos, da vida cotidiana e da fauna, as bonecas Karajá são importantes instrumentos de socialização das crianças que, brincando, se vêem nesses objetos e aprendem a ser Karajá. A pintura e a decoração das cerâmicas estão associadas, respectivamente, à pintura corporal dos Karajá e às peças de vestuário e adorno consideradas tradicionais. Indicativos de categorias de gênero, idade e estatuto social, a pintura e os adereços complementam a representação figurativa das bonecas, que identificam então "o Karajá" homem ou mulher, solteiro ou casado, com todos os atributos que "a cultura" cria para distinguir convencionalmente essas categorias. O processo (criativo) de produção das ritxòkò ocorre por meio de um jogo de elaboração e variação de formas e conteúdos determinado por uma série de fatores, como a experiência, a habilidade técnica e a preferência estética da ceramista pela combinação dos motivos

temáticos e dos diversos padrões de grafismo aplicados, a função do objeto, o acesso às matérias-primas e a disponibilidade de recursos financeiros para a compra de materiais, a exigência do mercado interno e/ou externo às aldeias, entre outros.

25) Saberes e Práticas Associados ao modo de fazer Bonecas Karajá (Livro dos Saberes, 25.01.2012): os Saberes e Práticas Associados ao modo de fazer Bonecas Karajá são uma referência cultural significativa para o povo Karajá e representam, muitas vezes, a única ou a mais importante fonte de renda das famílias. Atualmente, a confecção dessas figuras de cerâmica, denominadas na língua nativa de ritxòkò (na ala feminina) e/ou ritxòò (na ala masculina), é uma atividade exclusiva das mulheres e envolve técnicas e modos de fazer considerados tradicionais e transmitidos de geração em geração. O processo de confecção envolve o uso de três matérias-primas básicas: a argila ou o barro – suù, que é a matéria-prima principal; a cinza – que funciona como antiplástico; a água utilizada para umedecer a mistura proveniente do barro e da cinza. Apesar de guardar algumas especificidades conforme as aldeias de Santa Isabel do Morro ou de Buridina, pode-se dizer que o modo de fazer ritxòkò consiste, basicamente, nas seguintes etapas: 1) extração do barro; 2) preparação do barro; 3) modelagem das figuras; 4) queima; 5) pintura. A pintura e a decoração das cerâmicas estão associadas, respectivamente, à pintura corporal dos Karajá e às peças de vestuário e adorno consideradas tradicionais. Indicativos de categorias de gênero, idade e estatuto social, a pintura e os adereços complementam a representação figurativa das bonecas, que identificam então "o Karajá" homem ou mulher, solteiro ou casado, com todos os atributos que "a cultura" cria para distinguir convencionalmente essas categorias. O processo (criativo) de produção das ritxòkò ocorre por meio de um jogo de elaboração e variação de formas e conteúdos determinado por uma série de fatores, como a experiência, a habilidade técnica e a preferência estética da ceramista pela combinação dos motivos temáticos e dos diversos padrões de grafismo aplicados, a função do objeto, o acesso às matérias-primas e a disponibilidade de recursos financeiros para a compra de materiais, a exigência do mercado interno e/ou externo às aldeias, entre outros.

26) Fandango Caiçara (Livro das Formas de Expressão, 29.11.2012): o Fandango Caiçara é uma expressão musical-coreográfica-poética e festiva, cuja área de ocorrência abrange o litoral sul do estado de São Paulo e o litoral norte do estado do Paraná. Essa forma de expressão possui uma estrutura bastante complexa e se define em um conjunto de práticas que perpassam o trabalho, o divertimento, a religiosidade, a música e a dança, prestígios e rivalidades, saberes e fazeres. O Fandango Caiçara se classifica em batido e bailado ou valsado, cujas diferenças se definem pelos instrumentos utilizados, pela estrutura musical, pelos versos e toques. Nos bailes, como são conhecidos os encontros onde há Fandango, se estabelecem redes de trocas e diálogos entre gerações, intercâmbio de instrumentos, afinações, modas e passos viabilizando a manutenção da memória e da prática das diferentes músicas e danças. O Fandango Caiçara é uma forma de expressão profundamente enraizada no cotidiano das comunidades caiçaras, um espaço de reiteração de sua identidade e determinante dos padrões de sociabilidade local.

27) **Festa do Divino Espírito Santo de Paraty/RJ (Livro das Celebrações, 03.04.2013):** a celebração do Espírito Santo é uma manifestação cultural e religiosa, de origem portuguesa, disseminada no período da colonização e ainda hoje presente em todas as Regiões do Brasil, com variações em torno de uma estrutura básica: a Folia, a Coroação de um imperador, e o Império do Divino, símbolos principais do ritual. A esta estrutura básica, a Festa do Divino de Paraty vêm incorporando outros ritos e representações que agregam elementos próprios e específicos relacionados à história e à formação de sua sociedade. O conhecimento produzido para a instrução do processo permitiu identificar os elementos constitutivos deste bem cultural, desde sua origem até sua expressão contemporânea, cuja síntese é a seguinte: A Festa do Divino Espírito Santo de Paraty, Rio Janeiro, é uma celebração profundamente enraizada no cotidiano dos moradores daquela cidade, um espaço de reiteração de sua identidade e determinante dos padrões de sociabilidade local. Constituída por vários rituais religiosos e expressões culturais, a Festa se realiza a cada ano, iniciando no Domingo de Páscoa, com o levantamento do mastro, e suas manifestações e rituais ocorrem ao longo da semana que antecede o Domingo de Pentecostes, principal dia da festa. A celebração propicia momentos importantes, símbolos de caridade e de colaboração entre a comunidade, como o almoço do Divino, a distribuição de carne abençoada e de doces.

28) **Festa do Senhor Bom Jesus do Bonfim (Livro das Celebrações, 05.06.2013):** é uma celebração tradicional que ocorre desde o século XVIII. Sua origem remonta à Idade Média, na península ibérica e tem fundamento na devoção ao Senhor Bom Jesus, ou Cristo Crucificado. Esta celebração integra o calendário litúrgico e o ciclo de Festas de Largo da cidade de Salvador, e é realizada anualmente,

sem interrupção, desde o ano de 1745. A Festa reúne ritos e representações religiosos, além de manifestações profanas e de conteúdo cultural, durante onze dias do mês de janeiro, iniciando-se um dia após a Epifania, ou do Dia de Reis. O conhecimento produzido para a instrução do processo permitiu identificar os elementos constitutivos deste bem cultural, desde sua origem até sua expressão contemporânea, cuja síntese é a seguinte: a Festa do Senhor Bom Jesus do Bonfim é uma celebração que articula duas matrizes religiosas distintas, a católica e a afrobrasileira, assim como incorpora diversas expressões da cultura e da vida social soteropolitana. Está profundamente enraizada no cotidiano dos habitantes de Salvador, é constituidora da identidade brasileira e manifestação com grande capacidade de mobilização social. Os elementos estruturais da Festa, por ordem de ocorrência, são os seguintes: as Novenas e Missas, como elementos estruturantes da liturgia, iniciam-se um dia após o Dia de Reis e terminam no sábado, véspera do Dia do Senhor do Bonfim; o Cortejo, um percurso de oito quilômetros que se forma na Igreja de Nossa Senhora da Conceição da Praia, na Cidade Baixa, e culmina com a Lavagem da Igreja do Bonfim. Ocorre na quinta-feira anterior ao domingo e é o ponto de destaque da festa; a Lavagem das escadarias e do adro da Igreja de Nosso Senhor do Bonfim, propriamente dita, é realizada por baianas e filhas de Santo como missão familiar e religiosa. Com suas "quartinhas" com flores e água de cheiro, elas reverenciam o orixá Oxalá e abençoam os devotos; os Ternos de Reis, que se apresentam após o encerramento da última novena, no sábado à noite, em frente à Igreja do Bonfim; a Missa Campal, de caráter solene, no adro da Igreja do Bonfim, representando o ápice dos eventos litúrgicos e o encerramento da parte religiosa desta celebração. É realizada no segundo domingo após a Epifania e a Procissão dos Três Desejos com a presença da imagem peregrina do Senhor do Bonfim, esta última incorporada mais recentemente ao conjunto ritualístico da Festa. Além destas, há outro bens, expressões e rituais agregados e também constitutivos da Festa do Bonfim, como: os Afoxés e grupos musicais que acompanham o Cortejo; os grupos de Capoeira que se apresentam espontaneamente ao longo do percurso e no Largo do Bonfim; os grupos de Bumba-meu-Boi; os Mascarados e a Burrinha; as carroças enfeitadas, puxadas por jegues, que inicialmente levavam a água usada na Lavagem; os rituais que envolvem a Medida do Senhor do Bonfim, fitas de tecido que são amarradas no pulso ou no gradil da Igreja; o cumprimento de promessas por parte dos devotos, as romarias e o depósito de ex-votos em dependência da Basílica. A Festa se completa com as rodas de samba na praça e nas barracas que se distribuem ao longo do percurso e no entorno da Igreja.

1.5.3 Livros de registro de bens imateriais: assim como o tombamento, o registro é agrupado por categoria e classificado em livros (art. 1º, § 1º, Decreto n. 3551/2000):

a) Livro de registro dos saberes para inscrição dos conhecimentos e modos de fazer enraizados no cotidiano das comunidades;

b) Livro de registro de celebrações para inscrição dos rituais e festas que marcam vivência coletiva, religiosidade, entretenimento e outras práticas da vida social;

c) Livro de Registro das formas de expressão para as manifestações artísticas em geral (manifestações literárias, musicais, plásticas, cênicas e lúdicas); e

d) Livro de Registro dos lugares para mercados, feiras, santuários, praças nas quais se concentram ou reproduzem práticas culturais coletivas.

1.5.4 Legitimados a provocar a instauração do processo de registro (art. 2º, Decreto n. 3.551/2000):

a) o Ministro de Estado da Cultura;

b) Instituições vinculadas ao Ministério da Cultura;

c) Secretarias de Estado, de Município e do Distrito Federal;

d) Sociedades ou associações civis.

▶ **Observação:** pessoas naturais não possuem legitimidade para provocar a instauração do processo de registro.

→ **Aplicação em concurso:**

- **(Promotor de Justiça de Roraima – Cespe – 2017)** Determinada pessoa física apresentou proposta para registro de manifestação musical no livro de registro de forma de expressão, e determinada associação civil, constituída havia seis meses, apresentou proposta para registro de uma praça no livro de registro de lugares. As propostas foram dirigidas ao presidente do IPHAN. Com base no que determina o Decreto n.º 3.551/2000, nas situações apresentadas, o presidente do IPHAN deverá

A) indeferir as duas propostas de registro, por terem sido apresentadas por partes ilegítimas.

B) submeter somente a proposta de registro proveniente da associação civil — parte legítima — ao Conselho Consultivo do Patrimônio Cultural.

C) encaminhar as duas propostas ao ministro de estado da Cultura, autoridade responsável para instruir e deliberar sobre elas.

D) submeter somente a proposta de registro proveniente da pessoa física — parte legítima — ao Conselho Consultivo do Patrimônio Cultural.

Letra B.

- **(Procurador do Estado do Paraná – PUC/PR – 2015)** No Direito brasileiro, ao lado dos bens culturais materiais, são também protegidos bens culturais imateriais. Recentemente, a Roda de Capoeira foi reconhecida como integrante do patrimônio imaterial da humanidade. De interesse regional, foi reconhecido como integrante do patrimônio cultural imaterial nacional o Fandango Caiçara, uma expressão musical-coreográfica-poética e festiva, cuja área de ocorrência abrange o litoral sul do Estado de São Paulo e o litoral norte do Estado do Paraná. Sobre a proteção jurídica do patrimônio cultural, assinale a afirmativa **CORRETA**.

A) Na ausência de leis federais regulamentando genericamente a proteção ao patrimônio cultural imaterial, aos Estados incumbirá o exercício da competência legislativa plena nessa matéria, voltado ao atendimento de suas peculiaridades.

B) Os Estados, por deterem a titularidade da propriedade sobre sítios arqueológicos e pré-históricos, poderão definir o regime jurídico da proteção a ser dada a essa modalidade de patrimônio cultural.

C) A Lei do Tombamento (Decreto-lei n. 25/1937), além da proteção do patrimônio histórico e artístico manifestado por bens móveis e imóveis, também se volta à proteção dos bens de natureza imaterial por meio do estabelecimento de procedimento próprio, denominado Registro de Bens Culturais de Natureza Imaterial.

D) A Constituição de 1988, embora tenha avançado significativamente na proteção do patrimônio cultural, deixou de contemplar a proteção dos bens de natureza imaterial.

E) Embora possam realizar o tombamento de bens móveis e imóveis de valor histórico, paisagístico e cultural, aos Estados é vedado implementar instrumentos próprios para proteção de bens de natureza imaterial em complementação às normas gerais expedidas pela União.

Letra A.

1.5.5 O Conselho Consultivo do Patrimônio Cultural:

a) O Conselho Consultivo do Patrimônio Cultural é um órgão vinculado ao IPHAN, cuja composição está regrada no Decreto n. 9.238, de 15 de dezembro de 2017.

b) **Papel do Conselho:** as propostas para registro, acompanhadas de sua documentação técnica, serão dirigidas ao Presidente do Instituto do Patrimônio Histórico e Artístico Nacional – IPHAN, que as submeterá ao Conselho Consultivo do Patrimônio Cultural. Quando ultimada a instrução do processo de registro, o IPHAN emitirá parecer acerca da proposta de registro e enviará o processo ao Conselho Consultivo do Patrimônio Cultural, para deliberação e decisão. Em caso de decisão favorável do Conselho Consultivo do Patrimônio Cultural, o bem será inscrito no livro correspondente e receberá o título de "Patrimônio Cultural do Brasil".

1.5.6 Reavaliação dos bens culturais registrados: o IPHAN fará a reavaliação dos bens culturais registrados, pelo menos a cada 10 (dez) anos, encaminhando ao Conselho Consultivo do Patrimônio Cultural para decidir sobre a revalidação do título de "Patrimônio Cultural do Brasil".

▶ **RESUMO:**

a) *Tombamento* (Decreto-Lei n. 25/1937) → pode atingir bens públicos e privados; móveis e imóveis; e bens materiais.

b) *Registro* (Decreto n. 3.551/2000) → atinge bens imateriais.

▶ **OBSERVAÇÃO:** como visto acima, *segundo parte da doutrina, os bens imateriais podem ser objeto de tombamento*. No concurso para provimento do cargo de Juiz Federal da 5ª Região realizado pelo Cespe/UnB 2007, admitiu-se que "os modos de criar e de fazer enraizados no cotidiano de comunidades" (patrimônio imaterial) deveriam ser protegidos por meio do registro. No concurso para o cargo de Procurador do Estado do Piauí, realizado pela mesma instituição em 2008, a banca admitiu como resposta correta que o tombamento pode incidir sobre bem imaterial – conferir questões abaixo.

→ **Aplicação em concurso:**

- **(Magistratura Federal da 5ª Região – Cespe/UnB – 2007)** Os modos de criar e de fazer enraizados no cotidiano de comunidades, tais como técnicas tradicionais de construção naval, integram o patrimônio cultural brasileiro, sendo meio idôneo para a sua proteção o registro.

  A assertiva foi considerada correta.

- **(Procurador do Estado do Piauí – Cespe/UnB – 2008)** Uma das formas de proteção do patrimônio histórico, artístico e cultural, o tombamento
  A) não pode atingir bens públicos.
  B) só pode atingir bens imóveis.

C) pode atingir bens materiais e imateriais.

D) pode atingir obras de origem estrangeira que sejam trazidas para exposições comemorativas, educativas ou comerciais.

E) pode atingir obras de origem estrangeira que pertençam às representações diplomáticas ou consulares acreditadas no país.

Letra C, segundo a banca. Como dissemos, há controvérsia na doutrina quanto a que instituto é o adequado para proteger bens imateriais, se o registro (nossa posição) ou se o tombamento. A questão deveria ter sido anulada por ausência de assertiva correta.

- **(Procurador da República – 24º concurso)** O Samba de Roda do Recôncavo Baiano é uma manifestação artística típica da cultura popular. Qual a natureza desse bem e qual o seu registro:

a) Bem imaterial e Livro de Registro das formas de expressão.

b) Bem imaterial e Livro de Registro dos saberes.

c) Bem material e Livro de Registro dos lugares.

d) Bem material e Livro do Tombo das artes aplicadas.

Letra A

- **(Promotor de Justiça de Minas Gerais – 2010 – adaptada)** O tombamento é instrumento constitucional mais eficaz para a preservação do patrimônio cultural, protegendo indistintamente bens móveis, imóveis e imateriais.

A assertiva foi considerada incorreta.

CAPÍTULO II
DO TOMBAMENTO

Art. 4º O Serviço do Patrimônio Histórico e Artístico Nacional **possuirá quatro Livros** do **Tombo**, nos quais serão **inscritas** as obras a que se **refere** o **art. 1º** desta lei, a saber:

1) no Livro do Tombo Arqueológico, Etnográfico e Paisagístico, as coisas pertencentes às categorias de arte arqueológica, etnográfica, ameríndia e popular, e bem assim as mencionadas no § 2º do citado art. 1º.

2) no Livro do Tombo Histórico, as coisas de interesse histórico e as obras de arte histórica;

3) no Livro do Tombo das Belas Artes, as coisas de arte erudita, nacional ou estrangeira;

4) no Livro do Tombo das Artes Aplicadas, as obras que se incluírem na categoria das artes aplicadas, nacionais ou estrangeiras.

Decreto-Lei nº 25, de 30 de novembro de 1937 — Art. 4º

§ 1º Cada um dos Livros do Tombo poderá ter vários volumes.

§ 2º Os bens, que se incluem nas categorias enumeradas nas alíneas 1, 2, 3 e 4 do presente artigo, serão definidos e especificados no regulamento que for expedido para execução da presente lei.

1. **Serviço do Patrimônio Histórico e Artístico Nacional (SPHAN):** a Lei n. 378, de 13 de janeiro de 1937, que dispunha sobre a organização do Ministério da Educação e da Saúde Pública, foi a responsável pela criação do SPHAN. De acordo com seu art. 46, o Serviço do Patrimônio Histórico e Artístico Nacional teria a finalidade de promover, em todo o país e de modo permanente, o tombamento, a conservação, o enriquecimento e o conhecimento do patrimônio histórico e artístico nacional. A Lei realizou ainda a extinção do Conselho Nacional de Belas Artes, cujas funções passariam a ser exercidas pelo SPHAN e pelo Museu Nacional de Belas Artes, consoante determinação de seu art. 130.

   1.1 Cronologia: do SPHAN ao IPHAN.

   a) A Lei n. 378, de 13 de janeiro de 1937, criou o Serviço de Patrimônio Histórico e Artístico Nacional (SPHAN);

   b) Em 30 de novembro de 1937, o Decreto-Lei n. 25 regulou a proteção do patrimônio histórico e artístico nacional;

   c) Em 12 de abril de 1990, a Lei n. 8029, determinou que o Instituto Brasileiro do Patrimônio Cultural (IBPC) sucedesse o Serviço do Patrimônio Histórico e Artístico Nacional – SPHAN, nas competências previstas no Decreto-Lei n. 25, de 30 de novembro de 1937, no Decreto-Lei n. 3.866, de 29 de novembro de 1941, na Lei n. 4.845, de 19 de novembro de 1965 e na Lei n. 3.924, de 26 de julho de 1961. De acordo com o 2º, II, da Lei n. 8.029/90, o Instituto Brasileiro do Patrimônio Cultural – IBPC, ao qual serão transferidos as competências, o acervo e as receitas e dotações orçamentárias da Secretaria do Patrimônio Histórico e Artístico Nacional – SPHAN, bem como o acervo, as receitas e dotação orçamentária da Fundação a que se refere a alínea d do inciso II do art. 1º, tem por finalidade a promoção e proteção do patrimônio cultural brasileiro nos termos da Constituição Federal, especialmente em seu art. 216;

   d) A Lei n. 8.113, de 12 de dezembro de 1990, atribui a condição de autarquia ao Instituto Brasileiro do Patrimônio Cultural (IBPC);

   e) Em 6 de dezembro de 1994, o art. 6º da Medida Provisória n. 752 transformou o IBPC em Instituto do Patrimônio Histórico e Artístico

Nacional (IPHAN) e o Instituto Brasileiro de Arte e Cultura – IBAC em Fundação de Artes – FUNARTE. Essa medida provisória foi convertida posteriormente na Lei n. 9.649, de 27 de maio de 1998;

f) Em 4 de agosto de 2000, o Decreto n. 3.551 institui o Registro de Bens Culturais de Natureza Imaterial.

g) O Decreto n. 6.844, de 7 de maio de 2009, regulou a natureza, finalidade e estrutura do IPHAN. O art. 1º do referido Decreto revela que o Instituto do Patrimônio Histórico e Artístico Nacional – IPHAN, autarquia federal constituída pela Lei no 8.113, de 12 de dezembro de 1990, e pelo Decreto no 99.492, de 3 de setembro de 1990, com base na Lei no 8.029, de 12 de abril de 1990, vinculada ao Ministério da Cultura, tem sede e foro em Brasília, Distrito Federal, "jurisdição" (sic) administrativa em todo o território nacional, e prazo de duração indeterminado.

h) O Decreto n. 9.238, de 15 de dezembro de 2017 revogou o Decreto n. 6.844/2009, o Decreto n. 8.005/2013 e o Decreto n. 8.436/2015.

▶ **IMPORTANTE:** o Decreto-Lei n. 25/1937 não passou por alteração legislativa expressa quanto à denominação do SPHAN. Em todas as passagens do texto em que se faz menção ao SPHAN, devemos ler e entender como fazendo referência ao IPHAN.

2. **Instituto do Patrimônio Histórico e Artístico Nacional (IPHAN):** é uma autarquia federal, vinculada ao Ministério da Cultura e responsável pela preservação do acervo cultural, histórico do país. Observe que, na atualidade, o IPHAN é vinculado ao Ministério da Cultura e não mais ao Ministério da Educação e Saúde, como previa a Lei n. 378, de 13 de janeiro de 1937 para o antigo SPHAN. Assim, como destacado acima, realizando uma interpretação adaptativa (evolutiva), em todas as passagens do Decreto-Lei n. 25/1937 em que se menciona Serviço do Patrimônio Histórico e Artístico Nacional (SPHAN) devemos ler como sendo referentes ao atual Instituto do Patrimônio Histórico e Artístico Nacional (IPHAN).

3. **Finalidade institucional do IPHAN:** o art. 2º do Decreto n. 9.238/2017 lista as finalidades institucionais do Instituto, ao assim prescrever:

> Art. 2º O IPHAN tem por finalidade:
>
> I - preservar o patrimônio cultural do País, nos termos do art. 216 da Constituição;

II - coordenar a implementação e a avaliação da Política Nacional de Patrimônio Cultural, de acordo com as diretrizes definidas em ato do Ministro de Estado da Cultura;

III - promover a identificação, o reconhecimento, o cadastramento, o tombamento e o registro do patrimônio cultural do País;

IV - promover a salvaguarda e a conservação do patrimônio cultural acautelado pela União;

V - promover a difusão do patrimônio cultural do País, com vistas à preservação, à salvaguarda e à apropriação social;

VI - promover a educação, a pesquisa e a formação de pessoal qualificado para a gestão, a preservação e a salvaguarda do patrimônio cultural;

VII - elaborar as diretrizes, as normas e os procedimentos para a preservação do patrimônio cultural acautelado pela União, de forma a buscar o compartilhamento de responsabilidades entre os entes federativos e a comunidade;

VIII - fiscalizar e monitorar o patrimônio cultural acautelado pela União e exercer o poder de polícia administrativa nos casos previstos em lei;

IX - manifestar-se, quando provocado, no âmbito do processo de licenciamento ambiental federal, estadual, distrital e municipal quanto à avaliação de impacto e à proteção dos bens culturais acautelados em âmbito federal e à adequação das propostas de medidas de controle, mitigação e compensação; e

X - fortalecer a cooperação nacional e internacional no âmbito do patrimônio cultural.

4. **Estrutura organizacional do IPHAN:** o art. 3º do Decreto n. 9.238/2017, disciplina a estrutura organizacional e composição do órgão:

Art. 3º O IPHAN tem a seguinte estrutura organizacional:

I - órgãos colegiados:

a) Diretoria Colegiada;

b) Conselho Consultivo do Patrimônio Cultural; e

c) Comitê Gestor;

II - órgãos de assistência direta e imediata ao Presidente do Instituto do Patrimônio Histórico e Artístico Nacional:

a) Gabinete; e

b) Coordenação-Geral de Licenciamento Ambiental;

III - órgãos seccionais:

a) Procuradoria Federal;

b) Auditoria Interna; e

c) Departamento de Planejamento e Administração;

IV - órgãos específicos singulares:

a) Departamento de Patrimônio Material e Fiscalização;

b) Departamento de Patrimônio Imaterial;

c) Departamento de Cooperação e Fomento; e

d) Departamento de Projetos Especiais;

V - órgãos descentralizados:

a) Superintendências; e

b) Unidades Especiais:

1. Centro Nacional de Folclore e Cultura Popular;

2. Centro Nacional de Arqueologia;

3. Centro Cultural Sítio Roberto Burle Marx;

4. Centro Cultural do Patrimônio - Paço Imperial;

5. Centro Lucio Costa; e

6. Centro de Documentação do Patrimônio.

5. **Livros do Tombo:** a inscrição no livro do Tombo dependerá da natureza do bem (se de valor histórico, artístico, arqueológico). Assim, no Livro do Tombo Arqueológico, Etnográfico e Paisagístico, serão tombados os bens pertencentes às categorias de arte arqueológica, etnográfica, ameríndia[45] e popular, assim como as mencionadas no § 2º do citado art. 1º. No Livro do Tombo Histórico, serão registrados os bens de interesse histórico e as obras de arte histórica; no Livro do Tombo das Belas Artes, as coisas de arte erudita, nacional ou estrangeira e no Livro do Tombo das Artes Aplicadas, as obras que se incluírem na categoria das artes aplicadas, nacionais ou estrangeiras.

---

45. Extrai-se do Dicionário eletrônico Houaiss da língua portuguesa a definição do termo: denominação dada ao indígena americano, para distingui-lo do asiático; diz-se de ou uma das línguas indígenas nativas do continente americano, que são classificadas em grandes grupos denominados filos.

Decreto-Lei nº 25, de 30 de novembro de 1937 — Art. 4º

▶ **QUADRO COMPARATIVO:**

Livros do Tombo	Livros de Registro
1. Arqueológico, etnográfico e paisagístico 2. Histórico 3. Belas artes 4. Das artes aplicadas	1. Livro de registro dos saberes 2. Livro de registro de celebrações 3. Livro de registro das formas de expressão 4. Livro de registro dos lugares

→ **Aplicação em concurso:**

- **(Procurador do Município de Saquarema/RJ – CEPERJ – 2015)** De acordo com o DL nº 25/37 que rege o tombamento no Livro do Tombo das Belas Artes serão inscritas as coisas de arte:

    A) histórica

    B) etnográfica

    C) erudita

    D) ameríndia

    E) arqueológica

    Letra C.

- **(Técnico Nível Superior Jurídico – IPAC/BA – Consultec – 2013)** Sobre cultura e preservação do patrimônio histórico, identifique com V as afirmativas verdadeiras e com F, as falsas.

    ( ) Segundo a Carta Magna Brasileira (1988), o Poder Público, com a colaboração da comunidade, promoverá e protegerá o Patrimônio cultural, por meio de inventários, registros, vigilância, tombamento e desapropriação, entre outros.

    ( ) O patrimônio material protegido pelo IPHAN é composto por um conjunto de bens culturais classificados segundo sua natureza nos quatro Livros do Tombo.

    ( ) Os quatro Livros de Tombo são arqueológico, paisagístico, etnográfico, histórico e das artes aplicadas.

    ( ) A cultura representa um complexo que inclui conhecimento, crenças, arte, conceitos morais, leis, costumes e outras aptidões e hábitos adquiridos pelo homem como membro da sociedade e solidificados pelos meios de comunicação midiática.

    ( ) As manifestações culturais mais recorrentes no Brasil são o Carnaval, o Candomblé, as Olimpíadas, o Samba, a Copa do Mundo, entre outras.

    A alternativa que contém a sequência correta, de cima para baixo, é a

A) V F F F V
B) V V F F F
C) F F V V V
D) F V V V F
E) V V V V V
Letra B

Art. 5º O **tombamento** dos **bens pertencentes** à **União**, aos **Estados** e aos **Municípios** se fará de **ofício**, por ordem do diretor do Serviço do Patrimônio Histórico e Artístico Nacional, mas **deverá** ser **notificado** à entidade a quem pertencer, ou sob cuja guarda estiver a coisa tombada, a fim de produzir os necessários efeitos.

1. **Modalidades de tombamento:** as modalidades de tombamento são tratadas do art. 5º ao 10 do Decreto-Lei n. 25/1937.

   1.1 Quanto à constituição o tombamento pode ser de ofício (art. 5º), voluntário (arts. 6º e 7º) ou compulsório (arts. 6º, 8º e 9º).

   1.2 Quando à eficácia o tombamento pode ser provisório (art. 10) ou definitivo (arts. 10 e 13).

   1.3 Quanto aos destinatários o tombamento pode ser individual ou geral (coletivo).

   ▶ **OBSERVAÇÃO:** importante consignar que, segundo o Superior Tribunal de Justiça, "quanto à natureza das obrigações que do ato decorrem, inexiste distinção entre tombamento individualizado e global (também chamado geral ou de conjunto)" (REsp 1359534/MA, Rel. Ministro Herman Benjamin, Segunda Turma, julgado em 20/02/2014, DJe 24/10/2016). Além do mais, não é necessário que o tombamento geral (como no caso analisado, que envolva o tombamento geral da cidade de Tiradentes), tenha procedimento para individualizar cada bem tombado (art. 1º do Decreto-Lei n. 25/37), pois as restrições do art. 17 desse diploma legal se aplicam a todos os que tenham imóvel na área tombada. Considera-se que havendo tombamento geral de cidade protegida como patrimônio de importância histórico-cultural, aplicam-se as restrições do art. 17 do DL n. 25/1937 a todos os proprietários de imóvel na área tombada - REsp 1.098.640/MG, Rel. Ministro Humberto Martins, Segunda Turma, julgado em 09/06/2009, DJe 25/06/2009).

2. **Tombamento de ofício:** o tombamento de ofício é aquele que incide sobre bens públicos pertencentes aos entes federativos (União, Estados,

Municípios e Distrito Federal). Esta modalidade de tombamento se dará por intermédio de ordem do diretor do Instituto do Patrimônio Histórico e Artístico Nacional (IPHAN), antecedida de notificação à entidade a quem pertencer o bem, ou sob cuja guarda estiver a coisa tombada, a fim de produzir os necessários efeitos.

→ **Aplicação em concurso:**

- **(Magistratura do Distrito Federal – 2008)** O procedimento do tombamento de bem público pode ser:

    A) voluntário;

    B) compulsório;

    C) de ofício;

    D) voluntário, compulsório ou de ofício.

    Letra C

- **(Cartorário/RJ – CETRO – 2012 – desmembrada)** O tombamento dos bens pertencentes à União, aos Estados e aos Municípios se fará de ofício.

    Assertiva correta.

- **(Analista de Controle – TCE/PR – FCC – 2011 – desmembrada)** O tombamento de bens de valor histórico ou artístico é sempre compulsório, ou de ofício, quando se tratar de bem privado e voluntário quando se tratar de bem público.

    Assertiva incorreta.

- **(Magistratura do Piauí – Cespe – 2012 – desmembrada)** O tombamento pode ser voluntário ou compulsório, provisório ou definitivo, conforme a manifestação da vontade ou a eficácia do ato.

    Assertiva correta.

- **(Magistratura Federal da 4ª Região – 2012 – desmembrada)** O tombamento de bens públicos realizado pelo órgão federal competente processa-se mediante simples notificação à entidade a quem pertencer ou sob cuja guarda estiver a coisa tombada, produzindo, a partir de então, os respectivos efeitos.

    Assertiva correta.

- **(Promotor de Justiça de Minas Gerais – 2011 – desmembrada)** O tombamento tanto pode acarretar uma restrição individual quanto uma restrição geral.

    Assertiva correta.

Art. 6º

- **(Procurador do Município de Belo Horizonte – Cespe – 2017 – desmembrada)** O rito de tombamento de ofício inicia-se com manifestação do IPHAN, órgão vinculado ao Ministério da Cultura.

    Assertiva incorreta.

- **(Procurador da República – 2013 – desmembrada)** O ordenamento jurídico prevê a possibilidade de proteção dos bens culturais de natureza material apenas numa perspectiva individual, haja vista a necessidade de identificar precisamente o bem merecedor de especial tutela.

    Assertiva incorreta. O tombamento pode ser individual ou geral, não sendo necessário, neste último, a individualização de cada bem integrante do coletivo que foi tombado. Segundo o STJ, não é necessário que o tombamento geral, como no caso da cidade de Tiradentes, tenha procedimento para individualizar o bem (REsp 1098640/MG, Rel. Ministro Humberto Martins, Segunda Turma, julgado em 09/06/2009, DJe 25/06/2009).

> **Art. 6º** O **tombamento** de coisa **pertencente à pessoa natural ou à pessoa jurídica** de direito **privado** se fará **voluntária** ou **compulsoriamente**.

1. **Tombamento voluntário e compulsório:** ainda quanto à eficácia, o tombamento pode ser voluntário ou compulsório. Essas modalidades de tombamento incidem sobre bens privados, sejam de pessoas naturais, sejam de pessoas jurídicas de direito privado.

→ **Aplicação em concurso:**

- **(Promotor de Justiça de Roraima – CESPE/UnB – 2008)** No que se refere ao Decreto-Lei n. 25/1937 e às suas previsões acerca do instituto do tombamento, julgue os itens que se seguem. O tombamento de imóvel pertencente a pessoas físicas ou pessoas jurídicas de direito privado será sempre voluntário.

    O item foi considerado incorreto.

- **(Analista Judiciário – TRT da 7ª Região – FCC – 2009 – adaptada)** O tombamento é medida sempre compulsória e definitiva.

    A assertiva foi considerada incorreta. Nem sempre o tombamento será compulsório e definitivo. É possível que seja voluntário e provisório também.

- **(Promotor de Justiça do Rio Grande do Norte – 2004 – desmembrada)** O tombamento é ato administrativo discricionário, compulsório e definitivo.

    O item foi considerado incorreto.

Decreto-Lei nº 25, de 30 de novembro de 1937 **Art. 6º**

- **(OAB de São Paulo – Cespe/UnB – 2008 – adaptada)** Julgue o item a seguir: o tombamento é um ato administrativo compulsório.
  A assertiva foi considerada incorreta. O tombamento pode ser voluntário ou compulsório.

- **(Defensor Público do Espírito Santo – Cespe/UnB – 2009)** Em decorrência da supremacia do interesse público sobre o privado, o Estado pode estabelecer restrições sobre a propriedade privada. Acerca desse assunto, julgue o próximo item. Todo tombamento constitui limitação perpétua e compulsória ao direito de propriedade em benefício do interesse coletivo.
  O item foi considerado incorreto.

- **(Defensor Público/RS – FCC – 2017 – desmembrada)** O tombamento pode ser voluntário ou compulsório, naquele o agente consente com o tombamento, neste o instituto depende de intervenção judicial.
  Assertiva incorreta.

- **(Procurador do Estado de Goiás – 2013 – desmembrada)** O tombamento, visando à proteção do patrimônio cultural, pode ser voluntário ou compulsório.
  Assertiva correta.

- **(Cartorário/RJ – CETRO – 2012 – desmembrada)** O tombamento de coisa pertencente à pessoa natural ou à pessoa jurídica de direito privado se fará de ofício.
  Assertiva incorreta.

- **(Arquiteto – Assembleia Legislativa/MS – FCC – 2016 – desmembrada)** O pedido de tombamento de qualquer bem ao Iphan deve ser solicitado apenas por pessoa jurídica.
  Assertiva incorreta.

- **(Magistratura Federal da 5ª Região – Cespe/UnB – 2011 – desmembrada)** Os bens privados podem ser tombados a pedido do proprietário desde que a coisa se revista dos requisitos necessários para constituir parte integrante do patrimônio histórico e artístico nacional.
  Assertiva correta.

- **(Analista Administrativo – MP/RJ – FUJB – 2011 – desmembrada)** O tombamento é sempre voluntário, pois depende da iniciativa do proprietário.
  Assertiva incorreta.

- **(Magistratura Federal da 3ª Região – Cespe – 2013 – desmembrada)** Ainda que haja inconformismo e resistência do proprietário, o poder público poderá promover o tombamento de determinado bem, razão pela qual se

Art. 7º

diz que o tombamento é, quanto à constituição, um ato compulsório, visto que sua realização independe do consentimento do particular.
Assertiva incorreta.

- **(Magistratura Federal da 5ª Região – Cespe/UnB – 2011 – desmembrada)**
  O tombamento compulsório ocorre mediante determinação do presidente do IPHAN, com a anuência do particular proprietário do bem.
  Assertiva incorreta.

> **Art. 7º** Proceder-se-á ao **tombamento voluntário** sempre que o **proprietário o pedir e a coisa** se **revestir** dos **requisitos necessários** para constituir parte integrante do patrimônio histórico e artístico nacional, a juízo do Conselho Consultivo do Serviço do Patrimônio Histórico e Artístico Nacional, **ou sempre** que o **mesmo proprietário anuir**, por escrito, à **notificação**, que se lhe fizer, para a inscrição da coisa em qualquer dos Livros do Tombo.

1. **Tombamento voluntário:** a) o tombamento será voluntário quando o *proprietário do bem requerer* e o bem se revestir dos requisitos necessários para constituir parte integrante do patrimônio histórico e artístico nacional, a critério do Conselho Consultivo do Instituto do Patrimônio Histórico e Artístico Nacional; b) ou sempre que o mesmo *proprietário anuir*, por escrito, à notificação, que se lhe fizer, para a inscrição da coisa em qualquer dos Livros do Tombo. O tombamento voluntário, como visto, pode-se materializar de duas maneiras: a) ou o proprietário requer que seu bem seja tombado e desde que cumpra os requisitos constitucionais necessários (art. 216, *caput*, CR/88); b) ou, em sendo notificado pelo Poder Público, não imponha resistência e concorde com o tombamento do bem de que é proprietário.

▶ **STJ:**

> Administrativo. Imóvel em vias de ser tombado. Atos praticados no desconhecimento desse fato. O início do processo de tombamento só pode produzir efeitos a partir da data em que o respectivo proprietário ou a vizinhança dele teve ciência, pessoal ou presumida. Recurso ordinário provido. (RMS 7.581/PA, Rel. Min. Ari Pargendler, Segunda Turma, julgado em 05/06/1997, DJ 30/06/1997, p. 30970).

→ **Aplicação em concurso:**

- **(Magistratura Federal da 5ª Região – Cespe/UnB – 2009 – adaptada)**
  Com relação às formas de intervenção do Estado na propriedade e a matérias correlatas, julgue o item a seguir. O proprietário de bem imóvel

Decreto-Lei nº 25, de 30 de novembro de 1937 — Art. 8º

que tenha os requisitos necessários para ser considerado parte integrante do patrimônio histórico e artístico nacional não poderá requerer o tombamento desse bem.

O item foi considerado incorreto. O proprietário pode requerer o tombamento do seu bem.

- **(Magistratura do Pará – FGV – 2008 – desmembrada)** Tombamento é a forma de intervenção na propriedade pela qual o Poder Público procura proteger o patrimônio cultural, com a finalidade de proteger a memória nacional. Pela grande relevância desse instituto, e com base no princípio da supremacia do interesse público, não há a necessidade de informar ao proprietário do bem, por meio de notificação, sobre a existência do procedimento de tombamento, principalmente porque o bem continuará na propriedade do particular.

A assertiva foi considerada incorreta.

> Art. 8º Proceder-se-á ao **tombamento compulsório quando o proprietário** se **recusar** a **anuir** à inscrição da coisa.

1. **Tombamento compulsório:** o tombamento será compulsório quando o proprietário se recusar a anuir com a inscrição do bem, ou seja, quando notificado pelo Poder Público acerca do processo de tombamento do bem do qual é proprietário, resiste e se recusa à iniciativa da Administração.

▶ **Resumo:**

- ***Tombamento voluntário:*** o proprietário solicita o tombamento do seu bem ou quando ele, após notificado pelo Poder Público, não impõe resistência e concorda com o tombamento do bem do qual é proprietário.

- ***Tombamento compulsório:*** quando o proprietário se recusa a iniciativa do Poder Público em tombar o seu bem.

→ **Aplicação em concurso:**

- **(Magistratura da Bahia – Cespe/UnB – 2004)** O tombamento é um dos mais importantes mecanismos para a proteção de bens de valor artístico e histórico, entre outros; por meio dele, tanto bens públicos quanto particulares podem ser atingidos, e o ato de tombamento pode ocorrer tanto mediante consenso entre a Administração e o particular dono do bem quanto compulsoriamente, por iniciativa da Administração.

A assertiva foi considerada correta.

Art. 9º　　　　　　　　　　　　　　　　　　　　TOMBAMENTO – *Rodrigo Leite*

- **(Promotor de Justiça de Rondônia – FMP Concursos – 2017 – desmembrada)** O tombamento, quanto compulsório, dá causa ao direito de indenização do proprietário da coisa tombada.
  Assertiva incorreta.

- **(Defensor Público/SC – FCC – 2107 – desmembrada)** O tombamento pode ser voluntário ou compulsório, naquele o agente consente com o tombamento, neste o instituto depende de intervenção judicial.
  Assertiva incorreta.

> **Art. 9º** O tombamento compulsório se fará de acordo com o **seguinte processo**:
>
> 1) o Serviço do Patrimônio Histórico e Artístico Nacional, por seu órgão competente, **notificará** o **proprietário para anuir** ao tombamento, dentro do **prazo** de **quinze dias**, a **contar** do **recebimento** da **notificação**, ou para, si o quiser **impugnar**, oferecer **dentro do mesmo prazo** as razões de sua impugnação.
>
> 2) **no caso de não haver impugnação** dentro do prazo assinado que é fatal, o **diretor** do Serviço do Patrimônio Histórico e Artístico Nacional **mandará** por simples despacho que se **proceda** à **inscrição** da **coisa** no competente Livro do Tombo.
>
> 3) se a impugnação for oferecida dentro do prazo assinado, far-se-á vista da mesma, dentro de outros quinze dias fatais, ao órgão de que houver emanado a iniciativa do tombamento, a fim de sustentá-la. Em seguida, independentemente de custas, será o processo remetido ao Conselho Consultivo do Serviço do Patrimônio Histórico e Artístico Nacional, que proferirá decisão a respeito, dentro do prazo de sessenta dias, a contar do seu recebimento. Dessa decisão não caberá recurso.

1. **Procedimento do tombamento compulsório:** o tombamento compulsório, aquele em que o proprietário se recusa a anuir à inscrição do bem, tem seu procedimento regido pelo art. 9º do Decreto-Lei n. 25/1937:

    a) Primeiramente, o Instituto do Patrimônio Histórico e Artístico Nacional notificará o proprietário para anuir ao tombamento, dentro do prazo de 15 (quinze) dias, a contar do recebimento da notificação, ou para, se o quiser impugnar, oferecer dentro do mesmo prazo as razões de sua irresignação.

    b) Em não havendo impugnação dentro do prazo acima mencionado, que é preclusivo, o Instituto do Patrimônio Histórico e Artístico Nacional proceda à inscrição do bem no respectivo Livro do Tombo.

Decreto-Lei nº 25, de 30 de novembro de 1937   Art. 10

c) No âmbito federal, se a impugnação for oferecida dentro do prazo assinalado, o processo será encaminhado ao Conselho Consultivo do Instituto do Patrimônio Histórico e Artístico Nacional, que proferirá parecer no processo. Após a manifestação do Conselho, o proprietário será notificado para se manifestar em 15 (quinze) dias. Depois disso, o parecer será submetido ao Ministro da Cultura que o homologará, ou não, conforme prevê o art. 1º, da Lei n. 6.292, de 15 de dezembro de 1975. Contra a manifestação do Ministro da Cultura, caberá recurso ao Presidente da República, como dispõe o Decreto-Lei n. 3.866, de 29 de novembro de 1941.

2. **Consequência da demora no processo de tombamento:** de acordo com o STJ, "não pode o Poder Público protelar indefinidamente o processo administrativo de tombamento, afetando o direito de propriedade, cuja inércia lesa o patrimônio jurídico individual." Assim, "demonstrada a injustificada demora, sem prejuízo de ser iniciado outro com submissão a legislação aplicável, anula-se o vetusto processo, como meio de afastar as limitações ao direito de propriedade." (REsp 41.993/SP, Rel. Min. Milton Luiz Pereira, Primeira Turma, julgado em 1º/06/1995, DJ 19/06/1995, p. 18641).

→ **Aplicação em concurso:**

- **(Analista Judiciário – TRE/MA – IESES – 2015 – desmembrada)** O tombamento, por acarretar restrições ao exercício do direito de propriedade, há que observar o devido processo legal para sua formalização, sob pena de nulidade. Assim, deve ser notificado o proprietário do bem a ser tombado, dando-se-lhe oportunidade de defesa, na forma da lei.
  Assertiva correta.

- **(Magistratura do Rio de Janeiro – Vunesp – 2012 – desmembrada)** No tombamento compulsório, iniciado o processo e colhida a manifestação técnica sobre o bem e seu valor, o proprietário será notificado para anuir ou impugnar o tombamento no prazo de trinta dias.
  Assertiva incorreta.

Art. 10. O **tombamento** dos bens, a que se refere o art. 6º desta lei, será considerado **provisório** ou **definitivo, conforme esteja o respectivo processo iniciado pela notificação** ou **concluído pela inscrição dos referidos bens no competente Livro do Tombo.**

Parágrafo único. Para todos os efeitos, salvo a disposição do art. 13 desta lei, o **tombamento provisório se equiparará ao definitivo.**

Art. 10

1. **Tombamento provisório e definitivo:** quanto à eficácia, o tombamento pode ser provisório ou definitivo. Será provisório desde quando o processo for iniciado pela notificação. O tombamento provisório é perfectibilizado com a notificação do proprietário. Será definitivo, por sua vez, quando concluído pela inscrição dos referidos bens no respectivo Livro do Tombo. O tombamento será provisório durante o curso do processo de tombamento (procedimento iniciado pela notificação, segundo o DL n. 25/37). O tombamento se tornará definitivo quando o bem objeto do processo for inscrito no respectivo livro do tombo. Segundo Helly Lopes Meirelles, o tombamento provisório é aquele decretado no início do processo, e que configura efeitos imediatos equiparados ao tombamento definitivo, exceto no que toca ao registro no cartório imobiliário. Para o STJ, o tombamento provisório não é uma fase procedimental precedente do tombamento definitivo, mas sim medida assecuratória de preservação do bem até a conclusão do procedimento. Por isso, a caducidade do tombamento provisório, por excesso de prazo, não prejudica o definitivo (vide RMS 8.252/SP, Rel. Min. Laurita Vaz, Segunda Turma, julgado em 22/10/2002, DJ 24/02/2003, p. 215).

→ **Aplicação em concurso:**

- **(Defensor Público/SC – FCC – 2017 – desmembrada)** O tombamento será considerado provisório ou definitivo, conforme esteja o respectivo processo iniciado pela notificação ou concluído pela inscrição dos bens.
   Assertiva correta.

- **(OAB – Vunesp – 2005.1)** Quanto à sua eficácia, o tombamento pode ser
   A) de ofício, voluntário ou compulsório.
   B) provisório ou definitivo.
   C) geral ou individual.
   D) de restrição parcial ou total.
   Letra B

- **(Defensor Público do Piauí – Cespe/UnB – 2009)** Quanto à eficácia, o tombamento dos bens poderá ser provisório ou definitivo, mas nem sempre poderá gerar direito a indenização.
   O item foi considerado correto.

- **(Procurador Federal – Cespe/UnB – 2006 – adaptada)** O tombamento, que tem por objetivo a proteção do patrimônio histórico e artístico nacional, é forma de intervenção do Estado na propriedade privada. Acerca desse tema, julgue o item subsequente. O tombamento pode atingir bens

Decreto-Lei nº 25, de 30 de novembro de 1937 — Art. 10

públicos ou particulares, sendo vedado, para o caso dos bens públicos, o tombamento de caráter provisório.
A assertiva foi considerada incorreta. O tombamento provisório atinge bens públicos e privados.

- **(Advogado da União – Cespe – 2009)** O instituto do tombamento provisório não é uma fase procedimental antecedente do tombamento definitivo, mas uma medida asseguratória da eficácia que este último poderá, ao final, produzir. A caducidade do tombamento provisório, por excesso de prazo, não é prejudicial ao tombamento definitivo.
Assertiva correta. Quesito extraído da decisão tomada no RMS 8.252/SP.

- **(Magistratura Federal da 3ª Região – Cespe – 2016 – desmembrada)** O tombamento provisório possui caráter preventivo e assemelha-se ao definitivo quanto às limitações incidentes sobre a utilização do bem tutelado.
Assertiva correta.

2. **Equiparação legal:** salvo o disposto no art. 13 do Decreto-Lei n. 25/1937 (registro do imóvel), o tombamento provisório se equipara ao definitivo. Segundo Frederico Di Trindade Amado[46], o tombamento provisório é "medida cautelar de natureza administrativa que visa proteger o bem até o tombamento definitivo, equiparado a este, salvo para o efeito de registro, surtindo efeitos a partir da notificação do proprietário." A equiparação entre tombamento provisório e definitivo também foi reconhecida pelo Superior Tribunal de Justiça quando destacou que o ato de tombamento, seja ele provisório ou definitivo, tem por finalidade preservar o bem identificado como de valor cultural, contrapondo-se, inclusive, aos interesses da propriedade privada, não só limitando o exercício dos direitos inerentes ao bem, mas também obrigando o proprietário às medidas necessárias à sua conservação. O tombamento provisório, portanto, segundo o STJ, possui caráter preventivo e assemelha-se ao definitivo quanto às limitações incidentes sobre a utilização do bem tutelado, nos termos do parágrafo único do art. 10 do Decreto-Lei nº 25/37. O valor cultural pertencente ao bem é anterior ao próprio tombamento. A diferença é que, não existindo qualquer ato do Poder Público formalizando a necessidade de protegê-lo, descaberia responsabilizar o particular pela não conservação do patrimônio. O tombamento provisório, portanto, serve justamente como um reconhecimento público da valoração inerente ao bem – REsp 753.534/MT, Rel. Ministro Castro Meira, Segunda Turma, julgado em 25/10/2011, DJe 10/11/2011.

---

46. *Direito Ambiental.* Salvador: Juspodivm, 2017, p. 473.

▶ **STJ:**

RECURSO ORDINÁRIO EM MANDADO DE SEGURANÇA. SERRA DO GUARARU. TOMBAMENTO. DISCUSSÃO QUANTO À PRECEDÊNCIA DO PROCESSO DE TOMBAMENTO PROVISÓRIO AO DEFINITIVO. INCOERÊNCIA. 1. O instituto do tombamento provisório não é fase procedimental precedente do tombamento definitivo. Caracteriza-se como medida assecuratória da eficácia que este poderá, ao final, produzir. 2. A caducidade do tombamento provisório, por excesso de prazo, não prejudica o definitivo, Inteligência dos arts. 8º, 9º e 10º, do Decreto-Lei 25/37. 3. Recurso ordinário desprovido. (RMS 8.252/SP, Rel. Min. Laurita Vaz, Segunda Turma, julgado em 22/10/2002, DJ 24/02/2003, p. 215).

TOMBAMENTO PROVISÓRIO. EQUIPARAÇÃO AO DEFINITIVO. EFICÁCIA.

Trata-se originariamente de ação civil pública ajuizada pelo Instituto do Patrimônio Histórico e Artístico Nacional (IPHAN), ora recorrente, contra proprietário de imóvel, ora recorrido, localizado no Centro Histórico de Cuiabá-MT, buscando a demolição e reconstrução de bem aviltado. O tribunal *a quo* considerou regular a demolição do bem imóvel ao fundamento de que somente o ato formal de tombamento inscrito no livro próprio do Poder Público competente e concretizado pela homologação realizada em 4/11/1992 é que estabeleceu a afetação do bem, momento em que já não mais existia o prédio de valor histórico, e sim um de características modernas. No REsp, insurge-se o IPHAN argumentando que o tombamento provisório tem o mesmo efeito de proteção que a restrição cabível ao definitivo. Assim, a controvérsia diz respeito à eficácia do tombamento provisório. A Turma entendeu, entre outras considerações, que o ato de tombamento, seja ele provisório ou definitivo, tem por finalidade preservar o bem identificado como de valor cultural, contrapondo-se, inclusive, aos interesses da propriedade privada, não só limitando o exercício dos direitos inerentes ao bem, mas também obrigando o proprietário a tomar as medidas necessárias à sua conservação. O tombamento provisório, portanto, possui caráter preventivo e assemelha-se ao definitivo quanto às limitações incidentes sobre a utilização do bem tutelado, nos termos do parágrafo único do art. 10 do DL n. 25/1937. O valor cultural do bem é anterior ao próprio tombamento. A diferença é que, não existindo qualquer ato do Poder Público que formalize a necessidade de protegê-lo, descaberia responsabilizar o particular pela não conservação do patrimônio. O tombamento provisório, portanto, serve como um reconhecimento público da valoração inerente ao bem. As coisas tombadas não poderão, nos termos do art. 17 do DL n. 25/1937, ser destruídas, demolidas ou mutiladas. O descumprimento do aludido preceito legal enseja, via de regra, o dever de restituir a coisa ao *status quo ante*. Excepcionalmente, sendo inviável o restabelecimento do bem ao seu formato original, autoriza-se a conversão da obrigação em perdas e danos. Assim, a Turma deu parcial provimento ao recurso, determinando a devolução dos autos ao tribunal *a quo* para que prossiga o exame da apelação do IPHAN. Precedente citado: RMS 8.252-SP, DJ 24/2/2003. **REsp 753.534/MT, Rel. Min. Castro Meira, julgado em 25/10/2011 (Informativo n. 486).**

→ **Aplicação em concurso:**

- **(Advogado da União – Cespe/UnB – 2009)** O instituto do tombamento provisório não é uma fase procedimental antecedente do tombamento definitivo, mas uma medida asseguratória da eficácia que este último poderá, ao final, produzir. A caducidade do tombamento provisório, por excesso de prazo, não é prejudicial ao tombamento definitivo.

    O item foi considerado correto.

- **(Promotor de Justiça de Roraima – Cespe/UnB – 2008 – adaptada)** No que se refere ao Decreto-Lei n. 25/1937 e às suas previsões acerca do instituto do tombamento, julgue o item que se segue. Conforme previsto no Decreto-Lei em questão, o tombamento provisório equipara-se, para todos os efeitos, ao tombamento definitivo, exceto em relação ao fato de que o tombamento definitivo dos bens de propriedade particular deve ser transcrito em livro de registro de imóveis e averbado ao lado da transcrição do domínio.

    Item correto.

- **(Magistratura Federal da 3ª Região – 2008)** Assinale a alternativa correta:

    I. Podem ser objeto de tombamento bens que possuem valor ambiental, histórico, paisagístico, inclusive nomes e símbolos.

    II. Possuem competência concorrente para promover o tombamento de bens a União, os Estados e os Municípios.

    III. O tombamento pode ser realizado pela Administração, admitindo-se também, excepcionalmente, no direito brasileiro o tombamento judicial.

    IV. O tombamento provisório é ato discricionário da administração que produz efeitos equiparados ao tombamento definitivo, salvo quanto ao registro imobiliário e ao direito de preferência reservado ao Poder Público.

    A) Estão corretas apenas as afirmações I, II e IV.

    B) Estão corretas apenas as afirmações II, III e IV.

C) Estão corretas apenas as afirmações I, II e III.

D) Estão corretas apenas as afirmações I, III e IV.

Letra C

- **(Cartorário/ES – Cespe – 2013 – desmembrada)** Não sendo o instituto do tombamento provisório fase procedimental precedente do tombamento definitivo, sua caducidade, por excesso de prazo, não prejudica o definitivo. *Assertiva correta.*

- **(Magistratura do Mato Grosso – FMP Concursos – 2014 – desmembrada)** O tombamento provisório gera os mesmos efeitos do definitivo em relação à obrigatoriedade de preservação do bem cultural pelo proprietário. *Assertiva correta.*

CAPÍTULO III
DOS EFEITOS DO TOMBAMENTO

Art. 11. As **coisas tombadas**, que pertençam à **União**, aos **Estados** ou aos **Municípios, inalienáveis** por natureza, só **poderão** ser **transferidas** de uma à **outra** das referidas **entidades**.

Parágrafo único. **Feita a transferência**, dela deve o **adquirente dar imediato conhecimento** ao Serviço do Patrimônio Histórico e Artístico Nacional.

Art. 12. A alienabilidade das obras históricas ou artísticas tombadas, de propriedade de pessoas naturais ou jurídicas de direito privado sofrerá as restrições constantes da presente lei.

1. **Efeitos do tombamento:** entre os arts. 11 a 21, o Decreto-Lei n. 25/1937 cuida dos efeitos do tombamento. Os efeitos incidem quanto à alienação (arts. 11 e 12), quanto ao deslocamento e saída do bem do país (arts. 14 e 15), quanto às modificações que podem ser realizadas no bem (art. 17), quanto aos imóveis vizinhos (art. 18) e quanto à fiscalização e vistoria do Poder Público (art. 20). Disso resultam para o proprietário obrigações positivas (de fazer), negativas (não fazer) e de suportar (deixar de fazer); para os proprietários de imóveis vizinhos, obrigações negativas (não fazer); e para o IPHAN, obrigações positivas (fazer).[47] O tombamento gera efeitos em relação ao proprietário, em relação ao Poder Público e em relação a terceiros (vizinhos). No longínquo RE 90.581/RJ, Rel. Min. Décio Miranda, Segunda Turma, julgado em 07/08/1979, DJ 24/08/1979,

---
47. DI PIETRO, p. 143.

o Supremo Tribunal Federal já alertava que o ônus do tombamento acompanha o bem, qualquer que seja o proprietário. Segundo Marçal Justen Filho[48], "o tombamento de um bem significa o afastamento de algumas das regras próprias ao domínio privado, que incidem quando não existe tombamento." Para o autor, "o dever básico produzido pelo tombamento consiste na manutenção da identidade do objeto. Isso produz o surgimento de deveres de não fazer (omitir toda conduta apta a produzir a alteração de sua identidade) e de fazer (produzir os reparos e manutenções necessários a evitar seu perecimento)."

Odete Medauar[49] lista os efeitos decorrentes do tombamento:

a) se imóvel, transcrição e averbação no registro respectivo.

b) *imodificabilidade do bem tombado* – o bem não poderá ser mutilado, demolido, reformado. A pintura, reparação ou restauração dependem de autorização do órgão competente. Esse vínculo atinge os bens privados e os bens públicos.

c) *limites à alienabilidade* – se o bem tombado pertencer ao domínio público, torna-se inalienável para particulares, podendo, no entanto, ser transferido de uma entidade para outra. Os bens privados permanecem alienáveis. Ademais, o adquirente fica obrigado a inscrever a transferência no registro imobiliário, no prazo de 30 (trinta) dias.

d) *fiscalização do Poder Público* – o órgão responsável pelo tombamento poderá manter vigilância constante, tendo o direito de acesso ou ingresso no bem.

e) o bem tombado é insuscetível de desapropriação, salvo para manter o próprio tombamento.[50] Hely Lopes Meirelles bem nota que nem mesmo entidades estatais maiores podem expropriar bens tombados pelas menores, enquanto não for cancelado o tombamento pelo órgão competente (Direito Administrativo Brasileiro, 1994, p. 490).

---

48. *Curso de Direito Administrativo*. Belo Horizonte: Fórum, 2010, p. 605-606.
49. *Direito Administrativo Moderno*. São Paulo: Revista dos Tribunais, 2011, p. 367.
50. Esse aspecto é controvertido na doutrina. Licínia Rossi (*Manual de Direito Administrativo*. São Paulo: Saraiva, 2015, p. 632), por exemplo, ensina que "se o tombamento provém de entidade federativa menor (município tomba um bem), será possível a desapropriação do bem pela entidade maior (por exemplo, pela União) desde que comprovado o interesse público na desapropriação e que o interesse na desapropriação tenha prevalência sobre o interesse público que ensejou o tombamento. Não poderá, porém, entidade menor desapropriar bem que foi tombado por entidade maior. Nesse caso, só seria possível a desapropriação se houvesse autorização da entidade maior."

f) *restrições a imóveis vizinhos* – por exemplo: não poderá ser erguida construção que impeça ou reduza a visibilidade do bem tombado, nem é permitida a aposição de anúncios ou cartazes.

Ao julgar o REsp 1.359.534/MA, Rel. Min. Herman Benjamin, Segunda Turma, julgado em 20/02/2014, DJe 24/10/2016, o Superior Tribunal de Justiça considerou que o tombamento seria a emanação da função memorativa do direito de propriedade e produz três principais efeitos: "**primeiro**, acarreta afetação ao patrimônio histórico, artístico e natural do bem em tela, com a consequente declaração sobre ele de conjunto de ônus de interesse público, sem que, como regra, implique desapropriação, de maneira a assegurar sua conservação para a posteridade. **Segundo**, institui obrigações concretas - de fazer, de não fazer e de suportar - incidentes sobre o proprietário, mas também sobre o próprio Estado. **Terceiro**, abre para a Administração Pública e para a coletividade, depositárias e guardiãs em nome das gerações futuras, a possibilidade de exigirem, em juízo, cumprimento desses deveres negativos e positivos, inclusive a restauração do bem ao status quo ante, sob regime de responsabilidade civil objetiva e solidária, sem prejuízo de indenização por danos causados, até mesmo morais coletivos."

▶ **RESUMO:**

Efeitos do tombamento	Dispositivo do DL n. 25/1937
Restrições à alienabilidade	Arts. 11 e 12
Limitações quanto ao deslocamento (circulação) do bem	Arts. 14 e 15
Restrições à modificabilidade	Art. 17
Restrições aos imóveis vizinhos do bem tombado	Art. 18
Possibilidade de fiscalização e vistoria do Poder Público	Art. 20

2. **Classificação dos bens públicos:** quanto à destinação, os bens públicos classificam-se em bens de uso comum do povo, bens de uso especial e bens dominicais (arts. 98 a 103, Código Civil).

3. **Inalienabilidade dos bens públicos (regra):** de acordo com o art. 100 do Código Civil, os bens públicos de uso comum do povo e os de uso especial são inalienáveis, *enquanto conservarem* a sua qualificação, na forma que a lei determinar. O art. 101 do mesmo diploma, por sua

vez, prescreve que os bens públicos dominicais *podem ser alienados*, observadas as exigências da lei. A inalienabilidade dos bens públicos é a regra. Os bens públicos são inalienáveis se forem afetados a alguma destinação pública. A possibilidade de alienação existirá somente quando o bem for desafetado. A alienação dos bens públicos é regida pelo art. 17 da Lei n. 8.666/93 (Lei de Licitações). A alienação de bens da Administração Pública, será subordinada à existência de interesse público devidamente justificado, precedida de avaliação e obedecerá às regras traçadas pela Lei de Licitações e Contratos: a) quando imóveis, dependerá de autorização legislativa para órgãos da administração direta e entidades autárquicas e fundacionais, e, para todos, inclusive as entidades paraestatais, dependerá de avaliação prévia e de licitação na modalidade de concorrência, dispensada nos casos do art. 17, I, da Lei n. 8.666/93; b) quando móveis, dependerá de avaliação prévia e de licitação, dispensada nos casos previstos do art. 17, II, Lei n. 8.666/93. Segundo lição de Rafael Carvalho Rezende Oliveira[51] a alienação dos bens públicos é condicionada e "depende do cumprimento dos requisitos previstos no ordenamento jurídico (arts. 100 e 101 do CC e art. 17 da Lei 8.666/1993), a saber:

a) **Desafetação dos bens públicos:** apenas os bens dominicais podem ser alienados (os bens de uso comum e de uso especial, enquanto permanecerem com essa qualificação, não poderão ser alienados);

b) **justificativa ou motivação;**

c) **avaliação prévia** para definição do valor do bem;

d) **licitação:** concorrência para os bens imóveis, salvo as exceções citadas no art. 19, III, da Lei 8.666/1993, e leilão para os bens móveis (as hipóteses de licitação dispensada para alienação de bens imóveis e moveis encontram-se taxativamente previstas no art. 17, I e II, da Lei 8.666/1993);

e) **autorização legislativa para alienação dos bens imóveis:** lei específica deve autorizar a alienação dos imóveis públicos."

▶ **OBSERVAÇÃO IMPORTANTE:** os bens públicos não podem ser usucapidos, conforme prevê o art. 183, § 3º, da Constituição da República. Podem, como dito acima, serem alienados se forem desafetados e seguidas as disposições da Lei n. 8.666/1993.

---

51. *Curso de Direito Administrativo*. São Paulo: Método, 2017, p. 647-648.

4. **Transferência de bens públicos submetidos ao tombamento:** o art. 11 do Decreto-Lei n. 25/1937 prevê que os bens tombados pertencentes aos entes da Federação (União, Estados, Municípios e Distrito Federal) são inalienáveis e só poderão ser transferidos de uma a outra das referidas entidades. A inalienabilidade decorre do que foi dito acima: os bens públicos são inalienáveis, via de regra. Caso ocorra a transferência de um bem tombado de um ente para outro, o adquirente deve dar imediato conhecimento ao Instituto do Patrimônio Histórico e Artístico Nacional (IPHAN).

5. **Alienação de bens privados sujeitos ao tombamento:** a alienação dos bens privados tombados sofrerá as restrições constantes no Decreto-Lei n. 25/1937. Percebe-se, portanto, que os bens privados atingidos pelo tombamento podem ser alienados, desde que cumpridas as exigências do DL 25/37 e da Lei n. 8.666/93.

→ **Aplicação em concurso:**

- **(Delegado de Polícia do Maranhão – FCC – 2006)** O tombamento se caracteriza por ser uma restrição parcial, não impedindo ao particular o exercício dos direitos inerentes ao domínio.
  O item foi considerado correto.

- **(OAB do Rio de Janeiro – 2006 – adaptada)** O tombamento impede o particular de alienar o bem tombado.
  O item foi considerado incorreto.

- **(OAB de São Paulo – Cespe/UnB – 2008 – adaptada)** Julgue o item a seguir: o tombamento impede a transmissão da propriedade do bem sobre o qual recaia.
  A assertiva foi considerada incorreta.

- **(Procurador do Estado do Amazonas – Cespe/Cebraspe – 2016)** Acerca da intervenção do Estado no direito de propriedade, julgue o item subsequente. O tombamento pode ocorrer no âmbito federal, estadual ou municipal, sendo um de seus principais efeitos a impossibilidade de modificação do bem. Ele pode, ainda, acarretar restrições quanto à destinação e à alienabilidade do bem.
  Assertiva correta.

- **(Promotor de Justiça de Goiás – 2016 – desmembrada)** As coisas tombadas, que pertençam à União, aos Estados ou aos Municípios, podem ser alienadas a particulares, desde que autorizado judicialmente.
  Assertiva incorreta.

Decreto-Lei nº 25, de 30 de novembro de 1937 — **Art. 12**

- **(Arqueólogo – IPHAN – Cetro – 2015 – desmembrada)** Coisas tombadas, que pertencem à União, aos Estados ou aos Municípios, inalienáveis por natureza, só podem ser transferidas de uma à outra das referidas entidades. Feita a transferência, o adquirente deve dar conhecimento ao Serviço do Patrimônio Histórico e Artístico Nacional, no prazo de 5 (cinco) dias, a contar da data de transferência.
  Assertiva incorreta.

- **(Analista Legislativo da Câmara Municipal do Rio de Janeiro – 2014 – adaptada)** O tombamento é uma forma de intervenção na propriedade pela qual o Poder Público procura proteger o patrimônio cultural brasileiro. Em relação aos efeitos do tombamento, é possível afirmar que:
  - É vedado ao proprietário reparar, pintar ou restaurar o bem tombado.
  - Não há restrições para a vizinhança do prédio tombado.
  - Importa supressão da propriedade privada, devendo ser levado a registro no Ofício de Registro de Imóveis respectivo.

  Assertivas incorretas.

- **(Analista de Controle – TCE/PR – FCC – 2011 – desmembrada)** O tombamento de bens de valor histórico ou artístico gera para o proprietário privado obrigações de fazer, como de conservação, e a inalienabilidade do bem.
  Assertiva incorreta.

- **(Advogado do INEA/RJ – FGV – 2013 – desmembrada)** O tombamento retira do comércio o referido bem.
  Assertiva incorreta.

- **(Procurador do Estado do Mato Grosso – FCC – 2016 – desmembrada)** A alienação do bem imóvel tombado depende de prévia anuência do órgão protetivo que procedeu à inscrição do bem no respectivo livro de tombo.
  Assertiva incorreta.

- **(Analista Judiciário do TJDFT – Cespe – 2016)** Os patrimônios tombados de Estado da federação ou de pessoa jurídica de direito privado tornar-se-ão inalienáveis.
  Assertiva incorreta.

- **(Promotor de Justiça de Minas Gerais – 2013 – desmembrada)** O tombamento transfere a propriedade em razão da utilidade pública ou interesse social, podendo recair sobre bens imóveis ou móveis que tenham valor patrimonial, razão pela qual é passível de indenização.
  Assertiva incorreta.

Art. 12

- **(Promotor de Justiça de Tocantins – Cespe – 2012 – desmembrada)** As obras históricas ou artísticas tombadas pertencentes a pessoas naturais ou jurídicas de direito privado não se sujeitam a nenhum tipo de restrição.
Assertiva incorreta.

- **(Analista de Controle Externo – TCE/SE – FCC – 2011 – adaptada)** A proteção e defesa pelo Estado dos bens detentores de valor histórico, artístico, estético, paisagístico ou turístico poderá ser feita mediante o instituto do tombamento que implicará a transferência de titularidade desses bens ao Estado.
Assertiva incorreta.

- **(Promotor de Justiça de Tocantins – Cespe/UnB – 2012 – desmembrada)** As coisas tombadas pertencentes à União, aos estados ou aos municípios só podem ser alienadas por intermédio do Serviço do Patrimônio Histórico e Artístico Nacional.
Assertiva incorreta.

- **(Auditor Externo – TCE/RS – FMP Concursos – 2011 – desmembrada)** No tombamento verifica-se a perda da posse pelo proprietário.
Assertiva incorreta.

- **(Analista da Defensoria Pública/RS – FCC – 2017 – desmembrada)** Com a instituição do tombamento, os bens objeto da restrição passam a condição de bens sujeitos a regime jurídico público, de uso especial.
Assertiva incorreta.

- **(Promotor de Justiça do Piauí – Cespe/UnB – 2012 – desmembrada)** As coisas tombadas que pertençam à União, aos Estados ou aos Municípios somente poderão ser alienadas e transferidas de uma à outra das referidas entidades, e, uma vez feita a transferência, dela deve o adquirente dar imediato conhecimento ao Serviço do Patrimônio Histórico e Artístico Nacional.
Assertiva incorreta.

- **(Procurador do Estado do Pará – 2014 – desmembrada)** Os bens tombados pertencentes à União, Estados ou Municípios são inalienáveis por natureza. Dessa característica decorre a impossibilidade de sua transferência entre os diversos Entes Federados. Se houver interesse de uma Entidade Federada em bem tombado de propriedade de outra, e havendo concordância dessa última, devem os interessados requerer ao órgão competente do Serviço de Patrimônio Histórico e Artístico Nacional autorização específica para o uso do bem, o que será feito sempre de forma precária.
Assertiva incorreta.

Art. 13. O **tombamento definitivo** dos bens de propriedade particular será, por iniciativa do órgão competente do Serviço do Patrimônio Histórico e Artístico Nacional, **transcrito** para os devidos efeitos em **livro** a cargo dos oficiais do **registro** de **imóveis** e **averbado** ao **lado** da **transcrição** do domínio.

§ 1º No caso de transferência de propriedade dos bens de que trata este artigo, deverá o adquirente, dentro do prazo de trinta dias, sob pena de multa de dez por cento sobre o respectivo valor, fazê-la constar do registro, ainda que se trate de transmissão judicial ou *causa mortis*.

§ 2º Na hipótese de deslocação de tais bens, deverá o proprietário, dentro do mesmo prazo e sob pena da mesma multa, inscrevê-los no registro do lugar para que tiverem sido deslocados.

§ 3º A transferência deve ser comunicada pelo adquirente, e a deslocação pelo proprietário, ao Serviço do Patrimônio Histórico e Artístico Nacional, dentro do mesmo prazo e sob a mesma pena.

1. **Tombamento definitivo:** como dito acima, o tombamento será definitivo quando concluído pela inscrição dos referidos bens no respectivo Livro do Tombo. A inscrição no livro de tombo é o ato que encerra o processo de tombamento do bem. O registro não compõe o itinerário procedimental do tombamento, é ato posterior que objetiva dar publicidade ao tombamento. Para Frederico Di Trindade Amado[52], o registro cartorial "apenas dará publicidade, não constituindo o tombamento, que terá eficácia desde a notificação do tombamento provisório ou inscrição em Livro de Tombo. Se imóvel, deverá ser perpetrado no Cartório de Registro de Imóveis e, se móvel, no Cartório de Registro de Títulos e Documentos."

2. **Obrigações para o adquirente:** prevê o art. 13, § 1º, que no caso de transferência de propriedade dos bens de que trata o artigo, deverá o adquirente, dentro do prazo de trinta dias, sob pena de multa de dez por cento sobre o respectivo valor, fazê-la constar do registro, ainda que se trate de transmissão judicial ou *causa mortis*. A transferência deve ser comunicada pelo adquirente ao Instituto do Patrimônio Histórico e Artístico Nacional, dentro do mesmo prazo e sob a mesma pena.

3. **Obrigações para o proprietário:** em havendo deslocamento dos bens, deve o proprietário, no prazo de trinta dias, inscrevê-los no registro do lugar para que tiverem sido deslocados, sob pena de multa.

---

52. *Direito Ambiental.* Salvador: Juspodivm, 2017, p. 474.

Art. 13

O deslocamento pelo proprietário deverá ser comunicado ao Instituto do Patrimônio Histórico e Artístico Nacional, dentro do mesmo prazo e sob a mesma pena.

→ **Aplicação em concurso:**

- **(Procurador Federal – Cespe/UnB – 2004)** Uma autarquia federal responsável pela defesa do patrimônio histórico, no âmbito de sua competência, autuou um município por danos em bem tombado, provocados por um trator pertencente a essa municipalidade. Por meio de auto de infração, lavrado por um dos fiscais da autarquia, foi aplicada multa ao município. Impugnada a aplicação da penalidade, o município alegou que a multa não seria devida, porque o tombamento não fora registrado no cartório de registro de imóveis. Sustentou, ainda, que não poderia ser multado pela autarquia ante sua personalidade de direito público. Por derradeiro, argumentou que o ato considerado danoso fora praticado por pessoa estranha aos quadros de servidores do município, a quem o trator de propriedade municipal fora emprestado por um de seus funcionários. Pediu, por fim, a anulação do ato com efeitos *ex tunc*. Em face dessa situação hipotética, julgue os itens que se seguem. Teve razão o município ao alegar que a multa não seria devida, porque o tombamento não fora registrado no cartório de registro de imóveis.

    O item foi considerado incorreto.

- **(Arqueólogo – IPHAN – CETRO – 2015 – desmembrada)** O tombamento definitivo dos bens de propriedade particular deve ser, por iniciativa do órgão competente do Serviço do Patrimônio Histórico e Artístico Nacional, transcrito para os devidos efeitos em livro a cargo dos oficiais do registro de imóveis e averbado ao lado da transcrição do domínio.

    Assertiva correta.

- **(Promotor de Justiça de Tocantins – Cespe/UnB – 2012 – desmembrada)** O tombamento definitivo dos bens de propriedade particular deve ser, por iniciativa do órgão competente do Serviço do Patrimônio Histórico e Artístico Nacional, transcrito, para os devidos efeitos, em livro a cargo dos oficiais do registro de imóveis e averbado ao lado da transcrição do domínio. No caso de transferência de domínio desses bens, o adquirente deve, dentro do prazo de dois anos, contado a partir da data do depósito, fazê-la constar do registro, ainda que se trate de transmissão judicial ou *causa mortis*.

    Assertiva incorreta.

Decreto-Lei nº 25, de 30 de novembro de 1937 | **Art. 14**

- **(Magistratura Federal da 1ª Região – Cespe/UnB – 2011 – desmembrada)** A transcrição no registro de imóveis constitui ato exigível tanto no tombamento provisório quanto no definitivo.
  Assertiva incorreta. Somente no tombamento definitivo.

> **Art. 14.** A coisa tombada **não poderá sair** do **país, senão por curto prazo, sem transferência de domínio** e **para fim de intercâmbio cultural**, a juízo do Conselho Consultivo do Serviço do Patrimônio Histórico e Artístico Nacional.

1. **Saída do país do bem tombado:** excepcionalmente, o bem tombado poderá sair do país. A saída, todavia, é permitida desde que seja por curto período de tempo e para fins de intercâmbio cultural. Ademais, a saída do país não deve importar em transferência de domínio do bem tombado e só ocorrerá após autorização do Conselho Consultivo do Instituto do Patrimônio Histórico e Artístico Nacional (IPHAN).

2. **Requisitos para a saída do bem tombado do país:** para ser autorizada a saída do bem tombado do país é preciso atender os seguintes requisitos:

   a) Ser por curto período de tempo;

   b) Não deve resultar em transferência de domínio;

   c) Deve ocorrer apenas para fins de intercâmbio cultural;

   d) Deve ser submetida ao Conselho Consultivo do Instituto do Patrimônio Histórico e Artístico Nacional (IPHAN).

→ **Aplicação em concurso:**

- **(Defensor Público do Ceará – Cespe/UnB – 2008)** Julgue o item que se segue, relativos aos bens públicos. O bem móvel tombado não poderá sair do país.
  O item foi considerado incorreto. A saída do bem tombado é permitida desde que por curto espaço de tempo, se não resultar em transferência do domínio, se for destinada para fins de intercâmbio cultural e após autorização do Conselho Consultivo do IPHAN.

- **(Promotor de Justiça de Goiás – 2016 – desmembrada)** A coisa tombada não poderá sair do país, senão por curto prazo, sem transferência de domínio e para fim de intercâmbio cultural, a juízo do Conselho Consultivo do Serviço do Patrimônio Histórico e Artístico Nacional.
  Assertiva correta.

Art. 15

- **(Arqueólogo – IPHAN – Cetro – 2015 – desmembrada)** A coisa tombada não pode sair do país, senão por longo prazo, com transferência de domínio e para fim de intercâmbio cultural, a juízo do Conselho Consultivo do Serviço do Patrimônio Histórico e Artístico Nacional.
  Assertiva incorreta.

- **(Cartorário/RJ – Cetro – 2012 – desmembrada)** A coisa tombada em nenhuma hipótese poderá sair do País.
  Assertiva incorreta.

- **(Promotor de Justiça do Piauí – Cespe/UnB – 2012 – desmembrada)** A coisa tombada não poderá sair do país, senão por curto prazo, sem transferência de domínio e para fim de intercâmbio cultural, a juízo do Conselho Consultivo do Serviço do Patrimônio Histórico e Artístico Nacional.
  Assertiva correta.

- **(Promotor de Justiça de Rondônia – FMP Concursos – 2017 – desmembrada)** O tombamento de bens móveis impõe, dentre outras, restrição a sua circulação.
  Assertiva correta.

- **(Promotor de Justiça de Tocantins – Cespe/UnB – 2012 – desmembrada)** A coisa tombada não pode ser levada para fora do país, senão por curto prazo, sem transferência de domínio e para fim de intercâmbio cultural, a juízo do Conselho Consultivo do Serviço do Patrimônio Histórico e Artístico Nacional.
  Assertiva correta.

- **(Promotor de Justiça de Roraima – Cespe – 2017)** O bem de propriedade particular tombado pelo Serviço do Patrimônio Histórico e Artístico Nacional poderá

  A) sair do país se houver transferência de domínio.

  B) sair do país, por prazo indeterminado, desde que autorizado.

  C) ser alienado, cabendo ao adquirente fazê-lo constar do devido registro.

  D) ser reparado ou restaurado sem prévia autorização do órgão competente.

  Letra C.

Art. 15. Tentada, a não ser no caso previsto no artigo anterior, a exportação, para fora do país, da coisa tombada, **será** esta **sequestrada** pela União ou pelo Estado em que se encontrar.

Decreto-Lei nº 25, de 30 de novembro de 1937 — **Art. 15**

> § 1º **Apurada a responsabilidade do proprietário**, ser-lhe-á **imposta a multa de cinquenta por cento do valor da coisa**, que permanecerá sequestrada em garantia do pagamento, e até que este se faça.
>
> § 2º No caso de **reincidência**, a multa será elevada ao **dobro**.
>
> § 3º A **pessoa** que **tentar** a exportação de coisa tombada, **além de incidir na multa** a que se referem os parágrafos anteriores, **incorrerá**, nas **penas cominadas no Código Penal para o crime de contrabando**.

1. **Consequências da saída não autorizada do bem tombado:** como dito acima, a coisa tombada pode sair do país, desde que por curto prazo, para fins de intercâmbio cultural, sem que isso importe em transferência de domínio e a critério do Conselho Consultivo do IPHAN. Caso não sejam cumpridas essas exigências, a coisa tombada poderá ser "sequestrada" pela União ou pelo Estado em que se encontre.

2. **Sanções para o proprietário:** se restar demonstrado que o proprietário do bem tombado contribuiu para a saída do bem do país, será imposta multa no valor de 50% (cinquenta por cento) do valor do bem, e em caso de reiteração, a multa será elevada ao dobro. Até que se pague a multa, a coisa permanecerá sequestrada em garantia do pagamento.

3. **Sanção para o indivíduo que tenta sair do país, sem autorização, com bem tombado:** de acordo com o art. 15, § 3º, a pessoa que tentar a exportação de coisa tombada, além de incidir na multa a que se referem os §§ 1º e 2º do art. 15, incorrerá nas penas cominadas no Código Penal para o crime de contrabando. O crime de contrabando é tipificado no art. 334-A do Código Penal, consistindo na conduta de importar ou exportar mercadoria proibida, com pena de reclusão de dois a cinco anos. Veja que o art. 15, § 3º pune a tentativa de sair com o bem, aplicando-lhe a mesma pena aplicada ao contrabando.

▶ **RESUMO:**

a) **Sanção para o proprietário (art. 15, §§ 1º e 2º):** multa no valor de cinquenta por cento do valor do bem, podendo ser dobrada em caso de reincidência.

b) **Sanção para o indivíduo que tenta sair do país, sem autorização, com bem tombado (art. 15, § 3º):** aplica-se a pena prevista para o crime de contrabando.

→ **Aplicação em concurso:**

- **(Magistratura Federal da 5ª Região – Cespe/UnB – 2009 – adaptada)** Com relação às formas de intervenção do Estado na propriedade e a matérias correlatas, julgue o item a seguir. Considere a seguinte situação hipotética. João, proprietário de um quadro do artista plástico Cândido Portinari, promoveu o tombamento do referido bem. Inscrito o tombamento definitivo do quadro no Livro do Tombo, João recebeu uma oferta de uma galeria holandesa pela obra. No embarque para a Holanda, João foi impedido de viajar com a obra. Nessa situação, as autoridades de proteção ao patrimônio histórico e artístico da União ou do estado em que se encontrava a obra deveriam sequestrá-la de João e impor a este multa de 50% do valor do bem.
  A assertiva foi considerada correta.

> **Art. 16.** No caso de **extravio ou furto de qualquer objeto tombado**, o respectivo proprietário deverá dar conhecimento do fato ao Serviço do Patrimônio Histórico e Artístico Nacional, dentro do **prazo** de **cinco** dias, sob pena de multa de dez por cento sobre o valor da coisa.

1. **Furto ou extravio de bem tombado:** havendo furto ou extravio do bem tombado, o proprietário deve comunicar, em 5 (cinco) dias, o ocorrido ao Instituto de Patrimônio Histórico e Artístico Nacional, sob pena de sofrer multa no valor de 10% (dez por cento) sobre o valor do bem tombado.

→ **Aplicação em concurso:**

- **(Arqueólogo – IPHAN – Cetro – 2015 – desmembrada)** No caso de extravio ou furto de qualquer objeto tombado, o respectivo proprietário deve dar conhecimento ao fato ao Serviço do Patrimônio Histórico e Artístico Nacional, dentro do prazo de 10 (dez) dias, sob pena de multa.
  Assertiva incorreta.

> **Art. 17.** As **coisas tombadas não poderão, em caso nenhum ser destruídas, demolidas ou mutiladas**, nem, **sem prévia autorização** especial do Serviço do Patrimônio Histórico e Artístico Nacional, **ser reparadas, pintadas ou restauradas**, sob pena de multa de cinquenta por cento do dano causado.
>
> Parágrafo único. Tratando-se de bens pertencentes à União, aos Estados ou aos municípios, a autoridade responsável pela infração do presente artigo incorrerá pessoalmente na multa.

Art. 17

1. **Vedação à destruição, demolição e mutilação do bem tombado:** o art. 17 do Decreto-Lei n. 25/1937 é taxativo ao prescrever que as coisas tombadas não poderão, *em nenhum caso*, ser destruídas, demolidas ou mutiladas. De acordo com o Superior Tribunal de Justiça, vigora no Brasil proibição legal absoluta de destruição, demolição e mutilação de bens tombados (art. 17, *caput*, do Decreto-lei 25/1937), vale dizer, um regime de preservação plena, universal e perpétua. Assim, aos que violam a proibição legal, além dos remédios e cominações previstos no Decreto 25/1937 e da responsabilidade civil objetiva e solidária, aplicam-se sanções criminais e, no caso de contribuição ativa ou passiva de servidor público, penas disciplinares e as previstas na Lei da Improbidade Administrativa (REsp 1359534/MA, Rel. Min. Herman Benjamin, Segunda Turma, julgado em 20/02/2014, DJe 24/10/2016). Em outra ocasião, a Corte manteve condenação de obrigação de fazer a indivíduo que reformou imóvel tombado alterando suas características originais sem prévia autorização do IPHAN. Determinou-se o retorno à volumetria e fachada anteriores à reforma, adaptando o bem às especificações legais, mediante apresentação de projeto arquitetônico ao IPHAN, bem assim não realizar obras no aludido imóvel sem a devida autorização do referido órgão. No caso, restou comprovado que o imóvel tombado foi objeto de modificação, sem autorização da autoridade administrativa competente, o que violou o comando previsto no artigo 17 do Decreto-Lei 25/37 – vide REsp 1447102/PE, Rel. Ministro Herman Benjamin, Segunda Turma, julgado em 13/12/2016, DJe 19/12/2016. O Tribunal já havia salientado que as coisas tombadas não poderão, nos termos do art. 17 do Decreto-Lei nº 25/37, ser destruídas, demolidas ou mutiladas. O descumprimento do aludido preceito legal enseja, via de regra, o dever de restituir a coisa ao *status quo ante*. Excepcionalmente, sendo manifestamente inviável o restabelecimento do bem ao seu formato original, autoriza-se a conversão da obrigação em perdas e danos – REsp 753.534/MT, Rel. Min. Castro Meira, Segunda Turma, julgado em 25/10/2011, DJe 10/11/2011. Por sua vez, reparação, pintura ou restauração do bem tombado podem ocorrer, desde que exista autorização especial do Instituto do Patrimônio Histórico e Artístico Nacional (IPHAN). Como destaca o STJ, a realização de obras em bem tombado deve ser precedida de autorização do IPHAN:

> AÇÃO CIVIL. IMÓVEL TOMBADO. OBRAS. AUTORIZAÇÃO DO IPHAN. NECESSIDADE. ARTIGO 17 DO DECRETO-LEI Nº 25/37.
>
> I - Cuida-se de ação civil ajuizada com vistas a dar cumprimento ao disposto no artigo 17 do Decreto-Lei nº 25/37, porquanto o proprietário de imóvel tombado nele efetuou obras sem a prévia autorização do IPHAN.

II - O referido artigo não deixa dúvidas sobre a necessidade de se proceder à prévia autorização do IPHAN relativamente a qualquer obra que venha a ser feita em imóvel tombado, a despeito da relevância que ela teria no conjunto arquitetônico.

III - Recurso especial provido.

(REsp 1075043/MG, Rel. Ministro Francisco Falcão, Primeira Turma, julgado em 16/06/2009, DJe 29/06/2009)

▶ **SÍNTESE:**

1) **Destruição, demolição ou mutilação de bens tombados:** não são permitidas.

2) **Reparação, pintura e restauração de bens tombados:** cabem, desde que haja autorização especial do IPHAN.

▶ **MUITO IMPORTANTE:** cumpre registrar, conforme assinalado pelo STJ, no REsp 1.047.082/MG, Rel. Min. Francisco Falcão, Primeira Turma, julgado em 04/09/2008, DJe 15/09/2008, que a obrigação de conservação e restauração imposta ao proprietário pelo DL 25/1937 parte da premissa implícita e óbvia de que o bem tombado existia em sua forma original no momento da aquisição, ainda que deteriorado ou descaracterizado em certa medida, mas sem perder sua essência. Assim, não é possível impor ao proprietário atual que recrie prédio histórico destruído ou totalmente descaracterizado por obras feitas por terceiro décadas antes da aquisição, dando origem a novo prédio com características distintas. No caso analisando pelo STJ, o Ministério Público Federal buscava a restauração do imóvel (antigo Liceu de Artes e Ofícios de 1886) ao estado que exibia quando do tombamento em 1938, porém passando por cima da circunstância de que uma empresa, proprietária do imóvel, o descaracterizou completamente por volta de 1957/1958, para que o prédio abrigasse o Cine Teatro Vila Rica, que existe atualmente. Entendeu o STJ que a Universidade Federal de Ouro Preto, que adquiriu o imóvel em 1986 após sua completa descaracterização e substituição pelo atual Cine Teatro *não tem obrigação de recriar o passado já há muito inexistente*, muito menos destruindo o atual Cine Teatro que é espaço comunitário de elevado valor cultural para a comunidade e também já faz parte da história do local, merecendo tanto ou mais respeito que o antigo e já inexistente Liceu de Artes e Ofícios. *Enfim, o proprietário atual tem a obrigação de conservar, manter e reparar o bem, mas não tem o dever de recriar prédio histórico destruído ou totalmente descaracterizado por obras feitas por terceiro antes da aquisição*.

------

2. **Detalhamento penal da Lei de Crimes Ambientais:** O Código Penal, em seu art. 165, tipificava o crime de dano em coisa de valor artístico, arqueológico ou histórico. Pelo dispositivo penal, as condutas de destruir, inutilizar ou deteriorar coisa tombada pela autoridade competente em

virtude de valor artístico, arqueológico ou histórico resultava em pena de detenção, de seis meses a dois anos, e multa. O art. 165, CP foi revogado tacitamente pela Lei n. 9.605/1998 (Lei dos Crimes Ambientais). A Lei n. 9.605, de 12 de fevereiro de 1998 (Lei de Crimes Ambientais) realiza melhor detalhamento acerca dos delitos contra os bens de valor artístico, histórico e cultural. A Seção IV da lei disciplina os crimes contra o ordenamento urbano e o patrimônio cultural em dispositivos a seguir transcritos:

Seção IV
Dos Crimes contra o Ordenamento Urbano e o Patrimônio Cultural

Art. 62. Destruir, inutilizar ou deteriorar:

I – bem especialmente protegido por lei, ato administrativo ou decisão judicial;

II – arquivo, registro, museu, biblioteca, pinacoteca, instalação científica ou similar protegido por lei, ato administrativo ou decisão judicial:

Pena – reclusão, de um a três anos, e multa.

Parágrafo único. Se o crime for culposo, a pena é de seis meses a um ano de detenção, sem prejuízo da multa.

Art. 63. Alterar o aspecto ou estrutura de edificação ou local especialmente protegido por lei, ato administrativo ou decisão judicial, em razão de seu valor paisagístico, ecológico, turístico, artístico, histórico, cultural, religioso, arqueológico, etnográfico ou monumental, sem autorização da autoridade competente ou em desacordo com a concedida:

Pena – reclusão, de um a três anos, e multa.

Art. 64. Promover construção em solo não edificável, ou no seu entorno, assim considerado em razão de seu valor paisagístico, ecológico, artístico, turístico, histórico, cultural, religioso, arqueológico, etnográfico ou monumental, sem autorização da autoridade competente ou em desacordo com a concedida:

Pena – detenção, de seis meses a um ano, e multa.

Art. 65. Pichar ou por outro meio conspurcar edificação ou monumento urbano: (Redação dada pela Lei n. 12.408, de 2011)

Pena – detenção, de 3 (três) meses a 1 (um) ano, e multa. (Redação dada pela Lei n. 12.408, de 2011)

§ 1º Se o ato for realizado em monumento ou coisa tombada em virtude do seu valor artístico, arqueológico ou histórico, a pena é de 6 (seis) meses a 1 (um) ano de detenção e multa. (Renumerado do parágrafo único pela Lei n. 12.408, de 2011)

§ 2º Não constitui crime a prática de grafite realizada com o objetivo de valorizar o patrimônio público ou privado mediante manifestação artística, desde que consentida pelo proprietário e, quando couber, pelo locatário ou arrendatário do bem privado e, no caso de bem público, com a autorização do órgão competente e a observância das posturas municipais e das normas editadas pelos órgãos governamentais responsáveis pela preservação e conservação do patrimônio histórico e artístico nacional. (Incluído pela Lei n. 12.408, de 2011)

▶ **IMPORTANTE:** a Lei n. 12.408, de 25 de maio de 2011, modificou a redação do art. 65 da Lei de Crimes Ambientais. A conduta de *grafitar* foi suprimida do *caput* do artigo. O parágrafo único foi renumerado e passou a ser o § 1º do dispositivo. De acordo com o novo § 2º do art. 65, a conduta de *grafitar* não será considerada crime se for realizada com o objetivo de valorizar o patrimônio público ou privado mediante manifestação artística, desde que consentida pelo proprietário e, quando couber, pelo locatário ou arrendatário do bem privado e, no caso de bem público, com a autorização do órgão competente e a observância das posturas municipais e das normas editadas para a preservação e conservação do patrimônio histórico e artístico nacional.

Requisitos para que a prática de grafite não seja considerada crime:

a) **Grafite em bem privado:** a manifestação artística deve ser realizada com o objetivo de valorizar o patrimônio privado e deve contar com o consentimento do proprietário do bem e, quando couber, do locatário ou arrendatário;

b) **Grafite em bem público:** a manifestação artística deve ser realizada com o objetivo de valorizar o patrimônio público e deve haver autorização do órgão competente e a observância das posturas municipais e das normas de preservação e conservação do patrimônio histórico e artístico nacional.

Vejamos o quadro comparativo com as redações do art. 65 antes e após a Lei n. 12.408/2011:

Redação antiga do art. 65	Redação atual do art. 65
Art. 65. Pichar, grafitar ou por outro meio conspurcar edificação ou monumento urbano:	Art. 65. Pichar ou por outro meio conspurcar edificação ou monumento urbano: Pena – detenção, de 3 (três) meses a 1 (um) ano, e multa.

Decreto-Lei nº 25, de 30 de novembro de 1937 — Art. 17

Redação antiga do art. 65	Redação atual do art. 65
Pena – detenção, de três meses a um ano, e multa. Parágrafo único. Se o ato for realizado em monumento ou coisa tombada em virtude do seu valor artístico, arqueológico ou histórico, a pena é de seis meses a um ano de detenção, e multa.	§ 1º Se o ato for realizado em monumento ou coisa tombada em virtude do seu valor artístico, arqueológico ou histórico, a pena é de 6 (seis) meses a 1 (um) ano de detenção e multa. § 2º Não constitui crime a prática de grafite realizada com o objetivo de valorizar o patrimônio público ou privado mediante manifestação artística, desde que consentida pelo proprietário e, quando couber, pelo locatário ou arrendatário do bem privado e, no caso de bem público, com a autorização do órgão competente e a observância das posturas municipais e das normas editadas pelos órgãos governamentais responsáveis pela preservação e conservação do patrimônio histórico e artístico nacional.

De acordo com o art. 2º da Lei n. 12.408/2011, fica proibida a comercialização de tintas em embalagens do tipo aerossol a menores de 18 (dezoito) anos. A venda do material somente poderá ocorrer para maiores de 18 (dezoito) anos e mediante apresentação de documento de identidade, conforme determina o art. 3º da Lei. Na nota fiscal decorrente da venda de tinta de aerossol deve constar a identificação do comprador. E mais: as embalagens do produto devem conter as inscrições "pichação é crime" e "proibida a venda a menores de 18 anos." O descumprimento das disposições da Lei n. 12.408/2011 sujeitará o infrator às sanções previstas no art. 72 da Lei n. 9.605/1998.

3. **Crimes contra o ordenamento urbano e patrimônio cultural:** a Lei de Crimes Ambientais veio dar tratamento específico acerca das condutas de "destruir, inutilizar ou deteriorar" bem especialmente protegido por lei, ato administrativo ou decisão judicial e arquivo, registro, museu, biblioteca, pinacoteca, instalação científica ou similar protegido por lei, ato administrativo ou decisão judicial (art. 62); alteração do aspecto ou estrutura de edificação ou local que possua relevante valor histórico-cultural especialmente protegido por lei, ato administrativo ou decisão judicial (art. 63); realização de construção em solo não edificável, ou no seu entorno sem autorização da autoridade competente ou em desacordo com a concedida (art. 64) e pichação em edificação ou monumento urbano (art. 65). Haverá causa de aumento de pena se a pichação for realizada em monumento ou coisa tombada em virtude do seu valor artístico, arqueológico ou histórico.

4. **Revogação tácita do art. 165 do Código Penal:** de acordo com Rogério Greco[53], a Lei n. 9.605/98, "por intermédio de seu art. 62, I, revogou tacitamente o art. 165 do Código Penal[54], nos termos do § 1º do art. 2º da Lei de Introdução ao Código Civil [atual Lei de Introdução às Normas do Direito Brasileiro – LINDB], haja vista ter regulado inteiramente a matéria originalmente cuidada no Código Penal." Também esta é a opinião de Cezar Roberto Bitencourt[55], ao assinalar que se trata "de lei especial que revogou dispositivo e lei geral (*lex especialis derrogat lex generalis*)." Além de compartilhar do mesmo entendimento, Rogério Sanches Cunha[56] acrescenta que "com a tipificação da conduta nos moldes da Lei n. 9.605/98, duas foram as mudanças: o aumento da pena, que antes variava de seis meses a dois anos de detenção (e agora é de um a três anos de reclusão), e a previsão da forma culposa (antes não tipificada)." Na mesma linha, Cleber Masson[57] considera que o art. 165 do Código Penal "foi tacitamente revogado pelo art. 62 da Lei 9.605/1998 – Lei dos Crimes Ambientais."

▶ **STJ:**

> "(...) o simples fato de o réu figurar no quadro associativo de uma pessoa jurídica que, na condição de locatária, teria se omitido em sua obrigação legal de impedir a deterioração do imóvel tombado, não autoriza a instauração de processo criminal por crime contra o patrimônio cultural, se não restar comprovado o vínculo entre a conduta e o agente, sob pena de se reconhecer impropriamente a responsabilidade penal objetiva..." (RHC 19.488/RS, Rel. Min. Laurita Vaz, Quinta Turma, julgado em 07/10/2008, DJe 03/11/2008).

→ **Aplicação em concurso:**

- **(Magistratura de Pernambuco – FCC – 2011)** Acatando pedido formulado por uma associação (Organização Não Governamental – ONG), em ação civil pública, o Juiz de Direito da comarca concede liminar impedindo a reforma da fachada do prédio de um clube, construído há cerca de cem anos, bem este que, apesar de não ter sido tombado pelo órgão estadual do patrimônio histórico e cultural, é considerado pela comunidade local como parte de seu patrimônio histórico. O presidente do clube dizendo-se

---

53. *Código Penal comentado.* Niterói: Impetus, 2011, p. 487.
54. "Art. 165 - Destruir, inutilizar ou deteriorar coisa tombada pela autoridade competente em virtude de valor artístico, arqueológico ou histórico: Pena - detenção, de seis meses a dois anos, e multa."
55. *Código Penal comentado.* São Paulo: Saraiva, 2007, p. 736.
56. *Manual de Direito Penal:* parte especial. Salvador: Juspodivm, 2016, p. 318.
57. *Código Penal Comentado.* São Paulo: Método, 2014, p. 689.

amparado por decisão da diretoria, intimado da ordem judicial, determina a destruição da parte externa do imóvel, o que se realiza em poucas horas. Esta conduta, do ponto de vista penal, pode ser considerada

A) atípica, porque inexiste um tipo penal correspondente no Código Penal e na legislação ambiental.

B) infração penal tipificada no art. 163 do Código Penal, que configura crime de dano.

C) atípica, como crime ambiental previsto na Lei no 9.605/98, na seção IV do Capítulo V, que trata dos "Crimes contra o Ordenamento Urbano e o Patrimônio Cultural", porque o imóvel não se encontrava tombado pela autoridade administrativa competente.

D) típica, como crime ambiental previsto na Lei no 9.605/98, na seção IV do Capítulo V, que trata dos "Crimes contra o Ordenamento Urbano e o Patrimônio Cultural".

E) crime de resistência, previsto no art. 329 do Código Penal.

Letra D. O art. 62, da Lei n. 9605/98 prescreve que é crime destruir, inutilizar ou deteriorar bem especialmente protegido por lei, ato administrativo ou decisão judicial.

- (IFRS – FCM – 2016) O conceito de preservação é amplo e engloba várias ações do Estado que visam a resguardar a memória de bens culturais de uma Nação. Já o tombamento tem como finalidade a proteção, restringindo o direito de propriedade. De acordo com a discussão acerca de tombamento, proposta por Sônia Rabello de Castro (2009), é correto afirmar que:

    A) O tombamento definitivo dos bens de propriedade particular está isento da análise do chamado "uso natural" da coisa que examina suas funções sociais e sua natureza física.

    B) Coisas tombadas podem ser destruídas, demolidas ou mutiladas, com prévia autorização especial do Serviço do Patrimônio Histórico Nacional.

    C) No caso de extravio ou furto de qualquer objeto tombado, o respectivo proprietário fica isento da responsabilidade de comunicar o fato ao serviço do Patrimônio Histórico e Artístico Nacional, para que sejam tomadas as devidas providências.

    D) São indenizáveis as restrições à propriedade resultantes do tombamento que retirarem do proprietário, temporária ou definitivamente, a exclusividade de propriedade, mesmo quando não houver qualquer restrição ao uso ou desvalorização da propriedade.

    E) O tombamento tem como finalidade a proteção através da imposição de um regime jurídico especial sobre a propriedade, seja ela pública seja privada, tornando-a tutelada pelo poder público em virtude de seu valor cultural.

Letra E.

Art. 17

- **(Promotor de Justiça de Roraima – Cespe/UnB – 2017)** Em um sábado, Pedro, maior e capaz, com baixo grau de instrução, pichou monumento urbano, sem autorização. Nessa situação hipotética,
  A) a ação penal será pública condicionada se o monumento pichado for de propriedade particular.
  B) a pena a que Pedro está sujeito é de detenção inferior a dois anos, mesmo que o monumento pichado seja tombado pelo patrimônio histórico.
  C) o baixo grau de instrução de Pedro é irrelevante para a estipulação da pena.
  D) a pena a que Pedro está sujeito deverá ser agravada por ter sido o crime cometido em um sábado.
  Letra B. Art. 65 da Lei n. 9.605/1998.

- **(Magistratura de São Paulo – Vunesp – 2013)** A, por motivo egoístico, ordenou a destruição de parte de uma fazenda colonial, de sua propriedade, especialmente protegida por decisão judicial de tutela antecipada, concedida nos autos de ação civil pública movida pelo Ministério Público com vistas à preservação, em sua inteireza, do imóvel, em razão de seu valor histórico, cultural e arquitetônico, cujo processo de tombamento, porém, ainda não havia sido instaurado. Nesse caso, o agente praticou
  A) o crime previsto no artigo 62, inciso I, da Lei n.º 9.605/98, que define os crimes ambientais.
  B) o crime de dano qualificado pelo motivo egoístico, previsto no artigo 163, parágrafo único, inciso IV, do Código Penal.
  C) o fato no exercício regular de direito, uma vez que era o proprietário do imóvel.
  D) conduta atípica, uma vez que o imóvel não era tombado, nem iniciado o seu tombamento e provisória a decisão judicial que o protegia.
  Letra A.

- **(Promotor de Justiça de Tocantins – Cespe/UnB – 2012 – desmembrada)** As coisas tombadas poderão, se o proprietário ou possuidor efetuar a compensação patrimonial do bem atingido, ser destruídas, demolidas ou mutiladas sem prévia autorização do Serviço do Patrimônio Histórico e Artístico Nacional.
  Assertiva incorreta.

- **(Magistratura Federal da 3ª Região – Cespe/Cebraspe – 2016 – desmembrada)** Com prévia autorização especial do Serviço do Patrimônio Histórico e Artístico Nacional, as coisas tombadas poderão ser mutiladas, vedado em todos os casos sua demolição ou destruição.
  Assertiva incorreta.

Decreto-Lei nº 25, de 30 de novembro de 1937 | **Art. 17**

- **(Arqueólogo – IPHAN – Cetro – 2015 – desmembrada)** Coisas tombadas podem ser destruídas, demolidas ou mutiladas, com prévia autorização especial do Serviço do Patrimônio Histórico Nacional.
Assertiva incorreta.

- **(Analista da Defensoria Pública/RS – FCC – 2017 – desmembrada)** O tombamento impõe deveres ao proprietário de realizar obras de conservação, assim como restringe sua liberdade de modificar ou demolir os bens tombados, podendo ser imposto sobre imóveis públicos ou particulares.
Assertiva correta.

- **(Promotor de Justiça de Rondônia – FMP Concursos – 2017 – desmembrada)** A proibição de destruição, demolição ou mutilação de bens tombados implica restrições ao direito de propriedade, que podem ser afastadas apenas com autorização administrativa específica.
Assertiva incorreta.

- **(Cartorário/ES – Cespe – 2013 – desmembrada)** Se destruir o bem tombado com a finalidade de lhe preservar o valor cultural, o proprietário deverá restituir a coisa ao *status quo ante*, vedada a conversão da obrigação em perdas e danos.
Assertiva incorreta.

- **(Procurador do Ministério Público do TCE/PB – Cespe – 2014 – desmembrada)** Os bens tombados não podem ser destruídos, demolidos ou mutilados, e, para tanto, a administração pública pode se utilizar tanto do tombamento provisório quanto do tombamento definitivo, limitando o exercício do direito sobre o bem.
Assertiva correta.

5. **Necessidade de autorização do Instituto do Patrimônio Histórico e Artístico Nacional para realização de reparos, pinturas ou restauração do bem tombado:** como dito, para que possa realizar reparos, pinturas ou restauração do bem tombado, o proprietário deverá solicitar autorização ao Instituto do Patrimônio Histórico e Artístico Nacional, sob pena de multa de 50% (cinquenta por cento) do dano causado.[58]

---

58. "(...) O instituto do tombamento, nos termos do art. 216 da Constituição Federal, visa tutelar o patrimônio histórico e artístico nacional, através da intervenção do Estado na propriedade privada de interesse público, quer seja por sua vinculação a fatos da história do Brasil, quer pelo seu valor arqueológico, etnológico, bibliográfico ou artístico (art. 1º, Decreto-Lei nº 25/37). O proprietário de bem tombado não pode repará-la ou restaurá-la sem prévia autorização do IPHAN. Neste sentido, os arts. 17 e 18 do Decreto-Lei nº 25/37. 7. Pelo que consta dos Laudos é perfeitamente possível se afirmar que as

Art. 17

▶ **RESUMO:**

1) **Destruição, demolição ou mutilação de bens tombados:** não são permitidos.

2) **Reparação, pintura e restauração de bens tombados:** cabem, desde que haja autorização especial do IPHAN. Não basta comunicar ao IPHAN, é preciso que este autorize previamente a obra de conservação.

→ **Aplicação em concurso:**

- **(Advogado do INEA/RJ – FGV – 2013 – desmembrada)** O proprietário tem a obrigação de conservar o bem, devendo obter autorização até para pintá-lo.
  Assertiva correta.

- **(Cartorário/PR – IBFC – 2014 – desmembrada)** As coisas tombadas não poderão, em caso nenhum ser destruídas, demolidas ou mutiladas, sem prévia autorização especial do Serviço do Patrimônio Histórico e Artístico Nacional, podendo, todavia, ser reparadas e pintadas pelos proprietários para fins de conservação, com subsequente comunicação ao órgão competente.
  Assertiva incorreta.

---

alterações internas são possíveis de permanecer sem qualquer prejuízo ao sítio histórico e com isso deixar definido que o que resta a fazer é apenas determinar os registros das alterações nesses órgãos para ali ficar definido o atual estágio dos bens imóveis. Assim, quanto as reformas internas dos imóveis, devem as mesmas permanecer, determinando-se o seu registro nos dois órgãos competentes e fixando-se multa nesse ponto, por se tratar de reforma que não recebeu o beneplácito antecipado do IPHAN e da Prefeitura de Olinda. 8. Multa no valor de cinquenta por cento da quantia despendida com as obras internas, a qual deve ser apurada em liquidação. 9. Quanto à reforma externa deve-se verificar que a ausência de questões técnicas não implica em afirmar que a obra realizada ofendeu a arquitetura do Patrimônio Histórico de Olinda. Deve-se preservar a memória arquitetônica de Pernambuco, e isso significa preservar a homenagem que os Apelantes fizeram ao Estado, pela sua cultura, pelos seus valores patrimoniais, pelo acervo de patrimônio afetivo que deixaram em Pernambuco. Vencido o Relator, neste ponto, o qual determinava o desfazimento da reforma externa. 10. Multa no valor de cinquenta por cento sobre o valor das obras externas realizadas, a ser apurada em sede de liquidação de sentença. 11.Preliminares rejeitadas. Dar parcial provimento às apelações, para preservar as obras realizadas, fixando multa de cinquenta por cento sobre o valor das referidas obras, apuráveis em sede de liquidação de sentença. Agravo retido não provido." (TRF5, Apelação Cível 0017389-12.2004.4.05.8300, Rel. Des. Fed. Manuel Maia (substituto), julgado em 15/02/2011, DJe 24/03/2011).

Decreto-Lei nº 25, de 30 de novembro de 1937 **Art. 17**

- **(Promotor de Justiça de Rondônia – FMP Concursos – 2017 – desmembrada)** O reparo de bens tombados dependerá apenas de notificação à autoridade competente.
  Assertiva incorreta.

6. **Competência para julgar os crimes praticados contra bens tombados:** de acordo com o STJ, se o objeto do crime (no caso analisado, o furto de uma imagem sacra) tiver sido bem tombado pelo município e não pelo IPHAN, não havendo, pois, lesão a bens, serviços ou interesses da União, a competência para julgamento é da Justiça Estadual e não da Justiça Federal – *vide* CC 15.475/MG, Rel. Min. Cid Flaquer Scartezzini, Terceira Seção, julgado em 28/02/1996, DJ 15/04/1996, p. 11489. Também, "se os bens foram tombados por Estado-membro, em regra, possuem somente relevância regional, não ensejando a competência da Justiça Federal." (CC 56.102/SP, Rel. Min. Laurita Vaz, Terceira Seção, julgado em 13/09/2006, DJ 23/10/2006, p. 256). Também será competente a Justiça Estadual julgar o delito de escavações em terreno localizado em área de entorno de bem tombado pelo Instituto do Patrimônio Histórico e Artístico Nacional - IPHAN, quando a prática do delito antecede a data do tombamento (CC 145.337/AM, Rel. Min. Nefi Cordeiro, Terceira Seção, julgado em 13/04/2016, DJe 19/04/2016). Por sua vez, cabe à Justiça Federal o processo-crime contra bens tombados pelo Instituto do Patrimônio Histórico e Artístico Nacional, sem relevância obstativa a falta de inscrição no registro imobiliário – CC 19.157/MG, Rel. Min. José Dantas, Terceira Seção, julgado em 27/03/1998, DJ 03/08/1998, p. 74.[59] Enfim, a competência será da Justiça Federal quando a lesão atingir bens, serviços ou interesses da União, de suas entidades autárquicas ou de suas empresas públicas (CR/88, art. 109, IV).

→ **Aplicação em concurso:**
  - **(Defensoria Pública do Maranhão – 2003)** NÃO é efeito do tombamento de edificação urbana

---

59. "(...) a União, por intermédio do IPHAN, tem efetivo interesse na preservação e manutenção do patrimônio histórico e artístico nacional, resguardando os bens de excepcional valor cultural e artístico. 3. Determinada a competência da Justiça Federal, não se pode manter a sentença condenatória proferida por Juízo incompetente, visto ser aquela de ordem constitucional. 4. Conflito conhecido para declarar a competência do Juízo Federal da 10ª Vara Criminal da Seção Judiciária do Estado de São Paulo, ora suscitante. Concessão de habeas corpus, de ofício, para anular a sentença condenatória proferida pelo Juízo Estadual, facultando-se a ratificação dos atos processuais anteriormente praticados, na forma legal." (CC 106.413/SP, Rel. Min. Arnaldo Esteves Lima, Terceira Seção, julgado em 14/10/2009, DJe 09/11/2009).

A) a proibição de construções no entorno que prejudiquem sua visibilidade.

B) a proibição de sua derrubada.

C) a inalienabilidade do imóvel em que construída.

D) o dever do proprietário de conservá-la.

E) a sujeição à fiscalização do órgão público competente.

Letra C

- **(Delegado da Polícia Federal – Cespe/UnB – adaptada)** O conjunto arquitetônico do Plano Piloto de Brasília foi tombado por meio da Portaria n. 4, de 13 de março de 1990, da então Secretaria do Patrimônio Histórico e Artístico Nacional (SPHAN), órgão do Ministério da Cultura. Posteriormente, editou-se, em relação ao tombamento, a Portaria n. 314, de 8 de outubro de 1992, do então Instituto Brasileiro do Patrimônio Cultural (IBPC), também integrante do Ministério da Cultura. As competências da SPHAN e do IBPC são atualmente exercidas pelo Instituto do Patrimônio Histórico e Artístico Nacional (IPHAN), autarquia federal. Em face dessas circunstâncias e das normas constitucionais, especialmente as relativas à cultura, julgue os itens abaixo:

1. Ações judiciais intentadas pelo IPHAN, que visem à defesa do conjunto arquitetônico do Plano Piloto de Brasília, na qualidade de bem tombado, devem ser ajuizadas perante a Justiça Comum do Distrito Federal.

   O item foi considerado incorreto.

2. Delitos perpetrados contra o Plano Piloto de Brasília, considerado como bem cultural, deverão ser objeto de investigação por parte da Polícia Federal.

   O item foi considerado correto.

▶ **IMPORTANTE:** o art. 17 é um dos dispositivos do DL n. 25/1937 que conta com o maior número de decisões do Superior Tribunal de Justiça.

▶ **STJ:**

> ADMINISTRATIVO. TOMBAMENTO. INSTALAÇÃO DE GRADES DE PROTEÇÃO EM EDIFÍCIO RESIDENCIAL DO PLANO PILOTO DE BRASÍLIA. VIOLAÇÃO À NORMA DE TOMBAMENTO. 1. É fato notório que o tombamento da Capital da República não atingiu apenas os prédios públicos, ou o seu arruamento, ou qualquer outra parte isoladamente considerada. Tombada foi a cidade em seu conjunto, com o seu singular conceito urbanístico e paisagístico, que expressa e forma a própria identidade da Capital. 2. Assim, está também protegido por

tombamento o conceito urbanístico dos prédios residenciais, com a uniformidade de suas áreas livres, que propiciam um modo especial de circulação de pessoas e de modelo de convívio. O gradeamento desses prédios comprometerá severamente esse conceito, importando ofensa ao art. 17 do DL 35/1937. Precedente: REsp 840.918, 2ª. Turma, Min. Herman Benjamin. 3. Recursos Especiais providos. (REsp 761.756/DF, Rel. Min. Teori Albino Zavascki, Primeira Turma, julgado em 15/12/2009, DJe 02/02/2010).

AÇÃO CIVIL. IMÓVEL. TOMBAMENTO. RESTAURAÇÃO. DL 25/37. INAPLICABILIDADE. PECULIARIDADE DA HIPÓTESE. "I. A obrigação de conservação e restauração imposta ao proprietário pelo DL 25/37 parte da premissa implícita e óbvia de que o bem tombado existia em sua forma original no momento da aquisição, ainda que deteriorado ou descaracterizado em certa medida, mas sem perder sua essência. II. Não é possível impor ao proprietário atual que recrie prédio histórico destruído ou totalmente descaracterizado por obras feitas por terceiro décadas antes da aquisição, dando origem a novo prédio com características distintas. III. No caso concreto busca o MPF a restauração do imóvel (antigo Liceu de Artes e Ofícios de 1886) ao estado que exibia quando do tombamento (1938), porém passando por cima da circunstância de que uma empresa, proprietária do imóvel, o descaracterizou completamente ainda em 1957/58, para que o prédio abrigasse o Cine Teatro Vila Rica, que existe até hoje. IV. A Universidade Federal de Ouro Preto, que adquiriu o imóvel quase 30 anos (1986) após sua completa descaracterização e substituição pelo atual cine teatro, não tem obrigação de recriar o passado já há muito inexistente, muito menos destruindo o atual cine teatro, que é espaço comunitário de elevado valor cultural para a comunidade e também já faz parte da história do local, merecendo tanto ou mais respeito que o antigo e já inexistente Liceu de Artes e Ofícios." V – Inaplicabilidade do artigo 17, do Decreto-Lei n. 25/37 que, apesar de dispor sobre a impossibilidade de destruição das "coisas tombadas", não impõe a pretendida restauração, mas tão-somente o pagamento de multa, e não se ajusta à peculiar situação dos autos. VI – Recurso improvido. (REsp 1047082/MG, Rel. Min. Francisco Falcão, Primeira Turma, julgado em 04/09/2008, DJe 15/09/2008).

AÇÃO CIVIL. IMÓVEL TOMBADO. OBRAS. AUTORIZAÇÃO DO IPHAN. NECESSIDADE. ARTIGO 17 DO DECRETO-LEI Nº 25/37. I – Cuida-se de ação civil ajuizada com vistas a dar cumprimento ao disposto no artigo 17 do Decreto-Lei nº 25/37, porquanto o proprietário de imóvel tombado nele efetuou obras sem a prévia autorização do IPHAN. II – O referido artigo não deixa dúvidas sobre a necessidade de se proceder à prévia autorização do IPHAN relativamente a qualquer obra que venha a ser feita em imóvel tombado, a despeito da relevância que ela teria no conjunto arquitetônico. III – Recurso especial provido. (REsp 1075043/MG, Rel. Min. Francisco Falcão, Primeira Turma, julgado em 16/06/2009, DJe 29/06/2009).

"(...) 1. Não é necessário que o tombamento geral, como no caso da cidade de Tiradentes, tenha procedimento para individualizar o bem (art. 1º do Decreto-Lei n. 25/37). As restrições do art. 17 do mesmo diploma legal se aplicam a todos os que tenham imóvel na área tombada. Precedente. 2. É incongruente a alegação da recorrente de que o bem não foi individualizado no tombamento, se sabia claramente das restrições impostas pelo Decreto-Lei n. 25/37, uma vez que, inclusive, solicitou autorização ao IPHAN para a realização da obra e desrespeitou os limites estabelecidos pelo órgão. 3. A divergência jurisprudencial não pode ser conhecida por ausência de similitude fática, tendo em vista o reconhecimento do acórdão recorrido do caráter agressor das obras e reconhecimento pelo acórdão paradigma da ausência de demolição, destruição ou mutilação do bem tombado. Recurso especial conhecido em parte e improvido." (REsp 1098640/MG, Rel. Min. Humberto Martins, Segunda Turma, julgado em 09/06/2009, DJe 25/06/2009).

▶ **DESTAQUE:** o REsp 840.918/DF, julgado em 14/10/2008, DJe 10/09/2010 e transcrito abaixo é um dos mais importantes acórdãos produzidos pelo STJ sobre o tombamento. Trata-se de decisão cuja leitura é imprescindível.

ADMINISTRATIVO E URBANÍSTICO. BRASÍLIA. PLANO PILOTO E REGIÃO ADMINISTRATIVA DO CRUZEIRO. PATRIMÔNIO HISTÓRICO E ARTÍSTICO NACIONAL. TOMBAMENTO. PATRIMÔNIO MUNDIAL. INSTALAÇÃO DE GRADES EM TORNO DOS PILOTIS DOS EDIFÍCIOS RESIDENCIAIS NAS SUPERQUADRAS. INCOMPATIBILIDADE COM O PROJETO ORIGINAL. INTERPRETAÇÃO DOS ARTS. 17 E 18 DO DL 25/1937 E DA CONVENÇÃO RELATIVA À PROTEÇÃO DO PATRIMÔNIO MUNDIAL, CULTURAL E NATURAL. 1. O IPHAN – Instituto do Patrimônio Histórico e Artístico Nacional é o órgão encarregado de zelar pela preservação do patrimônio cultural brasileiro, sobretudo pelos bens que, considerando sua importância nacional de caráter histórico, cultural e ambiental, tenham sido tombados, competência essa que não deve ser dificultada, inviabilizada ou impedida pela ação ou omissão de Estados e Municípios a pretexto de exercerem poderes privativos de ordenamento do seu território ou da responsabilidade que lhes incumbe de deliberar sobre assuntos de interesse estadual ou local. 2. Em razão do singular conjunto arquitetônico e do revolucionário conceito urbanístico-paisagístico (sobretudo a organização em superquadras povoadas por prédios sustentados por pilotis), o Plano-Piloto de

Brasília foi, em 1990, tombado pelo IPHAN, nos termos do Decreto-Lei n. 25, de 30 de novembro de 1937, estatuto federal que protege o patrimônio histórico e artístico nacional. 3. Além disso, em 1987 a UNESCO reconheceu Brasília como patrimônio mundial, no contexto da Convenção Relativa à Proteção do Patrimônio Mundial, Cultural e Natural, adotada em Paris em 16 de novembro de 1972 e que entrou em vigor, no Brasil, em 2 de dezembro de 1977. 4. O art. 17 do Decreto-Lei n. 25/1937 contém dois núcleos distintos de proteção dos bens tombados. De um lado, uma proibição absoluta de obras ou atividades que os exponham a risco de destruição, demolição ou mutilação. De outro, uma proibição relativa, já que intervenções de reparação, pintura e restauração – isto é, ações destinadas a conservar o bem – podem ser realizadas, desde que com autorização prévia, expressa e inequívoca do IPHAN. 5. No art. 18, que também traz uma proibição relativa, acham-se vedadas, exceto se legitimadas por prévia, expressa e inequívoca autorização do Iphan, tanto construções na vizinhança do bem tombado que lhe impeçam ou reduzam a visibilidade (= proteção do entorno), como a colocação, nele mesmo, de anúncio ou cartazes. 6. Não obstante a variedade e numerosidade de bens individuais que o integram, o patrimônio cultural tombado ou protegido como conjunto (é o caso de Brasília) assume, em diversos sistemas jurídicos, a forma de *universitas rerum*. Ou seja, as qualidades históricas, artísticas, naturais ou paisagísticas do todo – como patrimônio comum e intangível dos cidadãos do País e até da humanidade – são vistas e reconhecidas unitariamente pelo Direito, em entidade ideal e complexa, que transcende a individualidade de cada um dos seus elementos-componentes. No Direito brasileiro, o Código Civil (art. 91) disciplina tal instituto como universalidade de direito ou *universitas iuris*. 7. Nesses conjuntos, os termos "mutilar" e "destruir", utilizados pelo art. 17 do Decreto-Lei n. 25/1937, não têm apenas o sentido estrito de salvaguarda de edifícios e construções isolados, mas também de proteção da globalidade arquitetônica e urbanístico-paisagística, isto é, dos bens agregados em universalidade de direito. Trata-se de salvaguarda que se faz, a um só tempo, do todo a partir dos seus elementos e destes a partir daquele. 8. O Decreto-Lei n. 25/1937 veda e reprime tanto a destruição, demolição e mutilação total, como a parcial; tanto a comissiva como a omissiva; a que atinge as bases materiais, como a que afeta os aspectos imateriais do bem. Nele, "destruir" e "demolir" são empregados em sentido mais amplo que na linguagem coloquial, pois não se resumem a "derrubar" ou "pôr no chão". "Destruir" inclui modalidades mais tênues e discretas de intervenção no bem tombado ou protegido, como "estragar", "reduzir as suas qualidades", "afetar negativamente de maneira substancial", "inviabilizar ou comprometer as suas funções" e "afastar-se da concepção original". Igual sucede com o verbo "mutilar", que no seu significado técnico-jurídico traduz-se em "cortar" ou "retalhar", e também abarca "causar estrago menor", "alterar fração", "modificar topicamente" ou "deteriorar". 9. A Convenção Relativa à Proteção do Patrimônio Mundial, Cultural e Natural tem aplicabilidade judicial direta no Brasil, seja porque seus princípios gerais e obrigações, mesmo os aparentemente mais abstratos e difusos, iluminam o sistema constitucional e legal brasileiro e com ele dialogam, em perfeita harmonia, coerência e complementaridade, seja por ser inadmissível que o País negocie, assine e ratifique tratados internacionais para em seguida ignorá-los ou só aplicá-los de maneira seletiva, cosmética ou retórica. 10. A cooperação entre os Estados-Parte, uma das marcas da Convenção, não a transforma em desidratado acordo de cavalheiros, que legitima a inação e a omissão estatal, algo que imunizaria seu texto, em cada País, contra eventual tentativa de implementação pelo Poder Judiciário. 11. Segundo a Convenção, os Estados-Parte reconhecem que lhes cabe "a obrigação de identificar, proteger, conservar, valorizar e transmitir às futuras gerações" o seu patrimônio cultural e natural e que deverão "tudo fazer para esse fim" (art. 4º); além disso, de maneira mais precisa, estabelece que visando a "garantir a adoção de medidas eficazes para a proteção, conservação e valorização do patrimônio cultural e natural situado em seu território", cada Estado-Parte empenhar-se-á em "tomar as medidas jurídicas, científicas, técnicas, administrativas e financeiras adequadas para a identificação, proteção, conservação, valorização e reabilitação desse patrimônio" (art. 5º, "d", grifo acrescentado). 12. As ações e medidas, de caráter mínimo e em *numerus apertus*, previstas no art. 5º, "d" da Convenção, não constituem simples faculdades de agir para cada Estado-parte, uma espécie de frouxa declaração não-prescritiva de boas-intenções, condenada a ficar refém do poder discricionário dos seus administradores públicos. Tampouco devem ser lidas como rol exortatório de políticas públicas, a cargo do Poder Executivo, ou proclamação vazia de consequências práticas, no âmbito judicial. Ao contrário, são deveres que convidam o escrutínio e a implementação judicial em cada Estado-Parte. 13. Naquilo que importa para a solução da presente demanda, no art. 5º, "d", da Convenção, encontra-se, a rigor, um genuíno e amplo dever exigível dos Estados-Parte (aí se incluindo, no caso do Brasil, a União, os Estados federados e os Municípios), consistente na adoção, para proteger e conservar os bens listados como patrimônio mundial, de medidas jurídicas e administrativas "adequadas" (= eficazes). 14. É certo que tratados são firmados pela União, sujeito dotado de personalidade internacional. Isso não implica dizer que, uma vez celebrados, vinculem somente o Governo Federal. Ao contrário, o espírito e os deveres específicos dos acordos internacionais (entre eles a Convenção do Patrimônio Mundial), por integrarem o Direito supremo da nação, devem ser observados por todos e cada um dos órgãos administrativos, tanto federais como estaduais e municipais. 15. Nos processos judiciais que envolvam monumentos, conjuntos, locais notáveis, formações geológicas e fisiográficas, e outros sítios inscritos como patrimônio mundial, o Poder Judiciário brasileiro não só pode, como deve, fazer valer diretamente a Convenção, já que seu texto vincula os Estados-Parte ao ponto de influenciar e orientar as decisões de seus juízes. 16. Lúcio Costa, no seu projeto visionário, concebeu uma cidade aberta, sem muros ou grades, que tem por consentâneo a manutenção de amplos espaços públicos e o trânsito desimpedido de pessoas pelo interior das superquadras e por baixo dos prédios construídos sobre pilotis. 17. Logo, o livre ir e vir sob os prédios residenciais é característica essencial de Brasília, que a torna distinta de qualquer outra grande cidade brasileira. O Projeto original somente permitiu a ocupação privada do primeiro ao sexto andar dos prédios. O piso térreo deveria ficar exposto e aberto ao público, na esperança de uma maior aproximação dos moradores entre si e deles com a Natureza à sua volta. 18. No desenho de Brasília, levou-se ao extremo a idéia de democratização da cidade, assim como o diálogo entre os bens construídos, sobretudo edifícios residenciais, e o mundo natural ou naturalizado que os cerca. Pretendeu-se, pela força criativa da arquitetura, da engenharia e do paisagismo, estabelecer espaços físicos de solidariedade, que a um só tempo combatessem o isolamento típico de outras metrópoles e viabilizassem um vasto campo de convivência coletiva. 19. Na contramão das obrigações internacionais do Brasil e do disposto na legislação nacional, o governo do Distrito Federal vem, de maneira reiterada, admitindo ou simplesmente ignorando a violação das características básicas do conjunto arquitetônico e urbanístico-paisagístico de Brasília, sobretudo no que se refere ao crescente gradeamento da área comum do piso inferior dos edifícios residenciais das superquadras, que, composto de pilotis, deveria permanecer aberto e livre ao trânsito de pessoas, moradores ou não. 20. A instalação de grades em volta dos pilotis dos blocos de apartamentos infringe o art. 17 do Decreto-Lei n. 25/1937. Viola, ainda, o espírito da Convenção. Primeiro, porque o governo do Distrito Federal deixa de "tomar as medidas jurídicas, científicas, técnicas, administrativas e financeiras adequadas para a proteção, conservação" do patrimônio cultural de Brasília (art. 5º, "d", da Convenção, grifo acrescentado), considerado de "valor universal excepcional" ou de "interesse excepcional". Segundo, porque, mais grave ainda, em alguns casos apóia (como na hipótese dos autos), velada ou abertamente, as ações privadas de descaracterização dos bens que deveriam ser, sincera e eficazmente, salvaguardados. 21. O gradeamento isola as áreas de livre circulação e mutila o projeto original da cidade e, em conseqüência, afeta negativamente atributos e características arquitetônicos, paisagísticos, ambientais e sociais dorsais do Projeto de Brasília, perenizados pelo tombamento e pela declaração do Plano--Piloto como patrimônio cultural mundial. 22. O grave problema da violência urbana, que assola e amedronta as nossas cidades, não legitima o comprometimento do patrimônio cultural brasileiro, nem autoriza a apropriação privada de espaços públicos. Segurança pública é alcançada com maior e melhor policiamento, associado a programas de inclusão social, e não com ofensa a outros bens e interesses coletivos, notadamente aqueles de que também são titulares as gerações futuras. 23. Brasília fez a escolha de ser livre nos seus espaços arquitetônicos e paisagísticos. Para continuar a ser o que é ou o que deveria ser, precisa controlar o individualismo, a liberdade de construir onde e como se queira, e a ênfase de seus governantes no curto-prazo, que tende a sacrificar o patrimônio público imaterial, o belo, o histórico e, portanto, os interesses das gerações futuras. 24. Recurso Especial provido, para reconhecer que o Distrito Federal violou o art. 17 do Decreto-Lei n. 25/1937, bem como as obrigações internacionais do Brasil, das quais é devedor-solidário, decorrentes da Convenção Relativa à Proteção do Patrimônio Mundial, Cultural e Natural, em particular as estatuídas nos arts. 4º e 5º, "d". (REsp 840.918/DF, Rel. Min. Eliana Calmon, Rel. p/ acórdão Min. Herman Benjamin, Segunda Turma, julgado em 14/10/2008, DJe 10/09/2010).

▶ **Conclusões importantes do REsp 840.918/DF:** os bens tombados não poderão: **i)** em nenhuma hipótese, ser destruídos, demolidos ou mutilados. Repita-se: em nenhuma hipótese a área tombada pode ser demolida, destruída ou mutilada e **ii)** ser reparados, pintados ou restaurados sem que haja prévia autorização especial do IPHAN.

Art. 18. Sem prévia autorização do Serviço do Patrimônio Histórico e Artístico Nacional, **não se poderá**, **na vizinhança da coisa tombada**, **fazer construção que lhe impeça ou reduza a visibilidade**, **nem** nela **colocar anúncios ou cartazes**, sob pena de ser mandada destruir a obra ou retirar o objeto, impondo-se neste caso a multa de cinquenta por cento do valor do mesmo objeto.

1. **Construção de obras nas proximidades do bem tombado:** segundo o art. 18 do Decreto-Lei n. 25/1937, não será permitida, sem prévia autorização do IPHAN, realizar construção nas proximidades do bem tombado, de modo a impedir ou reduzir sua visibilidade. Este é um dos principais efeitos do tombamento: obrigações que irradiam consequências para os

vizinhos, habitantes do entorno do bem tombado. A área de entorno não é determinada em lei, devendo ser estabelecida caso a caso. Segundo o STJ, o art. 18 do DL 25/37 não impede a construção de obras na "vizinhança" de bens tombados, mas apenas impõe a necessidade de que o empreendimento seja previamente autorizado pelo IPHAN, a quem compete delimitar a poligonal de entorno do tombamento e certificar se a obra não impede ou prejudica a visibilidade do bem protegido, sob pena de demolição e multa. Assim, se o art. 18 do DL 25/37 exige, apenas, prévia autorização do IPHAN, a quem atribui competência para delimitar a área de entorno do bem tombado, e havendo manifestação expressa dessa autarquia, não há que se declarar a nulidade da obra, ou ordenar-se a sua demolição, sobretudo quando se tratar de edificação já concluída, com unidades habitacionais já comercializadas a terceiros (REsp 1166674/PE, Rel. Min. Castro Meira, Segunda Turma, julgado em 16/08/2011, DJe 30/08/2011). Ao julgar o REsp 1127633/DF, Rel. Ministro Herman Benjamin, Segunda Turma, julgado em 23/03/2010, DJe 28/02/2012, o STJ manteve condenação de empresa que, sem autorização do IPHAN, fixou painel luminoso no Plano Piloto (área tombada de Brasília/DF). Segundo o Superior, o tombamento do Plano Piloto alcança todo seu conjunto urbanístico e paisagístico. Assim, sem a prévia autorização do Iphan, "não se poderá, na vizinhança da coisa tombada, fazer construções que impeça ou reduza a visibilidade, nem nela colocar anúncios ou cartazes, sob pena de ser mandada destruir a obra ou retirar o objeto, impondo-se neste caso a multa de cinquenta por cento do valor do mesmo objeto" (artigo 18 do Decreto-Lei 25/1937). Considerou-se que o mencionado artigo é claro ao exigir autorização do IPHAN para a colocação de anúncios na coisa tombada. Na hipótese analisada, inexistiu tal anuência, o que bastaria para tornar ilegal a conduta da recorrente. Ademais, registrou o STJ que no campo jurídico do tombamento, o conceito de dano não se restringe ou se resume a simples lesão física (desfiguradora e estrutural) ao bem protegido, pois inclui agressões difusas e até interferências fugazes nele mesmo, no conjunto e no seu entorno (= dano indireto), que arranhem ou alterem os valores globais intangíveis, as características, as funções, a estética e a harmonia, o bucólico ou a visibilidade das suas várias dimensões que justificaram a especial salvaguarda legal e administrativa. Ainda no caso, a conduta irregular da empresa foi mais além, por ter acarretado danos à vegetação do local, mormente pela supressão de árvores, em flagrante desrespeito à norma do art. 17, que veda em absoluto a destruição e a mutilação do bem tombado.

Art. 18

2. **Colocação de anúncios ou cartazes nos bens tombados – vedação:** também não será permitida a colocação de anúncios ou cartazes no bem tombado, sob pena de retirada e imposição de multa no valor de 50% (cinquenta por cento) do valor do bem. Importante destacar que a multa prevista na parte final do art. 18 se refere apenas à hipótese de colocação de anúncios ou cartazes sem autorização do IPHAN, não se aplicando para os casos de construção que impede ou reduz a visibilidade. A utilização da passagem "impondo-se neste caso" faz alusão à retirada do *objeto* (anúncio ou cartaz) tanto é assim que se diz que o valor da multa será de "cinquenta por cento do valor do mesmo *objeto*".

→ **Aplicação em concurso:**

- **(Defensoria Pública do Maranhão – 2003)** NÃO é efeito do tombamento de edificação urbana

    A) a proibição de construções no entorno que prejudiquem sua visibilidade.

    B) a proibição de sua derrubada.

    C) a inalienabilidade do imóvel em que construída.

    D) o dever do proprietário de conservá-la.

    E) a sujeição à fiscalização do órgão público competente.

    Letra C

- **(Cartorário/MG – Consulplan – 2017 – desmembrada)** O tombamento não gera restrições à vizinhança do imóvel tombado, uma vez que a limitação imposta pelo Poder Público é pessoal e intransferível.
    Assertiva incorreta.

- **(Magistratura Federal da 3ª Região – Cespe – 2016 – desmembrada)** Sem prévia autorização do Serviço do Patrimônio Histórico e Artístico Nacional, não se poderá, na vizinhança da coisa tombada, fazer construção que lhe impeça ou reduza a visibilidade, nem nela colocar anúncios ou cartazes, sob pena de destruição da coisa, com imposição de multa.
    Assertiva incorreta.

- **(Promotor de Justiça de Minas Gerais – 2011 – desmembrada)** Sem prévia autorização do Serviço do Patrimônio Histórico e Artístico Nacional, não se poderá, na vizinhança da coisa tombada, fazer construção que lhe impeça ou reduza a visibilidade, nem nela colocar anúncios ou cartazes.
    Assertiva correta.

- **(Analista do CNMP – FCC – 2015)** O proprietário de um imóvel vizinho a edifício tombado em razão de seu valor histórico pretende construir mais

Decreto-Lei nº 25, de 30 de novembro de 1937 — Art. 18

um pavimento, o que, contudo, impedirá a visibilidade do bem tombado. De acordo com a legislação federal que rege a matéria, esse proprietário

A) não poderá realizar a obra, sem prévia autorização do Serviço do Patrimônio Artístico e Histórico Nacional, sob pena de ser mandada remover a obra, sem prejuízo de eventual imposição de multa.

B) não possui qualquer impedimento para edificar, salvo se instituída servidão administrativa sobre seu imóvel.

C) somente estará impedido de realizar a obra na hipótese de seu imóvel também ser tombado.

D) terá direito a indenização por desapropriação indireta, na hipótese de ser impedido de realizar a obra pretendida.

E) somente estará impedido de realizar a obra se o seu imóvel for declarado acessório no processo de tombamento do imóvel vizinho, de acordo com os limites de tal declaração.

Letra A, segundo a banca.

- **(Procurador do Município de Poá/SP – Vunesp – 2014 – desmembrada)** A restrição imposta pelo Tombamento não poderá afetar proprietários de imóveis vizinhos ao tombado.
Assertiva incorreta.

- **(Magistratura do Mato Grosso – FMP Concursos – 2014 – desmembrada)** O tombamento de bem imóvel pode repercutir no direito de proprietários vizinhos, limitando inclusive a volumetria e a altura de prédios situados no entorno.
Assertiva correta.

- **(Analista – MP/RS – 2014 – desmembrada)** Os vizinhos do imóvel tombado não poderão, sem autorização prévia do órgão técnico, fazer construção que impeça ou reduza a visibilidade do referido bem; essa restrição aos imóveis da área envoltória é um exemplo de servidão administrativa.
Assertiva correta.

- **(Cartorário/ES – Cespe – 2013 – desmembrada)** O ato de tombamento, seja ele provisório ou definitivo, contrapõe-se aos interesses da propriedade privada, limitando o exercício dos direitos inerentes ao bem em nome da função social, o que impede a construção de obra vizinha.
Assertiva incorreta.

- **(Promotor de Justiça do Piauí – Cespe – 2012 – desmembrada)** Sem que seja protocolado o pedido de uso comercial do bem tombado ou que seja obtida autorização posterior do Conselho Consultivo Nacional do Patrimônio Histórico, não se poderá, na vizinhança da coisa tombada, fazer

construção ou introduzir objeto que lhe impeça ou reduza a visibilidade, nem nela colocar anúncios ou cartazes, sob pena de se mandar destruir a obra ou retirar o objeto, impondo-se ao agente, nesse caso, a multa de 50% do valor da obra ou do objeto.
Assertiva incorreta.

Art. 19. O proprietário de coisa tombada, que não dispuser de recursos para proceder às obras de conservação e reparação que a mesma requerer, levará ao conhecimento do Serviço do Patrimônio Histórico e Artístico Nacional a necessidade das mencionadas obras, sob pena de multa correspondente ao dobro da importância em que for avaliado o dano sofrido pela mesma coisa.

§ 1º Recebida a comunicação, e consideradas necessárias as obras, o diretor do Serviço do Patrimônio Histórico e Artístico Nacional mandará executá-las, a expensas da União, devendo as mesmas ser iniciadas dentro do prazo de seis meses, ou providenciará para que seja feita a desapropriação da coisa.

§ 2º À falta de qualquer das providências previstas no parágrafo anterior, poderá o proprietário requerer que seja cancelado o tombamento da coisa.

§ 3º Uma vez que verifique haver urgência na realização de obras e conservação ou reparação em qualquer coisa tombada, poderá o Serviço do Patrimônio Histórico e Artístico Nacional tomar a iniciativa de projetá-las e executá-las, a expensas da União, independentemente da comunicação a que alude este artigo, por parte do proprietário.

1. **Obrigação para o proprietário de bem tombado que não dispõe de recursos financeiros para conservá-lo:** nos termos do art. 19 do Decreto-lei n. 25/37, cabe ao proprietário a responsabilidade pela conservação e manutenção de bem tombado[60]. O proprietário de bem tombado que não dispuser de recursos financeiros para promover sua conservação e reparação deverá comunicar ao IPHAN a necessidade de eventuais obras na coisa, sob pena de multa correspondente ao dobro da importância em que for avaliado o dano sofrido no bem. É ônus do proprietário demonstrar que não possui condições financeiras para arcar com os custos da reforma e manutenção do bem, mas caso, posteriormente,

---

60. *Vide* REsp 666.842/RJ, Rel. Min. Mauro Campbell Marques, Segunda Turma, julgado em 15/10/2009, DJe 28/10/2009. "Em princípio, por força do disposto no art. 19 do Decreto-Lei 25/37, é da responsabilidade do proprietário conservar e reparar o bem tombado." (REsp 895.443/RJ, Rel. Ministra Eliana Calmon, Segunda Turma, julgado em 20/11/2008, DJe 17/12/2008).

reste demonstrado que o proprietário possuía recursos e omitiu, o Poder Público, após realizar a reforma, pode pedir o ressarcimento, tal como decidiu o STJ no REsp 1.051.687/MA, Rel. Min. Francisco Falcão, Primeira Turma, julgado em 11/11/2008, DJe 17/11/2008:

> AÇÃO CIVIL PÚBLICA. BEM TOMBADO. PROPRIEDADE PARTICULAR. ÔNUS DA PROVA. CONSERVAÇÃO. RESPONSABILIDADE. DECRETO-LEI Nº 25/37. RESSARCIMENTO.
>
> I - O Ministério Público Federal ajuizou ação civil pública com vistas à responsabilização de obras de conservação e restauração de imóvel tombado de propriedade de particular. O juízo de primeiro grau determinou que o IPHAN, às expensas da UNIÃO, executasse as obras necessárias à reparação, tendo em vista que a proprietária demonstrou não ter recursos para tanto.
>
> II - Tendo o Tribunal a quo considerado haver demonstração do proprietário da falta de recursos para a restauração, deve ser afastada a alegada violação ao artigo 333 do CPC, haja vista que a circunstância consignada no acórdão não viabiliza a tese de inversão do ônus da prova.
>
> III - O artigo 19 do Decreto-Lei nº 25/37, tido por violado, não exonera a responsabilidade da União de realizar restauração de imóvel tombado, tida por necessária, máxime na hipótese dos autos, onde o julgador, a despeito de consignar que a proprietária não teria recursos no momento para arcar com os custos das obras, determinou que, após a realização da restauração, a União pode cobrar os respectivos valores diretamente da proprietária.
>
> IV - Recurso improvido.

Registre-se ainda que "a notificação ao Poder Público, pelo proprietário do bem tombado, de que não dispõe de recursos para realizar obras de conservação e reparação (art. 19 do Decreto-Lei 25/1937), não o libera para simplesmente abandonar a coisa à sua própria sorte e ruína, sobretudo porque o ordenamento coloca à sua disposição mecanismos gratuitos para forçar a ação do Estado, bastando provocar o Ministério Público ou a Defensoria Pública." REsp 1359534/MA, Rel. Min. Herman Benjamin, Segunda Turma, julgado em 20/02/2014, DJe 24/10/2016). Segundo o STJ, são responsáveis solidariamente pela preservação de imóvel urbano em situação de risco, em face ao abandono e descaso e pelos danos causados ao patrimônio histórico e cultural, todo aquele a quem incumbe protegê-lo ou quem, direta ou indiretamente, contribua para o desrespeito, entre os quais se incluem o proprietário, mesmo que locador, e o Poder Público.

Art. 19

2. **Procedimento:** após receber a comunicação do proprietário, e em constatando a necessidade de reparos no bem, o diretor do Instituto do Patrimônio Histórico e Artístico Nacional (IPHAN) mandará executá-las, às expensas da União, devendo a reforma ser iniciada dentro do prazo de 6 (seis) meses ou providenciará para que ocorra a desapropriação. Caso o IPHAN não adote as providências necessárias à conservação do bem, o proprietário poderá requerer que seja cancelado o tombamento (desfazimento do tombamento ou "destombamento"). Nos termos do parágrafo único do art. 1º, da Lei n. 6.292, de 15 de Dezembro de 1975, o cancelamento a que se refere o § 2º do artigo 19 do DL n. 25/1937 depende de parecer do Conselho Consultivo do IPHAN e homologação do Ministro da Cultura.

→ **Aplicação em concurso:**

- **(Analista de Controle Externo – TCU – ESAF – 2006)** Tratando-se de patrimônio histórico, quando do estudo do domínio público, temos, no Brasil, legislação sobre o instituto do tombamento. Sobre esse tema, assinale a afirmativa verdadeira.

    A) O tombamento de coisa pertencente a pessoa natural somente se fará de modo compulsório.

    B) Excluem-se do patrimônio histórico e artístico nacional todas as obras de origem estrangeira.

    C) O tombamento somente recairá sobre bens móveis e imóveis.

    D) Caso o bem tombado não seja mantido e preservado pelo Poder Público, poderá o seu proprietário, que não tiver condições financeiras, requerer que seja cancelado o seu tombamento.

    Letra D

- **(Magistratura de Santa Catarina – 2007)** Márcio é proprietário de um imóvel tombado, conhecido pela comunidade como "Sobrado do Barão", porquanto serviu de residência de um nobre importante para a instalação e desenvolvimento da região onde mora. Ocorre que, por falta de manutenção, o referido imóvel desabou, ficando completamente destruído, o que causou grande comoção na localidade. Considerando a hipótese em referência, julgue o item que se segue: a conservação do bem tombado cabe ao proprietário, ainda que não disponha dos recursos necessários para tal encargo.

    O item foi considerado incorreto.

- **(Procurador do Município de Fortaleza – Cespe – 2017)** A respeito de parcelamento do solo, impacto de vizinhança, regularização fundiária de interesse social, desapropriação e tombamento, julgue o item a seguir

com base na legislação urbanística. Se imóvel integrante do patrimônio cultural for objeto de tombamento compulsório, poderá o proprietário requerer o cancelamento do tombamento se, após notificar o Instituto do Patrimônio Histórico e Artístico Nacional da impossibilidade financeira de proceder às obras de conservação e reparação necessárias, o poder público não adotar nenhuma providência dentro do prazo de seis meses.
Assertiva correta.

- **(Promotor de Justiça de Rondônia – FMP Concursos – 2017 – desmembrada)** O tombamento só dá causa à obrigação de conservação da coisa pelo proprietário quando se dê em caráter definitivo, após sua inscrição em livro próprio.
Assertiva incorreta.

- **(Auditor Fiscal de Teresina/PI – FCC – 2016)** O tombamento é ato de intervenção estatal na propriedade que implica, ao proprietário, o dever de preservá-la em todas as suas características declaradas como portadoras de significativo valor histórico, cultural, artístico ou paisagístico, tornando-a, assim, parte integrante do patrimônio cultural brasileiro. Para tal preservação cumpre ao proprietário do bem tombado

A) eximir-se de custear as medidas de preservação, visto que, em se tratando de bem integrante do patrimônio cultural brasileiro, cumpre ao Estado, titular desse patrimônio, e não mais ao particular, custeá-las integralmente.

B) arcar integralmente com os custos de preservação, salvo se declarar que não dispõe de recursos para tanto, hipótese em que o Estado deverá lhe assistir.

C) arcar integralmente com os custos de preservação, jamais lhe socorrendo o direito de obter assistência estatal para esse custeio.

D) arcar integralmente com os custos de preservação, podendo, todavia, alterá-lo significativamente se tal medida objetivar angariar recursos que permitam a melhor preservação da parcela remanescente.

E) repartir sempre com o Estado os custos de preservação, por tratar-se de propriedade afeta a interesses tanto públicos como privados.

Letra B.

- **(Defensor Público de São Paulo – FCC – 2015 – desmembrada)** O ato de tombamento implica restrições ao uso do bem móvel e imóvel por seu proprietário ou possuidor, que deverá conservá-lo segundo as características culturais que motivaram sua proteção. No caso de tombamento de bens imóveis, o proprietário que não possuir recursos financeiros suficientes para realizar obras de preservação ou de conservação deverá informar tal fato à autoridade competente, que deverá proceder à mencionada obra, vedada a desapropriação.

Assertiva incorreta.

- **(Magistratura Federal da 2ª Região – Cespe – 2014 – desmembrada)** O proprietário da coisa tombada que não tiver condições financeiras e recursos para proceder as obras de conservação e reparação deve obrigatoriamente providenciar a sua alienação.

Assertiva incorreta.

- **(Cartorário/ES – Cespe – 2013 – desmembrada)** Ainda que o proprietário não possua meios de efetivar a conservação do imóvel tombado e o poder público não execute as obras necessárias à sua conservação, não haverá lugar para pedido de cancelamento do ato de tombamento, dada sua natureza.

Assertiva incorreta.

- **(Promotor de Justiça do Piauí – Cespe – 2012 – desmembrada)** O proprietário de coisa tombada sem recursos para proceder às obras de conservação e reparação que a coisa requerer deverá entrar com pedido de concessão de crédito no BNDES, de acordo com o disposto na lei de incentivo à cultura, e levar ao conhecimento do Serviço do Patrimônio Histórico e Artístico Nacional a necessidade das mencionadas obras, sob pena de desapropriação do bem.

Assertiva incorreta.

▶ **STJ:**

PROCESSUAL CIVIL E ADMINISTRATIVO. AÇÃO CIVIL PÚBLICA. ESTAÇÃO FERROVIÁRIA DE PELOTAS/RS. PATRIMÔNIO HISTÓRICO. LEGITIMIDADE PASSIVA DA UNIÃO. IMÓVEL TOMBADO.

1. A União é parte legítima para figurar no polo passivo de ação civil pública que pretende garantir a adoção de medidas para a conservação de imóvel tombado de sua propriedade (Estação Ferroviária de Pelotas/RS).

2. Conforme jurisprudência desta Corte, nos termos do art. 19 do Decreto-lei n. 25/37, cabe ao proprietário a responsabilidade pela conservação e manutenção de bem tombado. Na espécie, sendo a União proprietária do imóvel tombado, objeto da ação civil pública, cabe a ela promover as obras e os reparos necessários à conservação do bem. Tal função não se confunde com a atribuição do IPHAN em fiscalizar e proteger o patrimônio histórico e cultural no uso regular do seu poder de polícia. (REsp 666.842/RJ, Rel. Ministro Mauro Campbell Marques, Segunda Turma, julgado em 15/10/2009, DJe 28/10/2009).

3. Agravo interno a que se nega provimento. (AgInt no REsp 1333463/RS, Rel. Ministro Sérgio Kukina, Primeira Turma, julgado em 15/08/2017, DJe 28/08/2017)

TOMBAMENTO – OBRIGAÇÃO DE REALIZAR OBRAS DE CONSERVAÇÃO – PODER PÚBLICO – PROPRIETÁRIO. O proprietário é obrigado a conservar e reparar o bem tombado. Somente quando ele não dispuser de recursos para isso é que este encargo passa a ser do Poder Público. Recurso provido. (REsp 97.852/PR, Rel. Min. Garcia Vieira, Primeira Turma, julgado em 07/04/1998, DJ 08/06/1998, p. 15).

"(...) segundo o art. 19 do Decreto 25/1937, compete ao IPHAN, constatada a hipossuficiência econômica do proprietário do imóvel tombado, a realização de obras de conservação e reparação do patrimônio histórico, artístico e cultural ameaçado, advindo daí sua legitimidade para a causa..." (REsp 1184194/RS, Rel. Min. Eliana Calmon, Segunda Turma, julgado em 02/09/2010, DJe 22/09/2010).

"(...) 1. O objetivo do tombamento é a proteção do patrimônio histórico e artístico nacional, cabendo ao IPHAN a sua manutenção e vigilância, conforme o disposto nos arts. 19 e 20 do Decreto-Lei 25/37. 2. A União, por intermédio do IPHAN, tem efetivo interesse na preservação e manutenção do patrimônio histórico e artístico nacional, resguardando os bens de excepcional valor cultural e artístico. 3. Determinada a competência da Justiça Federal, não se pode manter a sentença condenatória proferida por Juízo incompetente, visto ser aquela de ordem constitucional. 4. Conflito conhecido para declarar a competência do Juízo Federal da 10ª Vara Criminal da Seção Judiciária do Estado de São Paulo, ora suscitante. Concessão de *habeas corpus*, de ofício, para anular a sentença condenatória proferida pelo Juízo Estadual, facultando-se a ratificação dos atos processuais anteriormente praticados, na forma legal." (CC 106.413/SP, Rel. Min. Arnaldo Esteves Lima, Terceira Seção, julgado em 14/10/2009, DJe 09/11/2009).

"(...) nos termos do art. 19 do Decreto-Lei n. 25/37, cabe ao proprietário a responsabilidade pela conservação e manutenção de bem tombado. Na espécie, sendo a União proprietária do imóvel tombado, objeto da ação civil pública, cabe a ela promover as obras e os reparos necessários à conservação do bem. 2. Tal função não se confunde com a atribuição do IPHAN em fiscalizar e proteger o patrimônio histórico e cultural no uso regular do seu poder de polícia..." (REsp 666.842/RJ, Rel. Min. Mauro Campbell Marques, Segunda Turma, julgado em 15/10/2009, DJe 28/10/2009).

ADMINISTRATIVO – PROCESSUAL CIVIL – AÇÃO CIVIL PÚBLICA – CONSERVAÇÃO DE BEM TOMBADO PELO IPHAN – DEVER DO PROPRIETÁRIO

DE CONSERVAÇÃO – DEVER SUBSIDIÁRIO DA UNIÃO – PARTE LEGÍTIMA – NÃO PROSPERA A ALEGAÇÃO DE AUSÊNCIA DE DOTAÇÃO ORÇAMENTÁRIA – BENS PROTEGIDOS PELA CONSTITUIÇÃO – PERIGO DE IRREVERSIBILIDADE DO DANO. 1. Já dispunha a Carta Constitucional de 1934, em seu art. 148: "Cabe à União, aos Estados e aos Municípios favorecer e animar o desenvolvimento das ciências, das artes, das letras e da cultura em geral, proteger os objetos de interesse histórico e o patrimônio artístico do País, bem como prestar assistência ao trabalhador intelectual." 2. O IPHAN, entidade com personalidade jurídica, patrimônio e receita próprios, sucedeu ao Serviço do Patrimônio Histórico e Artístico Nacional na proteção e conservação desses bens constitucionalmente tutelados. 3. A responsabilidade da União, no caso dos autos, é aquela expressa no § 1º do Decreto-Lei n. 25/37, pois não é possível atribuir regime diverso de responsabilidade senão daquele expressamente previsto em lei: "Recebida a comunicação, e consideradas necessárias as obras, o diretor do Serviço do Patrimônio Histórico e Artístico Nacional mandará executá-las, a expensas da União, devendo as mesmas ser iniciadas dentro do prazo de seis meses, ou providenciará para que seja feita a desapropriação da coisa." 4. *"In casu"*, o acórdão atacado apenas determinou a prestação positiva apta a reparar ou a minorar dano a imóvel protegido por normas constitucionais. Agravo regimental improvido. (AgRg no REsp 1050522/RJ, Rel. Min. Humberto Martins, Segunda Turma, julgado em 18/05/2010, DJe 31/05/2010).

"(...) ocorrendo o tombamento, o bem a este submetido, adquire regime jurídico *'sui generis'*, permanecendo o respectivo proprietário na condição de administrador, incumbindo-lhe o ônus da conservação da coisa tombada. O Estado só assume esse encargo quando, o proprietário, por ausência de meios, não possa efetivar a conservação. Não arcando, a entidade de direito público, com a execução das obras necessárias a conservação do bem, e não ocorrendo a desapropriação, cabe, ao proprietário, requerer que seja cancelado o tombamento da coisa. Recurso improvido. Decisão unânime." (REsp 25.371/RJ, Rel. Min. Demócrito Reinaldo, Primeira Turma, julgado em 19/04/1993, DJ 24/05/1993, p. 9982).

Art. 20. As **coisas tombadas ficam sujeitas à vigilância** permanente do Serviço do Patrimônio Histórico e Artístico Nacional, que **poderá inspecioná-los sempre que for julgado conveniente**, não podendo os respectivos proprietários ou responsáveis criar obstáculos à inspeção, sob pena de multa de cem mil réis, elevada ao dobro em caso de reincidência.

Art. 21. Os atentados cometidos contra os bens de que trata o art. 1º desta lei são equiparados aos cometidos contra o patrimônio nacional.

1. **Vigilância dos bens tombados:** o Decreto-Lei n. 25/1937 prevê em seu art. 20 que os bens tombados devem ficar sujeitos à vigilância permanente do IPHAN, que pode inspecioná-los sempre que for julgado conveniente. Trata-se de exercício do poder de polícia do órgão encarregado de conservar e fiscalizar os bens tombados, no âmbito federal, o IPHAN. Segundo o DL 25/37, caso o proprietário ou responsável pelo bem criem obstáculos à inspeção, será aplicada multa.

2. **Atentado contra os bens descritos no art. 1º, do Decreto-Lei n. 25/1937:** o art. 21 ressalta que os atentados contra os bens previstos no art. 1º do Decreto-Lei n. 25/37 são equiparados aos cometidos contra o patrimônio nacional. O tratamento penal da matéria é dado, atualmente, pela Seção IV da Lei n. 9.605, de 12 de fevereiro de 1998, que disciplina os crimes contra o ordenamento urbano e patrimônio cultural.

▶ **STJ:**

PROCESSO PENAL. CONFLITO NEGATIVO DE COMPETÊNCIA. DESMATAMENTO. FLORESTA AMAZÔNICA. DANO OCORRIDO EM PROPRIEDADE PRIVADA. ÁREA DE PARQUE ESTADUAL. COMPETÊNCIA ESTADUAL. 1. Não há se confundir patrimônio nacional com bem da União. Aquela locução revela proclamação de defesa de interesses do Brasil diante de eventuais ingerências estrangeiras. Tendo o crime de desmatamento ocorrido em propriedade particular, área que já pertenceu – hoje não mais – a Parque Estadual, não há se falar em lesão a bem da União. Ademais, como o delito não foi praticado em detrimento do IBAMA, que apenas fiscalizou a fazenda do réu, ausente prejuízo para a União. 2. Conflito conhecido para julgar competente o Juízo de Direito da 1ª Vara de Cerejeiras – RO, suscitante (CC 99.294/RO, Rel. Min. Maria Thereza de Assis Moura, Terceira Seção, julgado em 12/08/2009, DJe 21/08/2009).

PROCESSUAL PENAL. CRIME DE INCÊNDIO. BENS TOMBADOS. CARÊNCIA DE TRANSCRIÇÃO IMOBILIÁRIA. COMPETÊNCIA. Cabe à Justiça Federal o Processo-crime contra bens tombados pelo Instituto do Patrimônio Histórico e Artístico Nacional, sem relevância obstativa a falta de inscrição no registro imobiliário. (CC 19.157/MG, Rel. Min. José Dantas, Terceira Seção, julgado em 27/03/1998, DJ 03/08/1998, p. 74).

→ **Aplicação em concurso:**

- **(Promotor de Justiça do Piauí – Cespe/UnB – 2012 – desmembrada)** As coisas tombadas ficam sujeitas à vigilância permanente do Serviço de Patrimônio Histórico e Artístico Nacional, que, por meio dos agentes da fiscalização patrimonial do Ministério da Cultura, poderá inspecioná-las sempre que conveniente, não podendo os respectivos proprietários ou responsáveis criar obstáculos à inspeção, sob pena de multa.
Assertiva incorreta.

CAPÍTULO IV
DO DIREITO DE PREFERÊNCIA

Art. 22. Revogado pela Lei n. 13.105, de 16 de março de 2015 (Código de Processo Civil).

1. **Revogação do dispositivo pelo art. 1.072, I, do Código de Processo Civil:** o art. 1.072, I, do Código de Processo Civil de 2015, revogou expressamente o art. 22 do DL n. 25/1937. O *caput* do art. 22, revogado, previa que *"em face da alienação onerosa de bens tombados, pertencentes a pessoas naturais ou a pessoas jurídicas de direito privado, a União, os Estados e os municípios terão, nesta ordem, o direito de preferência."* Era consagrado o direito de preferência da União, dos Estados (e Distrito Federal) e Municípios, nessa ordem, em casos de alienação onerosa de bens tombados. Previa-se que, caso uma pessoa natural ou jurídica fosse alienar um bem tombado, deveria dar preferência aos entes federados, seguindo uma sequência. O proprietário deveria notificar os titulares do direito de preferência a usá-lo, dentro de 30 (trinta) dias, sob pena de perdê-lo. E era considerada nula, na verdade, ineficaz, a alienação realizada sem seguir esses trâmites.

2. **Fim do direito de preferência?** O Código de Processo Civil prevê em seu art. 892, § 3º, que no caso de leilão de bem tombado, a União, os Estados e os Municípios terão, nessa ordem, o direito de preferência na arrematação, em igualdade de oferta. Percebe-se, portanto, que *não mais existe o direito de preferência se a alienação do bem tombado se der na esfera extrajudicial. Todavia, o Código de Processo Civil ainda confere essa prerrogativa aos entes públicos em caso de alienação judicial do bem tombado,* conforme previsão dos arts. 889, VIII c/c 892, § 3º, do CPC/2015. Ao comentar as mudanças, Ubirajara Casado[61] registra que "o NCPC retira, do mundo jurídico, o do direito de preferência no caso de alienação extrajudicial do bem tombado, sem necessidade de notificar os entes federados da ocorrência da alienação." E acrescenta que "alguns doutrinadores entendem que o NCPC reduz a tutela normativa ao patrimônio cultural brasileiro, em afronta ao art. 216 da Constituição Federal e, portanto, é inconstitucional." Também nessa linha, Matheus Carvalho[62] ensina que "esse direito de preferência foi extinto pelo art. 1.072, I, do Código de Processo Civil, que revoga expressamente art. 22

---

61. *Alienação de bem tombado e NCPC, o que muda?* Disponível em https://blog.ebeji.com.br/alienacao-de-bem-tombado-e-ncpc-o-que-muda. Acesso em 25 de novembro de 2017.
62. *Manual de Direito Administrativo.* Salvador: Juspodivm, 2017, p. 1051.

do Decreto-Lei 25/37. Desta forma, se mantém a preferência somente em casos de alienações judiciais, consoante dispõe o art. 892, § 3º, do CPC." Com efeito, o artigo estabelece que *'no caso de leilão de bem tombado, a União, os Estados e os Municípios terão, nessa ordem, o direito de preferência na arrematação, em igualdade de oferta.'* Desse modo, não há mais direito de preferência do poder público sobre bens tombados, quando se tratar de alienação extrajudicial. Outrossim, é importante ressaltar que tombamento não inibe o proprietário de gravar livremente a coisa tombada, de penhor, anticrese e hipoteca", situações previstas no revogado art. 22, § 3º do DL n. 25/1937. Quanto ao tema, José dos Santos Carvalho Filho[63] consigna:

> O dispositivo [referindo-se ao art. 22 do DL n. 22/37] encerrava primeiramente um direito atribuído aos entes federativos, garantindo-lhes a aquisição do bem tombado no caso de alienação pelo proprietário. O escopo da lei era o de permitir que o bem tombado não viesse a integrar o patrimônio de outro particular, se houvesse interesse maior na sua preservação em virtude das características culturais que apresentasse. Assim, entre permanecer no domínio privado, embora com restrições ao proprietário, e passar a pertencer ao acervo público, o Poder Público optaria por esta última posição, exercendo seu direito de preferência sobre eventuais ofertas particulares.
>
> A lei apontava um regime de certo modo hierárquico para o exercício do direito: primeiramente, a União, e, depois, os Estados e Municípios, à evidência aquelas entidades em cujo território estivesse localizado o bem tombado. Foi, desse modo, adotado um regime de ordem de preferência, sobrepondo-se os interesses culturais nacionais aos regionais e locais. O certo é que, se houvesse interesse de um desses entes na aquisição do bem tombado, a ele estava atribuído o direito de preferência para a aquisição.
>
> Ao lado do direito de preferência outorgado aos entes públicos, a lei, em contraposição, atribuía um dever jurídico ao proprietário: deveria ele oferecer, pelo mesmo preço, o bem tombado às referidas pessoas públicas, notificando-as para o exercício do direito em trinta dias, pena de caducidade. Descumprida essa obrigação, a alienação seria nula (*rectius*: ineficaz), admitindo-se que os entes preteridos sequestrassem o bem, com imposição da multa de 20 % sobre o valor do bem ao transmitente e ao adquirente, ambos solidariamente responsáveis.
>
> Não é difícil deduzir que tal providência constituía uma obrigação positiva do titular do domínio para com os entes públicos dotados do

---

63. *Extinção do direito de preferência no tombamento*. Disponível em http://genjuridico.com.br/2016/04/11/extincao-do-direito-de-preferencia-no-tombamento. Acesso em 14 de dezembro de 2017.

direito de preferência – obrigação, aliás, prevista ao lado de outras de caráter negativo ou permissivo, sempre com o desiderato protetivo do patrimônio cultural, como o tem reconhecido a melhor doutrina.

Não obstante, o art. 22 do Dec.-lei 25/1937 foi revogado pelo art. 1.072, I, do novo Código de Processo Civil, de modo que, com a revogação, ficou extinto o referido direito de preferência em favor dos entes públicos. Consequentemente, se o proprietário deseja alienar o bem tombado de sua propriedade, poderá fazê-lo livremente, nas condições que ajustar com o interessado na aquisição, sem a obrigação de comunicar seu intento aos entes públicos. Extinguiu-se, por conseguinte, sua obrigação jurídica.

Não cabe aqui discutir o ingrediente de mérito do legislador ao extinguir o instituto. Afinal, *legem habemus*. Pode-se entrever, todavia, e de plano, que a crítica à revogação desafia uma análise de mão dupla. Se, de um lado, suprimiu-se restrição imposta aos proprietários de bens tombados, permitindo-se-lhes dispor livremente de sua propriedade conforme suas conveniências, de outro, é imperioso que os entes responsáveis pelo tombamento mantenham e até aperfeiçoem seu dever de fiscalização para a preservação das características do bom tombado, evitando-se a ocorrência de atentados produzidos pelos proprietários privados.

Afigura-se pertinente, em tal cenário, fazer duas breves observações sobre a extinção do direito de preferência no tombamento.

Em primeiro lugar, é preciso realçar que a ação protetiva do proprietário e do Poder Público deve continuar normalmente, pois que, como é óbvio, a extinção do direito não interfere absolutamente no dever maior de conservação do bem tombado, até porque, como visto, resulta do texto constitucional. Além do mais, o novo CPC limitou-se a extinguir apenas um dos efeitos do tombamento, e daí se há de inferir que subsistem os demais efeitos, sejam eles obrigações do titular do domínio, sejam do ente público interessado na preservação.

Além desse, um outro aspecto merece comentário. A preferência do Poder Público na aquisição, no caso de alienação onerosa, não desapareceu inteiramente, porquanto perdura no âmbito do direito urbanístico. Com efeito, a Lei nº 10.257/2001 (Estatuto da Cidade) destina um capítulo ao direito de preempção, que nada mais é do que o direito de preferência. Assim dispõe a citada lei:

'Art. 25. O direito de preempção confere ao Poder Público municipal preferência para aquisição de imóvel urbano objeto de alienação onerosa entre particulares'.

O conteúdo do direito é o mesmo, tendo núcleo na preferência de ente público no caso de alienação onerosa entre particulares. No entanto, não tem a amplitude do art. 22 do Dec.-lei 25/1937, que aludia a todos os entes federativos, e não somente ao Município. A restrição, porém, condiciona-se à prévia existência de pressupostos: cumpre que a área a ser objeto da restrição seja prevista no plano diretor do Município e em lei específica.

Há outro ponto, contudo, que indica delineamento diferente dessa preferência relativamente à anterior. É que o objetivo não é apenas o de proteção do patrimônio cultural, como no caso do tombamento. De fato, urge realmente que se alvitrem fins eminentemente urbanísticos, mas nem sempre para proteger o patrimônio cultural. Pode-se, desse modo, buscar a regularização fundiária e a execução de programas habitacionais, fins de cunho bem diverso, enumerados na lei.

De qualquer modo, a lei atribuiu ao proprietário a obrigação positiva de *"notificar sua intenção de alienar o imóvel, para que o Município, no prazo máximo de trinta dias, manifeste por escrito seu interesse em comprá-lo"*. Veja-se, assim, que a exigência cominada ao proprietário no sentido de notificar o titular do direito de preferência, no caso o Município, reflete corolário natural desse direito e a forma mais prática de o titular tomar conhecimento do propósito do proprietário.

Por fim, uma anotação que fizemos em obra específica sobre a matéria urbanística: no Direito Civil, o direito de preferência se formaliza como pacto adjeto ao contrato de compra e venda e, portanto, integra o ajuste. Contrariamente se dá com o direito urbanístico de preferência, que, da mesma forma que o revogado direito previsto no Dec.-lei 25/1937, tem natureza legal, e não contratual, vale dizer, resulta de imposição legal, e não da vontade das partes.

De acordo com Helder Moroni Câmara[64] "o § 3º deste art. 892 inovou, mas não criou. Não havia antes no CPC/73 qualquer disposição a respeito da preferência da União, Estados e Municípios, para a arrematação de bens tombados. Contudo, o art. 22 do Dec-Lei n. 25/37 já estabelecia essa modalidade de preferência, que entendemos deve ser respeitada não apenas no âmbito da arrematação, como também da adjudicação, em que pese revogada a referida disposição legal, sob pena de tratamento desigual a tais entes, especialmente tendo em vista o teor dos arts. 799, 804 e 899, todos do CPC/2015."

Desse modo, "dá-se preferência, em caso de igualdade de ofertas, a União, aos Estados e aos Municípios, nesta ordem, no caso de leilão de bem tombado."[65]

---

64. STRECK, Lenio Luiz; NUNES, Dierle; CUNHA, Leonardo Carneiro da (orgs.). *Comentários ao Código de Processo Civil*. São Paulo: Saraiva, 2016, p. 1158.
65. WAMBIER, Teresa Arruda Alvim; DIDIER JR., Fredie; TALAMINI, Eduardo; DANTAS, Bruno (coords.). *Breves Comentários ao Novo Código de Processo Civil*. São Paulo: RT, 2016, p. 2232.

Para Luiz Guilherme Marinoni, Sérgio Cruz Arenhart e Daniel Mitidiero[66] "em se tratando de bem tombado, a preferência, em igualdade de oferta, é da União, dos Estados ou dos Municípios, nessa específica ordem (art. 892, § 3º, CPC). Concorrendo mais de um Estado ou mais de um Município, a preferência deve dar-se, dentro da respectiva ordem, em favor daquele que realizou o ato de tombamento."

Vê-se, portanto, que a revogação do art. 22 do DL n. 25/1937 atingiu o direito de preferência para alienações extrajudiciais (se o proprietário quiser alienar o seu bem tombado não terá que oferecer primeiramente aos entes públicos). Caso, entretanto, a alienação ocorra na esfera judicial, ainda persiste o direito de preferência, por força do comando expresso nos arts. 889, VIII c/c 892, § 3º, do CPC/2015.

Mas uma pergunta deve ser feita: a preferência deve ser dada à União, depois ao Estado e, por fim ao município, ou deve ser dada, num primeiro momento ao ente que tombou o bem e depois aos demais? Por exemplo: o imóvel centenário de alguém foi tombado pelo Estado de Pernambuco. Em caso de alienação judicial, deve ser dada preferência, primeiramente, ao Estado (ente que tombou), depois ao Município de Recife e, por último à União ou deve ser dada preferência à União, depois ao Estado de Pernambuco (ente de que tombou o imóvel) e, por fim ao Município de Recife? Entendemos que a primeira posição é a mais adequada, pois confere primazia ao ente que realizou o tombamento, àquele que, numa escala de prioridade e proximidade com a coisa, provavelmente é o maior interessado, entre os entes públicos, a adquirir o bem. Apesar disso, o § 3º do art. 892 do CPC prevê que *"no caso de leilão de bem tombado, a União, os Estados e os Municípios terão, nessa ordem, o direito de preferência na arrematação, em igualdade de oferta."* Não obstante termos entendimento diverso, pela leitura do dispositivo acima, compreende-se que o direito de preferência deve ser dado à União, ao Estado e ao Município, nessa ordem.

▶ **Síntese:** não há mais direito de preferência do Poder Público no caso de alienação *extrajudicial* do bem tombado, pois o art. 22 do DL n. 25/1937 foi revogado pelo art. 1.072, I, do CPC/2015. Porém, o art. 892, § 3º, do Código de Processo Civil de 2015 prevê o direito de preferência em caso de alienação *judicial* do bem tombado.[67]

---

66. *Novo Código de Processo Civil Comentado.* São Paulo: RT, 2017, p. 961.
67. "Tem preferência a União, os Estados e os Municípios, nessa ordem e desde que haja igualdade de oferta, no caso de alienação de bem tombado (art. 892, § 3º, do Novo CPC." (NEVES, Daniel Amorim Assumpção. *Novo Código de Processo Civil Comentado artigo por artigo.* Salvador: Juspodivm, 2016, p. 1415).

Decreto-Lei nº 25, de 30 de novembro de 1937 — Art. 22

▶ **QUADRO COMPARATIVO:**

Redação do art. 22 do DL n. 25/1937 (revogado pelo art. 1072, I, CPC). Fim do direito de preferência no âmbito extrajudicial	Art. 892, § 3º, CPC (direito de preferência nas alienações judiciais).
Art. 22. Em face da alienação onerosa de bens tombados, pertencentes a pessoas naturais ou a pessoas jurídicas de direito privado, a União, os Estados e os municípios terão, nesta ordem, o direito de preferência. § 1º Tal alienação não será permitida, sem que previamente sejam os bens oferecidos, pelo mesmo preço, à União, bem como ao Estado e ao município em que se encontrarem. O proprietário deverá notificar os titulares do direito de preferência a usá-lo, dentro de trinta dias, sob pena de perdê-lo. § 2º É nula alienação realizada com violação do disposto no parágrafo anterior, ficando qualquer dos titulares do direito de preferência habilitado a sequestrar a coisa e a impor a multa de vinte por cento do seu valor ao transmitente e ao adquirente, que serão por ela solidariamente responsáveis. A nulidade será pronunciada, na forma da lei, pelo juiz que conceder o sequestro, o qual só será levantado depois de paga a multa e se qualquer dos titulares do direito de preferência não tiver adquirido a coisa no prazo de trinta dias. § 3º O direito de preferência não inibe o proprietário de gravar livremente a coisa tombada, de penhor, anticrese ou hipoteca. § 4º Nenhuma venda judicial de bens tombados se poderá realizar sem que, previamente, os titulares do direito de preferência sejam disso notificados judicialmente, não podendo os editais de praça ser expedidos, sob pena de nulidade, antes de feita a notificação. § 5º Aos titulares do direito de preferência assistirá o direito de remissão, se dela não lançarem mão, até a assinatura do auto de arrematação ou até a sentença de adjudicação, as pessoas que, na forma da lei, tiverem a faculdade de remir. § 6º O direito de remissão por parte da União, bem como do Estado e do município em que os bens se encontrarem, poderá ser exercido, dentro de cinco dias a partir da assinatura do auto do arrematação ou da sentença de adjudicação, não se podendo extrair a carta, enquanto não se esgotar este prazo, salvo se o arrematante ou o adjudicante for qualquer dos titulares do direito de preferência.	Art. 892. Salvo pronunciamento judicial em sentido diverso, o pagamento deverá ser realizado de imediato pelo arrematante, por depósito judicial ou por meio eletrônico. § 1º Se o exequente arrematar os bens e for o único credor, não estará obrigado a exibir o preço, mas, se o valor dos bens exceder ao seu crédito, depositará, dentro de 3 (três) dias, a diferença, sob pena de tornar-se sem efeito a arrematação, e, nesse caso, realizar-se-á novo leilão, à custa do exequente. § 2º Se houver mais de um pretendente, proceder-se-á entre eles à licitação, e, no caso de igualdade de oferta, terá preferência o cônjuge, o companheiro, o descendente ou o ascendente do executado, nessa ordem. § 3º No caso de leilão de bem tombado, a União, os Estados e os Municípios terão, nessa ordem, o direito de preferência na arrematação, em igualdade de oferta.

→ **Aplicação em concurso:**

- **(Defensor Público/SC – FCC – 2107 – desmembrada)** O bem tombado é bem que pode ser livremente transacionado, não se aplicando ao Estado o direito de preferência.

  Assertiva incorreta.

- **(Procurador do Estado do Mato Grosso – FCC – 2016 – desmembrada)** Não mais subsiste no direito vigente o direito de preferência, previsto no texto original do Decreto-lei no 25/37 e estatuído em favor da União, dos Estados e Municípios.

  Assertiva considerada correta pela banca. O direito de preferência previsto no texto original do Decreto-lei no 25/37, de fato, não mais subsiste. Feita essa leitura da assertiva, não está errada. Todavia, a questão é passível de questionamento ou anulação, pois ainda há no direito vigente, o direito de preferência, com previsão no art. 892, § 3º, do CPC/2015, apesar de sua previsão, no texto original do DL n. 25/1937, ter sido revogada.

- **(Cartorário de Minas Gerais – Consulplan – 2017 – desmembrada)** O proprietário do bem imóvel tombado, que desejar aliená-lo onerosamente, deverá oferecê-lo pelo mesmo preço à União, ao Estado e ao Município em que o bem se encontrar, propiciando que esses exerçam, dentro do prazo de trinta dias, o direito de preferência.

  Assertiva incorreta. Nas alienações extrajudiciais de bens tombados não há mais direito de preferência do Poder Público.

CAPÍTULO V
DISPOSIÇÕES GERAIS

Art. 23. O Poder Executivo providenciará a realização de acordos entre a União e os Estados, para melhor coordenação e desenvolvimento das atividades relativas à proteção do patrimônio histórico e artístico nacional e para a uniformização da legislação estadual complementar sobre o mesmo assunto.

Art. 24. A União manterá, para a conservação e a exposição de obras históricas e artísticas de sua propriedade, além do Museu Histórico Nacional e do Museu Nacional de Belas Artes, tantos outros museus nacionais quantos se tornarem necessários, devendo outrossim providenciar no sentido de favorecer a instituição de museus estaduais e municipais, com finalidades similares.

Art. 25. O Serviço do Patrimônio Histórico e Artístico Nacional procurará entendimentos com as autoridades eclesiásticas, instituições científicas, históricas ou artísticas e pessoas naturais ou jurídicas, com o objetivo de obter a cooperação das mesmas em benefício do patrimônio histórico e artístico nacional.

Art. 26. Os negociantes de antiguidades, de obras de arte de qualquer natureza, de manuscritos e livros antigos ou raros são obrigados a um registro especial no Serviço do Patrimônio Histórico e Artístico Nacional, cumprindo-lhes outrossim apresentar semestralmente ao mesmo relações completas das coisas históricas e artísticas que possuírem.

Art. 27. Sempre que os agentes de leilões tiverem de vender objetos de natureza idêntica à dos mencionados no artigo anterior, deverão apresentar a respectiva relação ao órgão competente do Serviço do Patrimônio Histórico e Artístico Nacional, sob pena de incidirem na multa de cinquenta por cento sobre o valor dos objetos vendidos.

Art. 28. Nenhum objeto de natureza idêntica à dos referidos no art. 26 desta lei poderá ser posto à venda pelos comerciantes ou agentes de leilões, sem que tenha sido previamente autenticado pelo Serviço do Patrimônio Histórico e Artístico Nacional, ou por perito em que o mesmo se louvar, sob pena de multa de cinquenta por cento sobre o valor atribuído ao objeto.

Parágrafo único. A autenticação do mencionado objeto será feita mediante o pagamento de uma taxa de peritagem de cinco por cento sobre o valor da coisa, se este for inferior ou equivalente a um conto de réis, e de mais cinco mil réis por conto de réis ou fração, que exceder.

Art. 29. O titular do direito de preferência goza de privilégio especial sobre o valor produzido em praça por bens tombados, quanto ao pagamento de multas impostas em virtude de infrações da presente lei.

Parágrafo único. Só terão prioridade sobre o privilégio a que se refere este artigo os créditos inscritos no registro competente, antes do tombamento da coisa pelo Serviço do Patrimônio Histórico e Artístico Nacional.

Art. 30. Revogam-se as disposições em contrário.

Rio de Janeiro, 30 de novembro de 1937,
116º da Independência e 49º da República.

GETÚLIO VARGAS.

Gustavo Capanema.

Este texto não substitui o publicado no D.O.U. de 6.12.1937

ANEXO I
Artigos mais cobrados em concursos

Após analisar diversas questões extraídas de concursos públicos relacionados ao regime jurídico do Tombamento, resolvemos selecionar os dispositivos do Decreto-Lei n. 25/1937 mais exigidos em provas.

Art. 1º Constitui o patrimônio histórico e artístico nacional o conjunto dos bens móveis e imóveis existentes no país e cuja conservação seja de interesse público, quer por sua vinculação a fatos memoráveis da história do Brasil, quer por seu excepcional valor arqueológico ou etnográfico, bibliográfico ou artístico.

§ 1º Os bens a que se refere o presente artigo só serão considerados parte integrante do patrimônio histórico o artístico nacional, depois de inscritos separada ou agrupadamente num dos quatro Livros do Tombo, de que trata o art. 4º desta lei.

Art. 2º A presente lei se aplica às coisas pertencentes às pessoas naturais, bem como às pessoas jurídicas de direito privado e de direito público interno.

Art. 3º Excluem-se do patrimônio histórico e artístico nacional as obras de origem estrangeira.

Art. 5º O tombamento dos bens pertencentes à União, aos Estados e aos Municípios se fará de ofício, por ordem do diretor do Serviço do Patrimônio Histórico e Artístico Nacional, mas deverá ser notificado à entidade a quem pertencer, ou sob cuja guarda estiver a coisa tombada, a fim de produzir os necessários efeitos.

Art. 6º O tombamento de coisa pertencente à pessoa natural ou à pessoa jurídica de direito privado se fará voluntária ou compulsoriamente.

Art. 7º Proceder-se-á ao tombamento voluntário sempre que o proprietário o pedir e a coisa se revestir dos requisitos necessários para constituir parte integrante do patrimônio histórico e artístico nacional, a juízo do Conselho Consultivo do Serviço do Patrimônio Histórico e Artístico Nacional, ou sempre que o mesmo proprietário anuir, por escrito, à notificação, que se lhe fizer, para a inscrição da coisa em qualquer dos Livros do Tombo.

Art. 8º Proceder-se-á ao tombamento compulsório quando o proprietário se recusar a anuir à inscrição da coisa.

Art. 10. O tombamento dos bens, a que se refere o art. 6º desta lei, será considerado provisório ou definitivo, conforme esteja o respectivo processo iniciado pela notificação ou concluído pela inscrição dos referidos bens no competente Livro do Tombo.

Parágrafo único. Para todos os efeitos, salvo a disposição do art. 13 desta lei, o tombamento provisório se equiparará ao definitivo.

Art. 12. A alienabilidade das obras históricas ou artísticas tombadas, de propriedade de pessoas naturais ou jurídicas de direito privado sofrerá as restrições constantes da presente lei.

Art. 14. A. coisa tombada não poderá sair do país, senão por curto prazo, sem transferência de domínio e para fim de intercâmbio cultural, a juízo do Conselho Consultivo do Serviço do Patrimônio Histórico e Artístico Nacional.

Art. 17. As coisas tombadas não poderão, em caso nenhum ser destruídas, demolidas ou mutiladas, nem, sem prévia autorização especial do Serviço do Patrimônio Histórico e Artístico Nacional, ser reparadas, pintadas ou restauradas, sob pena de multa de cinquenta por cento do dano causado.

Parágrafo único. Tratando-se de bens pertencentes à União, aos Estados ou aos municípios, a autoridade responsável pela infração do presente artigo incorrerá pessoalmente na multa.

Art. 18. Sem prévia autorização do Serviço do Patrimônio Histórico e Artístico Nacional, não se poderá, na vizinhança da coisa tombada, fazer construção que lhe impeça ou reduza a visibilidade, nem nela colocar anúncios ou cartazes, sob pena de ser mandada destruir a obra ou retirar o objeto, impondo-se neste caso a multa de cinquenta por cento do valor do mesmo objeto.

Art. 19. O proprietário de coisa tombada, que não dispuser de recursos para proceder às obras de conservação e reparação que a mesma requerer, levará ao conhecimento do Serviço do Patrimônio Histórico e Artístico Nacional a necessidade das mencionadas obras, sob pena de multa correspondente ao dobro da importância em que for avaliado o dano sofrido pela mesma coisa.

Art. 20. As coisas tombadas ficam sujeitas à vigilância permanente do Serviço do Patrimônio Histórico e Artístico Nacional, que poderá inspecioná-los sempre que for julgado conveniente, não podendo os respectivos proprietários ou responsáveis criar obstáculos à inspeção, sob pena de multa de cem mil réis, elevada ao dobro em caso de reincidência.

Anexo II
Decisões mais importantes do STJ e do STF sobre tombamento

No segundo anexo do livro, extraímos dos acórdãos do Superior Tribunal de Justiça (STJ) e do Supremo Tribunal Federal (STF) os principais entendimentos dessas Cortes acerca do instituto do Tombamento (DL n. 25/1937 e art. 216, § 1º, CR/88).

▶ **Superior Tribunal de Justiça (STJ):**

1. Do exame do artigo 1º do Decreto-Lei n. 25/37, conclui-se que, para que um bem seja tombado, deve restar demonstrado seu valor histórico ou artístico nacional.

2. Para se constatar se os imóveis têm ou não valor histórico e artístico, é necessária a produção de provas, que só poderá ser realizada no procedimento próprio, ordinário ou desapropriação, e não na via estreita do mandado de segurança.

3. O tombamento de determinados bens, ou mesmo a imposição de limitações administrativas pode, em tese, trazer prejuízos aos seus proprietários, gerando, a partir de então, a obrigação de indenizar.

4. Admite-se a indenização de área tombada, quando do ato restritivo de utilização da propriedade resulta prejuízo para o proprietário.

5. O ato que gera drástico limite ao exercício do direito de propriedade, ensejando o direito à indenização, deve ser comprovado mediante a realização de perícia, única forma possível de arrimar a existência das perdas aludidas e sua real extensão.

6. O tombamento e a desapropriação são meios de proteção do patrimônio cultural brasileiro, consistentes em atos administrativos, que traduzem a atuação do poder público mediante a imposição de simples restrição ao direito de propriedade ou pela decretação da própria perda desse direito. O tombamento localiza-se no início duma escola de limitações em que a desapropriação ocupa o ponto extremo.

7. As restrições ou limitações ao direito de propriedade, tendo em conta a sua feição social, entre as quais se insere o tombamento, decorrem do poder de polícia inerente ao Estado, que há de ser exercitado com estrita observância ao princípio da legalidade e sujeição ao controle do Poder Judiciário.

8. A Constituição Federal de 1988 outorga a todas as pessoas jurídicas de Direito Público a competência para o

tombamento de bens de valor histórico e artístico nacional.

9. O Município, por competência constitucional comum – art. 23, III –, deve proteger os documentos, as obras e outros bens de valor histórico, artístico e cultural, os monumentos, as paisagens naturais notáveis e os sítios arqueológicos.

10. Como o tombamento não implica transferência da propriedade, inexiste a limitação constante no art. 1º, § 2º, do DL 3.365/1941, que proíbe o Município de desapropriar bem do Estado.

11. As restrições decorrentes do tombamento não ensejam a evicção, já que não acarretam a perda do domínio, da posse ou do uso da coisa alienada e não há a atribuição do bem, seja por ato judicial, seja por ato administrativo, a outrem que tenha direito anterior ao contrato aquisitivo.

12. Na hipótese de ação civil pública em que figura como um dos autores o Instituto do Patrimônio Histórico e Artístico Nacional – IPHAN, autarquia federal, a competência para processar e julgar a ação é da Justiça Federal, consoante disposto no art. 109, I, da Constituição Federal.

13. O início do processo de tombamento só pode produzir efeitos a partir da data em que o respectivo proprietário ou a vizinhança dele teve ciência, pessoal ou presumida.

14. Não pode o poder público protelar indefinidamente o processo administrativo de tombamento, afetando o direito de propriedade, cuja inércia lesa o patrimônio jurídico individual. Assim, demonstrada a injustificada demora, sem prejuízo de ser iniciado outro com submissão a legislação aplicável, anula-se o vetusto processo, como meio de afastar as limitações ao direito de propriedade.

15. É fato notório que o tombamento da Capital da República não atingiu apenas os prédios públicos, ou o seu arruamento, ou qualquer outra parte isoladamente considerada. Tombada foi a cidade em seu conjunto, com o seu singular conceito urbanístico e paisagístico, que expressa e forma a própria identidade da Capital. Assim, está também protegido por tombamento o conceito urbanístico dos prédios residenciais, com a uniformidade de suas áreas livres, que propiciam um modo especial de circulação de pessoas e de modelo de convívio. O gradeamento desses prédios comprometerá severamente esse conceito, importando ofensa ao art. 17 do DL 35/1937.

16. O instituto do tombamento provisório não é fase procedimental precedente do tombamento definitivo. Caracteriza-se como medida asseguratória da eficácia que este poderá, ao final, produzir. A caducidade do tombamento provisório, por excesso de prazo, não prejudica o definitivo.

17. O simples fato de o réu figurar no quadro associativo de uma pessoa jurídica que, na condição de locatária, teria se omitido em sua obrigação legal de impedir a deterioração do imóvel tombado, não autoriza a instauração de processo criminal por crime contra o patrimônio cultural, se não restar comprovado o vínculo entre a conduta e o agente, sob pena de se reconhecer impropriamente a responsabilidade penal objetiva.

18. Cabe à Justiça Federal o processo-crime contra bens tombados pelo Instituto do Patrimônio Histórico e

Artístico Nacional, sem relevância obstativa a falta de inscrição no registro imobiliário.

19. Ocorrendo o tombamento, o bem a este submetido adquire regime jurídico *sui generis*, permanecendo o respectivo proprietário na condição de administrador, incumbindo-lhe o ônus da conservação da coisa tombada. O Estado só assume esse encargo quando o proprietário, por ausência de meios, não possa efetivar a conservação.

20. O IPHAN, entidade com personalidade jurídica, patrimônio e receita próprios, sucedeu ao Serviço do Patrimônio Histórico e Artístico Nacional na proteção e conservação desses bens constitucionalmente tutelados.

21. O proprietário é obrigado a conservar e reparar o bem tombado. Somente quando ele não dispuser de recursos para isso é que esse encargo passa a ser do poder público.

22. O art. 17 do Decreto-Lei nº 25/37 não deixa dúvidas sobre a necessidade de se proceder à prévia autorização do IPHAN relativamente a qualquer obra que venha a ser feita em imóvel tombado.

23. Nos termos do art. 19 do Decreto-Lei n. 25/37, cabe ao proprietário a responsabilidade pela conservação e manutenção de bem tombado. Sendo a União proprietária do imóvel tombado, cabe a ela promover as obras e os reparos necessários à conservação do bem.

24. Segundo o art. 19 do Decreto 25/1937, compete ao IPHAN, constatada a hipossuficiência econômica do proprietário do imóvel tombado, a realização de obras de conservação e reparação do patrimônio histórico, artístico e cultural ameaçado.

25. O objetivo do tombamento é a proteção do patrimônio histórico e artístico nacional, cabendo ao IPHAN a sua manutenção e vigilância, conforme o disposto nos arts. 19 e 20 do Decreto-Lei 25/37.

26. Não é necessário que o tombamento geral, como no caso da cidade de Tiradentes, tenha procedimento para individualizar o bem (art. 1º do Decreto-Lei n. 25/37).

27. As restrições do art. 17 do DL 25/37 se aplicam a todos os que tenham imóvel na área tombada.

28. A obrigação de conservação e restauração imposta ao proprietário pelo DL 25/37 parte da premissa implícita e óbvia de que o bem tombado existia em sua forma original no momento da aquisição, ainda que deteriorado ou descaracterizado em certa medida, mas sem perder sua essência.

29. O tombamento provisório possui caráter preventivo e assemelha-se ao definitivo quanto às limitações incidentes sobre a utilização do bem tutelado.

30. Compete à Justiça Estadual, caso não haja lesão a bens, serviços ou interesses da União, processar e julgar o delito de escavações em terreno localizado em área de entorno de bem tombado pelo Instituto do Patrimônio Histórico e Artístico Nacional - IPHAN, mormente quando a prática do delito antecede a data do tombamento.

31. O ato de tombamento, seja ele provisório ou definitivo, tem por finalidade preservar o bem identificado como de valor cultural, contrapondo-se, inclusive, aos interesses da propriedade privada, não só limitando o exercício dos direitos inerentes ao bem, mas também

obrigando o proprietário às medidas necessárias à sua conservação.

32. Vigora no Brasil proibição legal absoluta de destruição, demolição e mutilação de bens tombados (art. 17, *caput*, do Decreto-lei 25/1937), vale dizer, um regime de preservação plena, universal e perpétua. Aos que violam a proibição legal, além dos remédios e cominações previstos no Decreto 25/1937 e da responsabilidade civil objetiva e solidária, aplicam-se sanções criminais e, no caso de contribuição ativa ou passiva de servidor público, penas disciplinares e as previstas na Lei da Improbidade Administrativa.

33. A notificação ao Poder Público, pelo proprietário do bem tombado, de que não dispõe de recursos para realizar obras de conservação e reparação (art. 19 do Decreto-Lei 25/1937), não o libera para simplesmente abandonar a coisa à sua própria sorte e ruína, sobretudo porque o ordenamento coloca à sua disposição mecanismos gratuitos para forçar a ação do Estado, bastando provocar o Ministério Público ou a Defensoria Pública.

34. Quanto à natureza das obrigações que do ato decorrem, inexiste distinção entre tombamento individualizado e global (também chamado geral ou de conjunto)

▶ **Supremo Tribunal Federal (STF):**

35. A inclusão de determinada função administrativa no âmbito da competência comum não impõe que cada tarefa compreendida no seu domínio, por menos expressiva que seja, haja de ser objeto de ações simultâneas das três entidades federativas.

36. Não se admite o tombamento de uso.

37. O tombamento é constituído mediante ato do Poder Executivo que estabelece o alcance da limitação ao direito de propriedade.[1]

38. A proteção jurídica do patrimônio cultural brasileiro é tema expressamente previsto no Texto Constitucional no art. 216 e representa direito fundamental de terceira geração.

39. A ordem constitucional vigente recepcionou o Decreto-Lei nº 25/1937, que, ao organizar a proteção do patrimônio histórico e artístico nacional, estabeleceu disciplina própria e específica ao instituto do tombamento, como meio de proteção de diversas dimensões do patrimônio cultural brasileiro.

40. O tombamento possui regramento procedimental próprio, previsto no Decreto-Lei n. 25/1937, de modo que a Lei n. 9.784/1999 (Lei do Processo Administrativo Federal) somente tem aplicação subsidiária aos processos de tombamento.

---

1. Esse é o entendimento tradicional do STF sobre o assunto (externado na ADI 1706/DF, Rel. Min. Eros Grau, Tribunal Pleno, julgado em 09/04/2008, no AI 714949 AgR/RJ, Rel. Min. Luís Roberto Barroso, Primeira Turma, julgado em 25/08/2017 e no RE 854.073/MG, Rel. Min. Dias Toffoli, julgado em 21/02/2017). Todavia, existe decisão admitindo que o tombamento seja instituído por meio de lei (ato legislativo):

ACO 1208 AgRg/MS, Plenário, Rel. Min. Gilmar Mendes, julgado em 24/11/2017.

Anexo III
Legislação relacionada ao tema (Constituição Federal e legislação esparsa)

No terceiro anexo do livro, colhemos os principais diplomas acerca da matéria, a começar pela Constituição da República (arts. 215 e 216). Após, selecionamos o Plano Nacional de Cultura (Lei n. 12.343/2010) e o Decreto n. 3.551/2000, que instituiu o registro de bens culturais de natureza imaterial e criou o Programa Nacional do Patrimônio Imaterial.

1) CONSTITUIÇÃO FEDERAL:

SEÇÃO II
DA CULTURA

Art. 215. O Estado garantirá a todos o pleno exercício dos direitos culturais e acesso às fontes da cultura nacional, e apoiará e incentivará a valorização e a difusão das manifestações culturais.

§ 1º O Estado protegerá as manifestações das culturas populares, indígenas e afro-brasileiras, e das de outros grupos participantes do processo civilizatório nacional.

§ 2º A lei disporá sobre a fixação de datas comemorativas de alta significação para os diferentes segmentos étnicos nacionais.

§ 3º A lei estabelecerá o Plano Nacional de Cultura, de duração plurianual, visando ao desenvolvimento cultural do País e à integração das ações do poder público que conduzem à:

I - defesa e valorização do patrimônio cultural brasileiro;

II - produção, promoção e difusão de bens culturais;

III - formação de pessoal qualificado para a gestão da cultura em suas múltiplas dimensões;

IV - democratização do acesso aos bens de cultura;

V - valorização da diversidade étnica e regional.

Art. 216. Constituem patrimônio cultural brasileiro os bens de natureza material e imaterial, tomados individualmente ou em conjunto, portadores de referência à identidade, à ação, à memória dos diferentes grupos formadores da sociedade brasileira, nos quais se incluem:

I - as formas de expressão;

II - os modos de criar, fazer e viver;

III - as criações científicas, artísticas e tecnológicas;

IV - as obras, objetos, documentos, edificações e demais espaços destinados às manifestações artístico-culturais;

V - os conjuntos urbanos e sítios de valor histórico, paisagístico, artístico, arqueológico, paleontológico, ecológico e científico.

§ 1º O Poder Público, com a colaboração da comunidade, promoverá e protegerá o patrimônio cultural brasileiro, por meio de inventários, registros, vigilância, tombamento e desapropriação, e de outras formas de acautelamento e preservação.

§ 2º Cabem à administração pública, na forma da lei, a gestão da documentação governamental e as providências para franquear sua consulta a quantos dela necessitem.

§ 3º A lei estabelecerá incentivos para a produção e o conhecimento de bens e valores culturais.

§ 4º Os danos e ameaças ao patrimônio cultural serão punidos, na forma da lei.

§ 5º Ficam tombados todos os documentos e os sítios detentores de reminiscências históricas dos antigos quilombos.

§ 6º É facultado aos Estados e ao Distrito Federal vincular a fundo estadual de fomento à cultura até cinco décimos por cento de sua receita tributária líquida, para o financiamento de programas e projetos culturais, vedada a aplicação desses recursos no pagamento de:

I - despesas com pessoal e encargos sociais;

II - serviço da dívida;

III - qualquer outra despesa corrente não vinculada diretamente aos investimentos ou ações apoiados.

Art. 216-A. O Sistema Nacional de Cultura, organizado em regime de colaboração, de forma descentralizada e participativa, institui um processo de gestão e promoção conjunta de políticas públicas de cultura, democráticas e permanentes, pactuadas entre os entes da Federação e a sociedade, tendo por objetivo promover o desenvolvimento humano, social e econômico com pleno exercício dos direitos culturais.

§ 1º O Sistema Nacional de Cultura fundamenta-se na política nacional de cultura e nas suas diretrizes, estabelecidas no Plano Nacional de Cultura, e rege-se pelos seguintes princípios:

I - diversidade das expressões culturais;

II - universalização do acesso aos bens e serviços culturais;

III - fomento à produção, difusão e circulação de conhecimento e bens culturais;

IV - cooperação entre os entes federados, os agentes públicos e privados atuantes na área cultural;

V - integração e interação na execução das políticas, programas, projetos e ações desenvolvidas;

VI - complementaridade nos papéis dos agentes culturais;

VII - transversalidade das políticas culturais;

VIII - autonomia dos entes federados e das instituições da sociedade civil;

IX - transparência e compartilhamento das informações;

X - democratização dos processos decisórios com participação e controle social;

XI - descentralização articulada e pactuada da gestão, dos recursos e das ações;

XII - ampliação progressiva dos recursos contidos nos orçamentos públicos para a cultura.

§ 2º Constitui a estrutura do Sistema Nacional de Cultura, nas respectivas esferas da Federação:

I - órgãos gestores da cultura;

II - conselhos de política cultural;

III - conferências de cultura;

IV - comissões intergestores;

V - planos de cultura;

VI - sistemas de financiamento à cultura;

VII - sistemas de informações e indicadores culturais;

VIII - programas de formação na área da cultura; e

IX - sistemas setoriais de cultura.

§ 3º Lei federal disporá sobre a regulamentação do Sistema Nacional de Cultura, bem como de sua articulação com os demais sistemas nacionais ou políticas setoriais de governo.

§ 4º Os Estados, o Distrito Federal e os Municípios organizarão seus respectivos sistemas de cultura em leis próprias.

2) PLANO NACIONAL DE CULTURA:

Lei n. 12.343, de 2 de dezembro de 2010 (Institui o Plano Nacional de Cultura - PNC, cria o Sistema Nacional de Informações e Indicadores Culturais - SNIIC e dá outras providências).

O PRESIDENTE DA REPÚBLICA Faço saber que o Congresso Nacional decreta e eu sanciono a seguinte Lei:

CAPÍTULO I
DISPOSIÇÕES PRELIMINARES

Art. 1º Fica aprovado o Plano Nacional de Cultura, em conformidade com o § 3º do art. 215 da Constituição Federal, constante do Anexo, com duração de 10 (dez) anos e regido pelos seguintes princípios:

I - liberdade de expressão, criação e fruição;

II - diversidade cultural;

III - respeito aos direitos humanos;

IV - direito de todos à arte e à cultura;

V - direito à informação, à comunicação e à crítica cultural;

VI - direito à memória e às tradições;

VII - responsabilidade socioambiental;

VIII - valorização da cultura como vetor do desenvolvimento sustentável;

IX - democratização das instâncias de formulação das políticas culturais;

X - responsabilidade dos agentes públicos pela implementação das políticas culturais;

XI - colaboração entre agentes públicos e privados para o desenvolvimento da economia da cultura;

XII - participação e controle social na formulação e acompanhamento das políticas culturais.

Art. 2º São objetivos do Plano Nacional de Cultura:

I - reconhecer e valorizar a diversidade cultural, étnica e regional brasileira;

II - proteger e promover o patrimônio histórico e artístico, material e imaterial;

III - valorizar e difundir as criações artísticas e os bens culturais;

IV - promover o direito à memória por meio dos museus, arquivos e coleções;

V - universalizar o acesso à arte e à cultura;

VI - estimular a presença da arte e da cultura no ambiente educacional;

VII - estimular o pensamento crítico e reflexivo em torno dos valores simbólicos;

VIII - estimular a sustentabilidade socioambiental;

IX - desenvolver a economia da cultura, o mercado interno, o consumo cultural e a exportação de bens, serviços e conteúdos culturais;

X - reconhecer os saberes, conhecimentos e expressões tradicionais e os direitos de seus detentores;

XI - qualificar a gestão na área cultural nos setores público e privado;

XII - profissionalizar e especializar os agentes e gestores culturais;

XIII - descentralizar a implementação das políticas públicas de cultura;

XIV - consolidar processos de consulta e participação da sociedade na formulação das políticas culturais;

XV - ampliar a presença e o intercâmbio da cultura brasileira no mundo contemporâneo;

XVI - articular e integrar sistemas de gestão cultural.

CAPÍTULO II
DAS ATRIBUIÇÕES DO PODER PÚBLICO

Art. 3º Compete ao poder público, nos termos desta Lei:

I - formular políticas públicas e programas que conduzam à efetivação dos objetivos, diretrizes e metas do Plano;

II - garantir a avaliação e a mensuração do desempenho do Plano Nacional de Cultura e assegurar sua efetivação pelos órgãos responsáveis;

III - fomentar a cultura de forma ampla, por meio da promoção e difusão, da realização de editais e seleções públicas para o estímulo a projetos e processos culturais, da concessão de apoio financeiro e fiscal aos agentes culturais, da adoção de subsídios econômicos, da implantação regulada de fundos públicos e privados, entre outros incentivos, nos termos da lei;

IV - proteger e promover a diversidade cultural, a criação artística e suas manifestações e as expressões culturais, individuais ou coletivas, de todos os grupos étnicos e suas derivações sociais, reconhecendo a abrangência da noção de cultura em todo o território nacional e garantindo a multiplicidade de seus valores e formações;

V - promover e estimular o acesso à produção e ao empreendimento cultural; a circulação e o intercâmbio de bens, serviços e conteúdos culturais; e o contato e a fruição do público com a arte e a cultura de forma universal;

VI - garantir a preservação do patrimônio cultural brasileiro, resguardando os bens de natureza material e imaterial, os documentos históricos, acervos e coleções, as formações urbanas e rurais, as línguas e cosmologias indígenas, os sítios arqueológicos pré-históricos e as obras de arte, tomados individualmente ou em conjunto, portadores de referência aos valores, identidades, ações e memórias dos diferentes grupos formadores da sociedade brasileira;

VII - articular as políticas públicas de cultura e promover a organização de redes e consórcios para a sua implantação, de forma integrada com as políticas públicas de educação, comunicação, ciência e tecnologia, direitos humanos, meio ambiente, turismo, planejamento urbano e cidades, desenvolvimento econômico e social, indústria e comércio, relações exteriores, dentre outras;

VIII - dinamizar as políticas de intercâmbio e a difusão da cultura brasileira no exterior, promovendo bens culturais e criações artísticas brasileiras no ambiente internacional; dar suporte à presença desses produtos nos mercados de interesse econômico e geopolítico do País;

IX - organizar instâncias consultivas e de participação da sociedade para contribuir na formulação e debater estratégias de execução das políticas públicas de cultura;

X - regular o mercado interno, estimulando os produtos culturais brasileiros com o objetivo de reduzir desigualdades sociais e regionais, profissionalizando os agentes culturais, formalizando o mercado e qualificando as relações de trabalho na cultura, consolidando e ampliando os níveis de emprego e renda, fortalecendo redes de colaboração, valorizando empreendimentos de economia solidária e controlando abusos de poder econômico;

XI - coordenar o processo de elaboração de planos setoriais para as diferentes áreas artísticas, respeitando seus desdobramentos e segmentações, e também para os demais campos de manifestação simbólica identificados entre as diversas expressões culturais e que reivindiquem a sua estruturação nacional;

XII - incentivar a adesão de organizações e instituições do setor privado e entidades da sociedade civil às diretrizes e metas do Plano Nacional de Cultura por meio de ações próprias, parcerias, participação em programas e integração ao Sistema Nacional de Informações e Indicadores Culturais - SNIIC.

§ 1º O Sistema Nacional de Cultura - SNC, criado por lei específica, será o principal articulador federativo do PNC, estabelecendo mecanismos de gestão compartilhada entre os entes federados e a sociedade civil.

§ 2º A vinculação dos Estados, Distrito Federal e Municípios às diretrizes e metas do Plano Nacional de Cultura far-se-á por meio de termo de adesão voluntária, na forma do regulamento.

§ 3º Os entes da Federação que aderirem ao Plano Nacional de Cultura deverão elaborar os seus planos decenais até 1 (um) ano após a assinatura do termo de adesão voluntária.

§ 4º O Poder Executivo federal, observados os limites orçamentários e operacionais, poderá oferecer assistência técnica e financeira aos entes da federação que aderirem ao Plano, nos termos de regulamento.

§ 5º Poderão colaborar com o Plano Nacional de Cultura, em caráter voluntário, outros entes, públicos e privados, tais como empresas, organizações corporativas e sindicais, organizações da sociedade civil, fundações, pessoas físicas e jurídicas que se mobilizem para a garantia dos princípios, objetivos, diretrizes e metas do PNC, estabelecendo termos de adesão específicos.

§ 6º O Ministério da Cultura exercerá a função de coordenação executiva do Plano Nacional de Cultura - PNC, conforme esta Lei, ficando responsável pela organização de suas instâncias, pelos termos de adesão, pela implantação do Sistema Nacional de Informações e Indicadores Culturais - SNIIC, pelo estabelecimento de metas, pelos regimentos e demais especificações necessárias à sua implantação.

CAPÍTULO III
DO FINANCIAMENTO

Art. 4º Os planos plurianuais, as leis de diretrizes orçamentárias e as leis orçamentárias da União e dos entes da federação que aderirem às diretrizes e metas do Plano Nacional de Cultura disporão sobre os recursos a serem destinados à execução das ações constantes do Anexo desta Lei.

Art. 5º O Fundo Nacional de Cultura, por meio de seus fundos setoriais, será o principal mecanismo de fomento às políticas culturais.

Art. 6º A alocação de recursos públicos federais destinados às ações culturais nos Estados, no Distrito Federal e nos Municípios deverá observar as diretrizes e metas estabelecidas nesta Lei.

Parágrafo único. Os recursos federais transferidos aos Estados, ao Distrito Federal e aos Municípios deverão ser aplicados prioritariamente por meio de Fundo de Cultura, que será acompanhado e fiscalizado por Conselho de Cultura, na forma do regulamento.

Art. 7º O Ministério da Cultura, na condição de coordenador executivo do Plano Nacional de Cultura, deverá estimular a diversificação dos mecanismos de financiamento para a cultura de forma a atender os objetivos desta Lei e elevar o total de recursos destinados ao setor para garantir o seu cumprimento.

CAPÍTULO IV
DO SISTEMA DE
MONITORAMENTO E AVALIAÇÃO

Art. 8º Compete ao Ministério da Cultura monitorar e avaliar periodicamente o alcance das diretrizes e eficácia das metas do Plano Nacional de Cultura com base em indicadores nacionais, regionais e locais que quantifiquem a oferta e a demanda por bens, serviços e conteúdos, os níveis de trabalho, renda e acesso da cultura, de institucionalização e gestão cultural, de desenvolvimento econômico-cultural e de implantação sustentável de equipamentos culturais.

Parágrafo único. O processo de monitoramento e avaliação do PNC contará com a participação do Conselho Nacional de Política Cultural, tendo o apoio de especialistas, técnicos e agentes culturais, de institutos de pesquisa, de universidades, de instituições culturais, de organizações e redes socioculturais, além do apoio de outros órgãos colegiados de caráter consultivo, na forma do regulamento.

Art. 9º Fica criado o Sistema Nacional de Informações e Indicadores Culturais - SNIIC, com os seguintes objetivos:

I - coletar, sistematizar e interpretar dados, fornecer metodologias e estabelecer parâmetros à mensuração da atividade do campo cultural e das necessidades sociais por cultura, que permitam a formulação, monitoramento, gestão e avaliação das políticas públicas de cultura e das políticas culturais em geral, verificando e racionalizando a implementação do PNC e sua revisão nos prazos previstos;

II - disponibilizar estatísticas, indicadores e outras informações relevantes para a caracterização da demanda e oferta de bens culturais, para a construção de modelos de economia e sustentabilidade da cultura, para a adoção de mecanismos de indução e regulação da atividade econômica no campo cultural, dando apoio aos gestores culturais públicos e privados;

III - exercer e facilitar o monitoramento e avaliação das políticas públicas de cultura e das políticas culturais em geral, assegurando ao poder público e à sociedade civil o acompanhamento do desempenho do PNC.

Art. 10. O Sistema Nacional de Informações e Indicadores Culturais - SNIIC terá as seguintes características:

I - obrigatoriedade da inserção e atualização permanente de dados pela União e pelos Estados, Distrito Federal e Municípios que vierem a aderir ao Plano;

II - caráter declaratório;

III - processos informatizados de declaração, armazenamento e extração de dados;

IV - ampla publicidade e transparência para as informações declaradas e sistematizadas, preferencialmente em meios digitais, atualizados tecnologicamente e disponíveis na rede mundial de computadores.

§ 1º O declarante será responsável pela inserção de dados no programa de declaração e pela veracidade das informações inseridas na base de dados.

§ 2º As informações coletadas serão processadas de forma sistêmica e objetiva e deverão integrar o processo de monitoramento e avaliação do PNC.

§ 3º O Ministério da Cultura poderá promover parcerias e convênios com instituições especializadas na área de economia da cultura, de pesquisas socioeconômicas e demográficas para a constituição do Sistema Nacional de Informações e Indicadores Culturais - SNIIC.

CAPÍTULO V
DISPOSIÇÕES FINAIS

Art. 11. O Plano Nacional de Cultura será revisto periodicamente, tendo como objetivo a atualização e o aperfeiçoamento de suas diretrizes e metas.

Parágrafo único. A primeira revisão do Plano será realizada após 4 (quatro) anos da promulgação desta Lei, assegurada a participação do Conselho Nacional de Política Cultural - CNPC e de ampla representação do poder público e da sociedade civil, na forma do regulamento.

Art. 12. O processo de revisão das diretrizes e estabelecimento de metas para o Plano Nacional de Cultura - PNC será desenvolvido pelo Comitê Executivo do Plano Nacional de Cultura.

§ 1º O Comitê Executivo será composto por membros indicados pelo Congresso Nacional e pelo Ministério da Cultura, tendo a participação de representantes do Conselho Nacional de Política Cultural - CNPC, dos entes que aderirem ao Plano Nacional de Cultura - PNC e do setor cultural.

§ 2º As metas de desenvolvimento institucional e cultural para os 10 (dez) anos de vigência do Plano serão fixadas pela coordenação executiva do Plano Nacional de Cultura - PNC a partir de subsídios do Sistema Nacional de Informações e Indicadores Culturais - SNIIC e serão publicadas em 180 (cento e oitenta) dias a partir da entrada em vigor desta Lei.

Art. 13. A União e os entes da federação que aderirem ao Plano deverão dar ampla publicidade e transparência ao seu conteúdo, bem como à realização de suas diretrizes e metas, estimulando a transparência e o controle social em sua implementação.

Art. 14. A Conferência Nacional de Cultura e as conferências setoriais serão realizadas pelo Poder Executivo federal, enquanto os entes que aderirem ao PNC ficarão responsáveis pela realização de conferências no âmbito de suas competências para o debate de estratégias e o estabelecimento da cooperação entre os agentes públicos e a sociedade civil para a implementação do Plano Nacional de Cultura - PNC.

Parágrafo único. Fica sob responsabilidade do Ministério da Cultura a realização da Conferência Nacional de Cultura e de conferências setoriais, cabendo aos demais entes federados a realização de conferências estaduais e municipais para debater estratégias e estabelecer a cooperação entre os agentes públicos e da sociedade civil para a implantação do PNC e dos demais planos.

Art. 15. Esta Lei entra em vigor na data de sua publicação.

Brasília, 2 de dezembro de 2010;
189º da Independência e
122º da República.

LUIZ INÁCIO LULA DA SILVA

Guido Mantega

João Luiz Silva Ferreira

Este texto não substitui o publicado no DOU de 3.12.2010

3) DECRETO N. 3.551, DE 04 DE AGOSTO DE 2000

(Institui o Registro de Bens Culturais de Natureza Imaterial que constituem patrimônio cultural brasileiro, cria o Programa Nacional do Patrimônio Imaterial e dá outras providências).

O PRESIDENTE DA REPÚBLICA, no uso da atribuição que lhe confere o art. 84, inciso IV, e tendo em vista o disposto no art. 14 da Lei nº 9.649, de 27 de maio de 1998,

DECRETA:

Art. 1º Fica instituído o Registro de Bens Culturais de Natureza Imaterial que constituem patrimônio cultural brasileiro.

§ 1º Esse registro se fará em um dos seguintes livros:

I - Livro de Registro dos Saberes, onde serão inscritos conhecimentos e modos de fazer enraizados no cotidiano das comunidades;

II - Livro de Registro das Celebrações, onde serão inscritos rituais e festas que marcam a vivência coletiva do trabalho, da religiosidade, do entretenimento e de outras práticas da vida social;

III - Livro de Registro das Formas de Expressão, onde serão inscritas manifestações literárias, musicais, plásticas, cênicas e lúdicas;

IV - Livro de Registro dos Lugares, onde serão inscritos mercados, feiras, santuários, praças e demais espaços onde se concentram e reproduzem práticas culturais coletivas.

§ 2º A inscrição num dos livros de registro terá sempre como referência a continuidade histórica do bem e sua relevância nacional para a memória, a identidade e a formação da sociedade brasileira.

§ 3º Outros livros de registro poderão ser abertos para a inscrição de bens culturais de natureza imaterial que constituam patrimônio cultural brasileiro e não se enquadrem nos livros definidos no parágrafo primeiro deste artigo.

Art. 2º São partes legítimas para provocar a instauração do processo de registro:

I - o Ministro de Estado da Cultura;

II - instituições vinculadas ao Ministério da Cultura;

III - Secretarias de Estado, de Município e do Distrito Federal;

IV - sociedades ou associações civis.

Art. 3º As propostas para registro, acompanhadas de sua documentação técnica, serão dirigidas ao Presidente do Instituto do Patrimônio Histórico e Artístico Nacional - IPHAN, que as submeterá ao Conselho Consultivo do Patrimônio Cultural.

§ 1º A instrução dos processos de registro será supervisionada pelo IPHAN.

§ 2º A instrução constará de descrição pormenorizada do bem a ser registrado, acompanhada da documentação correspondente, e deverá mencionar todos os elementos que lhe sejam culturalmente relevantes.

§ 3º A instrução dos processos poderá ser feita por outros órgãos do Ministério da Cultura, pelas unidades do IPHAN ou por entidade, pública ou privada, que detenha conhecimentos específicos sobre a matéria, nos termos do regulamento a ser expedido pelo Conselho Consultivo do Patrimônio Cultural.

§ 4º Ultimada a instrução, o IPHAN emitirá parecer acerca da proposta de registro e enviará o processo ao Conselho Consultivo do Patrimônio Cultural, para deliberação.

§ 5º O parecer de que trata o parágrafo anterior será publicado no Diário Oficial da União, para eventuais manifestações sobre o registro, que deverão ser apresentadas ao Conselho Consultivo do Patrimônio Cultural no prazo de até trinta dias, contados da data de publicação do parecer.

Art. 4º O processo de registro, já instruído com as eventuais manifestações apresentadas, será levado à decisão do Conselho Consultivo do Patrimônio Cultural.

Art. 5º Em caso de decisão favorável do Conselho Consultivo do Patrimônio Cultural, o bem será inscrito no livro correspondente e receberá o título de "Patrimônio Cultural do Brasil".

Parágrafo único. Caberá ao Conselho Consultivo do Patrimônio Cultural determinar a abertura, quando for o caso, de novo Livro de Registro, em atendimento ao disposto nos termos do § 3º do art. 1º deste Decreto.

Art. 6º Ao Ministério da Cultura cabe assegurar ao bem registrado:

I - documentação por todos os meios técnicos admitidos, cabendo ao IPHAN manter banco de dados com o material produzido durante a instrução do processo.

II - ampla divulgação e promoção.

Art. 7º O IPHAN fará a reavaliação dos bens culturais registrados, pelo menos a cada dez anos, e a encaminhará ao Conselho Consultivo do Patrimônio Cultural para decidir sobre a revalidação do título de "Patrimônio Cultural do Brasil".

Parágrafo único. Negada a revalidação, será mantido apenas o registro, como referência cultural de seu tempo.

Art. 8º Fica instituído, no âmbito do Ministério da Cultura, o "Programa Nacional do Patrimônio Imaterial", visando à implementação de política específica de inventário, referenciamento e valorização desse patrimônio.

Parágrafo único. O Ministério da Cultura estabelecerá, no prazo de noventa dias, as bases para o desenvolvimento do Programa de que trata este artigo.

Art. 9º Este Decreto entra em vigor na data de sua publicação.

Brasília, 4 de agosto de 2000;
179º da Independência
e 112º da República.

Fernando Henrique Cardoso

Francisco Weffort

Referências Bibliográficas

AMADO, Frederico. *Direito Ambiental*. Salvador: Juspodivm, 2017.

ARAÚJO, Edmir Netto de. *Curso de Direito Administrativo*. São Paulo: Saraiva, 2007.

BANDEIRA DE MELLO, Celso Antônio. *Curso de Direito Administrativo*. São Paulo: Malheiros, 2015.

_____. *Grandes temas de Direito Administrativo*. São Paulo: Malheiros, 2009.

BITENCOURT, Cezar Roberto. *Código Penal comentado*. São Paulo: Saraiva, 2007.

CARVALHO, Matheus. *Manual de Direito Administrativo*. Salvador: Juspodivm, 2017.

CARVALHO, Raquel Melo Urbano de. *Curso de Direito Administrativo*: parte geral, intervenção do Estado e estrutura da Administração. Salvador: Juspodivm, 2008.

CARVALHO FILHO, José dos Santos. *Manual de Direito Administrativo*. São Paulo: Atlas, 2017.

_____. *Extinção do direito de preferência no tombamento*. Disponível em http://genjuridico.com.br/2016/04/11/extincao-do-direito-de-preferencia-no-tombamento. Acesso em 14 de dezembro de 2017.

CASADO, Ubirajara. *Alienação de bem tombado e NCPC, o que muda?* Disponível em https://blog.ebeji.com.br/alienacao-de-bem-tombado-e-ncpc-o-que-muda. Acesso em 25 de novembro de 2017.

COELHO, Paulo Magalhães da Costa. *Manual de Direito Administrativo*. São Paulo: Saraiva, 2014.

COUTO, Reinaldo. *Curso de Direito Administrativo*: segundo a Jurisprudência do STJ e do STF. São Paulo: Atlas, 2011.

CUNHA, Danilo Fontenele Sampaio. *Patrimônio Cultural*: proteção legal e constitucional. Rio de Janeiro: Letra Legal, 2004.

CUNHA, Rogério Sanches. *Manual de Direito Penal*: parte especial. Salvador: Juspodivm, 2016.

CUNHA JÚNIOR, Dirley da. *Curso de Direito Administrativo.* Salvador: Juspodivm, 2010.

DI PIETRO, Maria Sylvia Zanella. *Direito Administrativo.* São Paulo: Atlas, 2014.

FERNANDES, Edésio; ALFONSIN, Betânia (coords.). *Revisitando o Instituto do Tombamento.* Belo Horizonte: Fórum, 2010.

FIGUEIREDO, Lúcia Valle. *Curso de Direito Administrativo.* São Paulo: Malheiros, 2003.

_____. *Disciplina Urbanística da Propriedade.* São Paulo: Malheiros, 2005.

FURLAN, Anderson; FRACALOSSI, William. *Direito Ambiental.* Rio de Janeiro: Forense, 2010.

GASPARINI, Diogenes. *Direito Administrativo.* São Paulo: Saraiva, 2007.

GRECO, Rogério. *Código Penal comentado.* Niterói: Impetus, 2011.

JUSTEN FILHO, Marçal. *Curso de Direito Administrativo.* São Paulo: RT, 2014.

LEITE, Rodrigo. *Desapropriação:* coleção leis especiais para concursos. Volume 39. Salvador: Juspodivm, 2018.

MACHADO, Paulo Affonso Leme. *Ação Civil Pública (ambiente, consumidor, patrimônio cultural) e Tombamento.* São Paulo: Revista dos Tribunais, 1987.

_____. *Direito Ambiental Brasileiro.* São Paulo: Malheiros, 2005.

MAFFINI, Rafael. *Elementos de Direito Administrativo.* Porto Alegre: Livraria do Advogado, 2016.

MARINELA, Fernanda. *Direito Administrativo.* São Paulo: Saraiva, 2015.

MARINONI, Luiz Guilherme; ARENHART, Sérgio Cruz; MITIDIERO, Daniel. *Novo Código de Processo Civil Comentado.* São Paulo: RT, 2017.

MASSON, Cleber. *Código Penal Comentado.* São Paulo: Método, 2014.

MAZZA, Alexandre. *Manual de Direito Administrativo.* São Paulo: Saraiva, 2014.

MEDAUAR, Odete. *Direito Administrativo Moderno.* São Paulo: Revista dos Tribunais, 2014.

MILARÉ, Édis. *Direito do ambiente:* doutrina, jurisprudência, glossário. São Paulo: Revista dos Tribunais, 2005.

MIRANDA, Marcos Paulo. *Árvores podem ser protegidas como patrimônio cultural.* Disponível em https://www.conjur.com.br/2017-set-30/ambiente-juridico-arvores-podem-protegidas-patrimonio-cultural. Acesso em 02 de novembro de 2017.

Referências Bibliográficas

_____. *Lei do Tombamento completa 80 anos, mas continua atual*. Disponível em www.conjur.com.br/2017-dez-09/ambiente-juridico-lei-tombamento-completa-80-anos-continua-atual. Acesso em 02 de janeiro de 2018.

NEVES, Daniel Amorim Assumpção. *Novo Código de Processo Civil Comentado artigo por artigo*. Salvador: Juspodivm, 2016.

NOHARA, Irene Patrícia. *Direito Administrativo*. São Paulo: Atlas, 2011.

ROSSI, Licínia. *Manual de Direito Administrativo*. São Paulo: Saraiva, 2015.

SILVA, José Afonso da. *Direito Urbanístico Brasileiro*. São Paulo: Malheiros, 2010.

_____. *Direito Ambiental Constitucional*. São Paulo: Malheiros, 2011.

STRECK, Lenio Luiz; NUNES, Dierle; CUNHA, Leonardo Carneiro da (orgs.). *Comentários ao Código de Processo Civil*. São Paulo: Saraiva, 2016.

TELLES, Antonio A. Queiroz. *Tombamento e seu regime jurídico*. São Paulo: Revista dos Tribunais, 1992.

TRENNEPOHL, Natascha. *Manual de Direito Ambiental*. Niterói: Impetus, 2010.

TRENNEPOHL, Terence Dorneles. *Manual de Direito Ambiental*. São Paulo: Saraiva, 2010.

WAMBIER, Teresa Arruda Alvim; DIDIER JR., Fredie; TALAMINI, Eduardo; DANTAS, Bruno (coords.). *Breves Comentários ao Novo Código de Processo Civil*. São Paulo: Revista dos Tribunais, 2016.

ZANDONADE, Adriana. *O tombamento à luz da Constituição Federal de 1988*. Coleção Temas de Direito Administrativo: volume 30. São Paulo: Malheiros, 2012.

EDITORA JusPODIVM
www.editorajuspodivm.com.br

Pré-impressão, impressão e acabamento

GRÁFICA SANTUÁRIO

grafica@editorasantuario.com.br
www.editorasantuario.com.br
Aparecida-SP